2021

共建“一带一路”沿线国家社会保障研究报告

GONGJIAN YIDAIYILU YANXIAN GUOJIA SHEHUI BAOZHANG YANJIU BAOGAO

主　编◎汤兆云
副主编◎梁发超　和　红

中国社会出版社
国家一级出版社·全国百佳图书出版单位

图书在版编目（CIP）数据

共建“一带一路”沿线国家社会保障研究报告 / 汤兆云主编．-- 北京 ：中国社会出版社，2022.2
ISBN 978-7-5087-6685-0

Ⅰ．①共…　Ⅱ．①汤…　Ⅲ．①社会保障制度－研究报告－世界　Ⅳ．①D57

中国版本图书馆 CIP 数据核字（2022）第 016865 号

出 版 人：浦善新　　**终 审 人**：李新涛
责任编辑：陈　琛　　**策划编辑**：郭晋慧
责任校对：张　迟　　**封面设计**：赵　静

出版发行：中国社会出版社　　**地　　址**：北京市西城区二龙路甲 33 号
邮政编码：100032　　**编 辑 部**：(010)58124823
网　　址：shcbs.mca.gov.cn　　**发 行 部**：(010)58124864；58124848
经　　销：新华书店

印刷装订：中国电影出版社印刷厂　　**开　　本**：170 mm×240 mm　1/16
印　　张：17.75　　**字　　数**：286 千字
版　　次：2022 年 2 月第 1 版　　**印　　次**：2022 年 2 月第 1 次印刷
定　　价：78.00 元

中国社会出版社微信公众号

中国社会出版社天猫旗舰店

《共建“一带一路”沿线国家社会保障研究报告》学术委员会与编写委员会

学术委员会

主任委员：

李培林（中国社会科学院）

委　　员：

童　星（南京大学）
邓大松（武汉大学）
陈振明（厦门大学）
鲍　静（中国行政管理学会）
何文炯（浙江大学）
何艳玲（中国人民大学）
章文光（北京师范大学）
丁建定（华中科技大学）
王增文（武汉大学）
娄成武（东北大学）
朱光磊（南开大学）
包国宪（兰州大学）
米加宁（哈尔滨工业大学）
刘帮成（上海交通大学）
林闽刚（南京大学）
赵新峰（首都师范大学）
杨翠迎（上海财经大学）

编写委员会

主　编： 汤兆云

副主编： 梁发超　和　红

序

共建“一带一路”是共建“丝绸之路经济带”和“21世纪海上丝绸之路”的简称。共建“一带一路”高质量发展是习近平总书记基于建设美好世界、破解发展中国家可持续发展之困、探寻人类现代化发展道路等现实问题而提出的国际合作倡议，这一倡议的提出有助于破解全球发展失衡、贫富差距加大、生态问题凸显等问题。共建“一带一路”的战略目标是要建立包括欧亚大陆在内的世界各国，一个政治互信、经济融合、文化包容的利益共同体、命运共同体和责任共同体。共建“一带一路”倡议的核心内涵，就是坚持共商、共建、共享原则，促进基础设施建设和互联互通，加强经济政策协调和发展战略对接，促进协调联动发展，实现共同繁荣，共同构建人类命运共同体。至目前，这一倡议已得到全球100多个国家和国际组织积极响应和支持，联合国大会和安理会多次将其纳入相关决议，共建“一带一路”逐渐从理念转化为行动，从愿景转变为现实，正在打造成为顺应经济全球化潮流的最广泛国际合作平台，让共建“一带一路”更好地造福各国人民。习近平总书记在党的十九大报告中指出，（中国将）积极促进“一带一路”国际合作，努力实现政策沟通、设施联通、贸易畅通、资金融通、民心相通，打造国际合作新平台，增添共同发展新动力。①

社会保障作为现代社会的一项基本社会经济制度和民生福利的基本制度保障，对于一个国家经济社会的良性健康发展和长治久安具有重要意义。国际劳工组织有一句名言：“没有社会安定，就没有社会发展；没有社会保

---

① 习近平：决胜全面建成小康社会　夺取新时代中国特色社会主义伟大胜利——在中国共产党第十九次全国代表大会上的报告［M］. 北京：人民出版社，2017年版。

障，就没有社会安定。”共建“一带一路”沿线国家间社会保障领域的学习、交流与合作，既是共建“一带一路”建设的应有之义，也是共建“一带一路”倡议贯彻以人民为中心的发展思想的集中体现。国际劳工组织和联合国亚洲及太平洋经济社会委员会《亚太社会展望》报告指出：“尽管亚太地区大多数国家的社会经济地位迅速上升，但社会保障体系仍较为薄弱，大约一半的地区人口没有社会保障覆盖，只有少数国家拥有覆盖范围相对广泛的社会保障制度。”再加上新冠肺炎疫情的冲击，扩大和完善社会保障以利于减少贫困和不平等，成为“一带一路”建设各国共同的选择。

在共建“一带一路”沿线国家中，由于历史背景、文化传统、现实国情各不相同，因此各国社会保障的思想理念、模式选择与发展程度必然存在着差别，但也面临共同的挑战和需要解决的问题。例如各国都不同程度地出现人口老龄化、低生育率、家庭规模小型化和家庭结构核心化等社会结构性问题，以及贫富差距、城乡差距等利益结构性问题，因而完全可以、也应当在养老、医疗、就业、住房、教育等社会保障政策和社会福利、慈善公益服务领域相互交流，相互学习，相互借鉴。还要看到，社会保障制度起源于最早进入工业化进程的欧洲发达国家，它们的历史背景、文化传统、现实国情同“一带一路”沿线国家的差异较大，“一带一路”沿线国家如何结合本国国情使社会保障制度落地，助推本国的经济社会发展和民生福祉提升，也完全可以相互交流、相互学习、相互借鉴。例如面对人口达峰及老龄化问题对全球经济社会发展带来的诸多影响，变革养老保障体系、延长工作年限、适应灵活就业、推动产业升级等措施已成为多国政府的选项，互相之间当然就可以学习借鉴、取长补短。“一带一路”沿线国家如果共同把社会保障制度建设好，一定有助于实现共同的社会安定，有助于实现共同的发展繁荣。应当看到，各国具有差别性的社会保障政策和实务，没有优劣之分，仅有是否适合本国国情之别。差别性发展道路是一些国家社会保障制度发展道路的突出特征。各国社会保障模式的选择受到经济发展状况、社会结构状况、政治体制状况、文化传统等多种因素的影响。同一项社会保障政策的实施效果也会受到以上因素的影响。

本研究报告（年度）除了一个年度总报告和若干个国别报告以外，着重从养老保障、医疗保障、就业保障、社会救助、社会福利、慈善公益等板块全面系统地反映了共建“一带一路”沿线国家社会保障发展状况及其最新成果。本研究报告（年度）重点突出，从各板块中精选近期各国社会保障改革的重点、热点和难点问题进行深入探讨，反映了较强的时代特征；比较共建“一带一路”沿线国家社会保障建设的共同性与差别性，以期从学理上寻找社会保障制度建设发展的普遍规律；政策与实务相结合，既反映了社会保障制度政策的发展沿革，又分析了现实中存在的突出问题，并提出了具体的政策建议。

《共建“一带一路”沿线国家社会保障研究报告》拟年度连续出版。每年聚焦相关主题。愿该研究报告越办越好！

童　星

2021年8月

总报告 General Report

专题报告 Special Reports

总报告

General Report

构建人类命运共同体中的社会保障责任

——“一带一路”沿线国家社会保障发展水平

和　红[*]

摘　要：本文包含了三个部分，第一、第二部分摘取了31个“一带一路”沿线国家作为样本国，从各样本国的社会保障总支出、社会保障支出的比重和结构两方面数据进行横向与纵向分析，进而评估其社会保障发展水平。结果显示，地处中东欧的“一带一路”沿线国家社会保障发展水平较高，而地处亚洲、南美洲等非洲、欧洲国家的发展水平较低；在支出结构和比重上，各个国家差异性较大，但总体上现金支出比服务支出比重大，养老支出和医疗支出占社会总支出中的大部分。第三部分介绍了“一带一路”沿线国家中的几个社会保障热点问题。

“一带一路”是“丝绸之路经济带”和“21世纪海上丝绸之路”的简称，建设“一带一路”的合作协议是2013年中国国家主席习近平分别在哈萨克斯坦和印度尼西亚提出的。“一带一路”倡议的目标是在包括欧亚大陆在内的世界各国建立一个政治互信、经济融合、文化包容的利益共同体、命运共同体和责任共同体。

截至2021年4月，多达65个国家加入到“一带一路”合作国家名单，共有140个国家及31个国际组织与中国签署123份“一带一路”合作文件。65个沿线国家中包括亚太地区18个国家，欧洲地区24个国家，中东及其他地区23个国家。其中多为中低收入国家，也有部分中高、高收入国家，比如中国、新加坡、智利和爱沙尼亚等。由于数据受限，本文将集中介绍

* 和红，女，华侨大学政治与公共管理学院副教授，主要从事社会保障、公共经济学研究。

“一带一路”中31个样本国的情况，这些国家包括：波斯尼亚和黑塞哥维那、保加利亚、克罗地亚、塞浦路斯、捷克、爱沙尼亚、希腊、匈牙利、拉脱维亚、立陶宛、黑山、波兰、罗马尼亚、塞尔维亚、斯洛伐克、斯洛文尼亚、土耳其、韩国、智利、奥地利、哥斯达黎加、新西兰、新加坡、泰国、越南、伊朗、伊拉克、文莱、菲律宾、印度、哈萨克斯坦。

一、全球经济增长概况与展望

自2019年末，新型冠状病毒肺炎疫情（COVID-19）暴发以来，造成了严重的生命和经济损失，世界经济前景处于高度不确定状态。世界范围内不断增加的死亡人数和数以百万计的失业者已然是目前全球社会面临的巨大危机。

国际货币基金组织（IMF）在2021年发布的《世界经济展望》中提出，在各国对疫情的防控下，2021年和2022年全球经济将出现更强劲的复苏，2021年的经济增长率预计达到6%，2022年将达到4.4%（见表1）。各大经济体及地区正在采取措施试图尽快恢复经济，但复苏的速度与新冠肺炎疫苗推广的速度、经济政策支持的程度以及对旅游业的依赖等结构性因素呈直线相关。例如，在发达经济体中，美国2021年的GDP预计将超过新冠肺炎疫情前的水平，而该集团的许多其他国家要到2022年才会恢复到新冠肺炎疫情前的水平。同样，在新兴市场和发展中经济体中，中国已经在2020年恢复至新冠肺炎疫情前的GDP水平，而其他国家预计要到2023年才会恢复。尽管如此，由于各国经济复苏速度的不同以及新冠肺炎疫情对经济造成的持久性损害等，全球经济前景仍面临严峻挑战。

表1　三大国际组织对全球经济增长的预测

发布日期	发布机构	出版物	2021年全球增长率/%	2022年全球增长率预测值/%
2021年3月	国际货币基金组织	《世界经济展望》	6	4.4
2021年1月	联合国	《世界经济形势与展望》	4.7	3.4
2021年1月	世界银行	《全球经济展望》	4	3.8

目前，“一带一路”共有65个沿线国家，其中大部分以发展中国家为主。这些国家一方面面临经济疲弱、基建落后的困局，同时又富含人口、

资源的红利。在新冠肺炎疫情的挑战下，各个国家的经济前景也有所差异。具体表现如下。

（一）地处亚太地区的“一带一路”成员国

当亚太地区开始从有史以来最严重的经济衰退中复苏时，“一带一路”沿线国家经济增长率在 2020 年下降到-3.2%，同比上一年份下降了 8.2 个百分点。其中，印度、菲律宾以及马尔代夫的下降趋势尤为明显。不同于整体下降的趋势，由于第二季度的经济复苏速度高于预期，中国在 2020 年的经济增长率上升到 1.9%，并预计将在 2021 年增长到 8.2%，超出平均值 2.4 个百分点。此外，一些较早解除封锁的国家，其经济活动加快了经济的复苏，使得亚洲发达经济体的经济萎缩幅度将低于前期的预测。到 2021 年，亚太地区的“一带一路”沿线国家总体经济增长率预计将增至 5.8%，受到疫情打击的新兴经济体的经济活动预计在 2022 年开始逐步恢复正常。同时，疫苗的推广覆盖以及部分国家的防疫手段使得疫情逐渐好转，各国开始解除封锁和隔离，原先被遏制的消费需求也将逐步复苏。但就整体而言，经济复苏的过程仍将是缓慢的。2019—2021 年亚太地区“一带一路”沿线国家的实际 GDP 增长率见图 1。

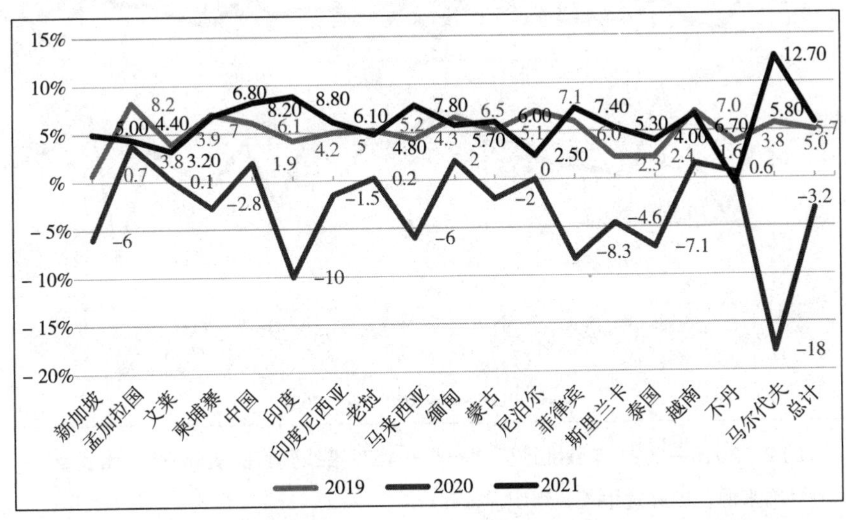

图 1　2019—2021 年亚太地区“一带一路”沿线国家的实际 GDP 增长率

资料来源：国际货币基金组织。

（二）地处欧洲地区的“一带一路”沿线国家

从欧洲地区的“一带一路”沿线国家来看，整个欧洲地区的实际 GDP 增长率在 2020 年降至-5.8%，此为“二战”以来的最大降幅。将在 2021 年复苏至4.7%，但复苏的力度在很大程度上取决于疫情的控制状况、人们的行为以及经济政策的持续支持程度。地处欧洲的“一带一路”沿线国家有 24 个，总体来看，在 2020 年，地处欧洲的“一带一路”沿线国家的经济增长率为-5.8%，在 2021 年复苏至 4.7%，对比整个欧洲地区的实际 GDP 增长率，其在 2020 年的下降幅度小于平均值，而在 2021 年与平均值持平。其中，希腊、克罗地亚和黑山的下降幅度尤为明显，分别超过平均值 3.7 个百分点、3.2 个百分点、6.2 个百分点。为了减少疫情带来的损害和影响，以及促进经济复苏，欧洲各国政府及各国央行通过常规和非常规手段开始大幅放松货币政策，以支持信贷流动，防止金融市场动荡。2019—2021 年欧洲地区“一带一路”沿线国家的实际 GDP 增长率见图 2。

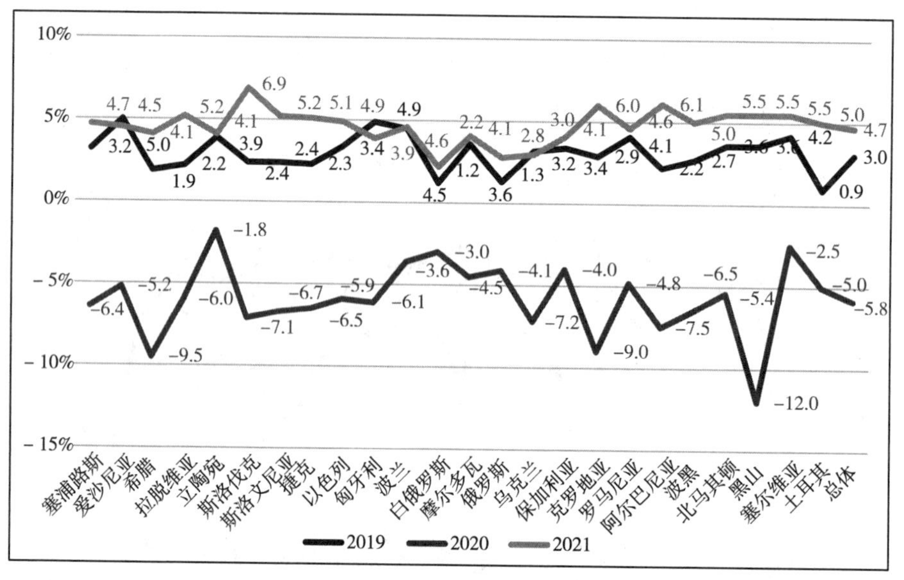

图 2　2019—2021 年欧洲地区“一带一路”沿线国家的实际 GDP 增长率

资料来源：国际货币基金组织。

（三）地处中东及其他地区的“一带一路”沿线国家

由于新冠肺炎疫情的特殊性与该地区长期存在的问题相冲突，此次危机相较之前出现过的经济衰退可能会造成更深刻和持久的经济影响。尤其是服务业（如旅游业等）面临着巨大的风险和危机，企业负债情况紧张以及对外贸易的依赖性等因素将严重影响该地区的经济前景。2020 年，地处中东地区的“一带一路”沿线国家实际国内生产总值下降至-5.5%，其中，黎巴嫩、伊拉克、吉尔吉斯斯坦和阿曼的下降幅度最大，分别为-25%、-12.1%、-12%和-10%。将在 2021 年整体复苏至 3.1%，大部分国家如卡塔尔、约旦、哈萨克斯坦等可以恢复到疫情前的正常水平，但也有部分国家需要更长的时间来恢复经济。

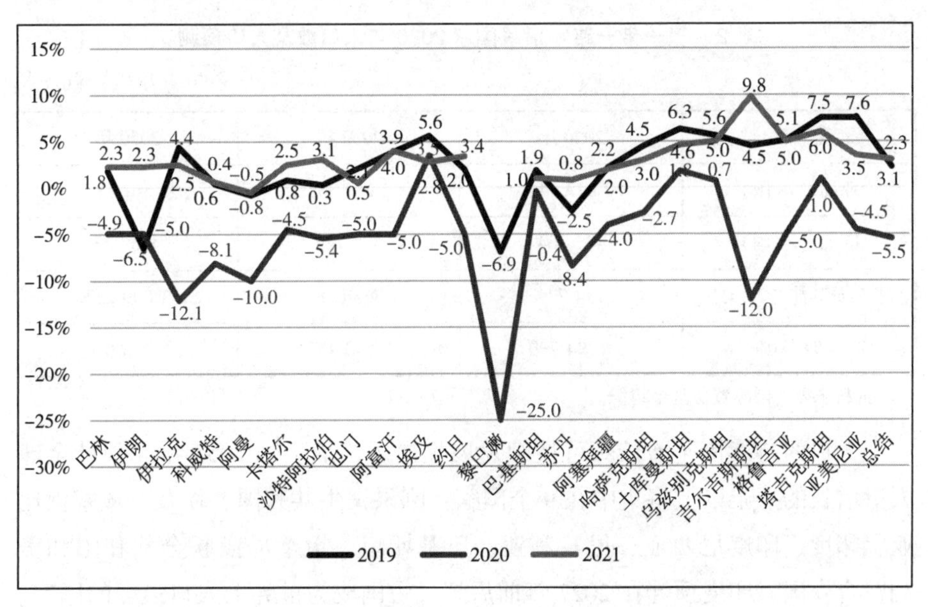

图 3　2019—2021 年中东及其他地区“一带一路”沿线国家的实际 GDP 增长率

资料来源：国际货币基金组织。

二、各国的人口及老龄化趋势

2019 年，联合国的经济和社会事务部发布了《世界人口展望：2019 年修订版》报告，对世界未来的人口趋势进行了分析和预测。该报告是联合国人口司每两年对全球人口统计数据及其未来发展趋势预测进行的更新和修订，旨在及时预测和估计人口数据，使广大会员国能够预测未来的人口趋势，从而为相关政策的调整提供指导意见。

报告中指出，2020 年全球人口为 77 亿，并且预计在 2030 年达到 85 亿，2050 年达到 97 亿，2100 年达到 109 亿。2019—2050 年，撒哈拉以南非洲国家预计新增 10 亿人口，将占世界人口增长的一半以上，该地区的人口预计将持续增长到 21 世纪末。相比之下，东亚和东南亚、中亚和南亚、拉丁美洲和加勒比、欧洲和北美洲的人口预计将达到人口规模的峰值，并在 21 世纪末之前开始下降。2020 年“一带一路”沿线 65 个成员国的总人口为 32 亿，2030 年将达到约 36 亿，2050 年将达到约 54 亿。其中亚洲地区、中东及其他地区人口呈上升趋势，欧洲地区呈下降趋势。“一带一路”沿线国家 2020 年人口数及人口预测见表 2。

表 2　“一带一路”沿线国家 2020 年人口数及人口预测

单位：百万人

地　区	2020 年	2030 年	2050 年
亚洲（18 国）	2 079 441	2 264 338	3 867 880
欧洲（24 国）	427 364	423 122	406 923
中东及其他（23 国）	734 779	866 678	1 099 237
全球各国	7 794 799	8 548 487	9 735 034

资料来源：国际贸易基金组织。

人口的持续快速增长对可持续发展提出了挑战。到 2050 年，预计全球人口增长的一半以上将集中在 9 个国家：刚果民主共和国、埃及、埃塞俄比亚、印度、印度尼西亚、尼日利亚、巴基斯坦、坦桑尼亚联合共和国和美利坚合众国。印度预计在 2027 年前后超过中国成为世界上人口最多的国家。全球及各地区 2020 年人口年龄分布见表 3。

表 3　全球及各地区 2020 年人口年龄分布

单位：%

地　区	0—14 岁	15—24 岁	25—59 岁	60 岁以上
全　球	25	16	45	14
非　洲	40	19	35	6
亚　洲	24	15	48	13
欧　洲	16	10	48	26
拉美及加勒比地区	24	16	47	13

续表

地　区	0—14 岁	15—24 岁	25—59 岁	60 岁以上
北美洲	18	13	54	23
大洋洲	24	14	44	18
“一带一路”沿线国家	24	15	46	15

资料来源：国际基金贸易组织、联合国。

2019—2050 年，55 个国家或地区的人口预计减少 1%或更多，原因是持续的低生育率，以及一些地方的高移民率。在此期间，预计保加利亚、拉脱维亚、立陶宛以及乌克兰的人口相对减少最多，预计减少 20%或更多。与此同时，世界各国人口预期寿命达到 72.6 岁，比 1990 年增加了 8 年多。预计到 2050 年，医疗技术以及生存条件的进一步改善可使全球平均寿命达到 77.1 岁。从整体上看，世界范围内的生育率增幅不大，较低的生育率和平均寿命的增加导致人口老龄化的趋势较为明显，人口老龄化危机进一步加剧。

在一些地区，国际移民已经成为人口变化的主要组成部分。2010—2020 年，36 个国家或地区的移民净流入超过 20 万人。在其中的 14 个国家中，在这十年中总净流入人数将超过 100 万人。对于约旦、黎巴嫩和土耳其等几个接收人数最多的国家来说，国际移民数量的大幅增加主要是由于难民流动，尤其是来自叙利亚的难民。

三、各国社会保障支出的总量（总支出图表）

本节将分析样本国的社会保障制度及运行情况。目前国际上并没有统一的衡量社会支出的标准，本报告中采用的是经济合作与发展组织（OECD）的“社会支出”的概念与衡量方法。这套方法是 OECD 在 20 世纪 90 年代开始发展起来的，也是国际上较为成熟的衡量社会领域支出的方法体系。

OECD 是 20 世纪 90 年代早期为了便于社会政策分析，建立起的社会支出数据库（SOCX）①，包括各类项目支出的详细数据，其实际衡量的是福利国家的规模和结构。OECD 将社会支出定义为：“政府和私人机构对家庭和

① SOCX：Social Expenditure Database 的缩写，https：//www.oecd.org/social/expenditure.htm.

个人提供的现金福利、直接实物与服务供给，以及具有社会目的的税收减免。净社会总支出包括公共和私人支出。其中，政府提供的社会福利归类为公共社会支出，而私人机构或家庭之间的私人转移归类为私人支出。”这一界定强调相关支出对家庭和个人的直接支持，主要是收入维持性支持，不包括长期的社会性投资支出和改善外部环境的支出。

在外延上，OECD 社会支出数据库将社会支出分为如下 9 个政策领域：老年保障（养老金、老年服务等）、遗属保障（丧葬费等）、残障津贴（残障者待遇、工伤待遇、病休待遇等）、医疗保障（门诊和住院费用等）、家庭保障（儿童津贴、儿童看护等）、积极劳动力市场政策（就业培训、就业服务等）、失业保障（失业补偿等）、住房保障（住房津贴和租房津贴等）以及其他社会政策领域。

表 4 2016—2019 年“一带一路”样本国家公共社会支出占国内生产总值的比例

单位：%

国家	2017 年	2018 年	2019 年
捷克	18.54	18.75	19.15
希腊	24.65	24.13	24.02
匈牙利	19.67	18.81	18.09
波兰	20.80	20.60	21.33
斯洛伐克	17.45	17.16	17.67
土耳其	12.10	12.20	11.99
爱沙尼亚	17.24	17.51	17.68
以色列	16.24	16.26	16.29
斯洛文尼亚	21.49	21.01	21.11
拉脱维亚	15.90	15.84	16.43
立陶宛	15.33	16.20	16.69
哥斯达黎加	11.94	12.22	
奥地利	27.26	26.91	26.94
新西兰	18.55	19.38	

续表

国　家	2017 年	2018 年	2019 年
葡萄牙	22. 66	22. 52	22. 60
智　利	11. 45	11. 34	11. 39
韩　国	10. 10	10. 836	12. 20

注：空格代表数据无法获取。

资料来源：OECD（2021），Social Spending（indicator）. doi：10. 1787/7497563b-en（Accessed on 04 April 2021）.

总体来看，在表 4 的 17 个样本国家中，地处中东欧的“一带一路”沿线国家在社会保障公共支出方面比重较高，且在不断增加；而部分除欧洲以外的“一带一路”沿线国家社会保障支出则低于平均水平。其中，奥地利最高 2017 年，达 27. 26%，希腊、葡萄牙和斯洛文尼亚也都超过了 21%，紧追其后。社会保障支出比重最低的是地处南亚的韩国，2017 年只有 10. 10%，与奥地利相差很大。可以看出，虽然平均社会保障支出在上升，但国家之间水平差距较大。

2017 年的平均社会保障公共支出约占 GDP 的 17. 72%，2018 年和 2019 年的平均社会保障公共支出分别约占 GDP 的 17. 74%和 18. 23%，总体呈上升趋势。但具体来看，部分国家（如捷克、波兰、斯洛伐克等 10 个国家）在稳步增加，但涨幅不大；而像希腊、匈牙利、斯洛文尼亚等几个稳居高位的国家的比重却有所下降。这与各国的经济发展水平和社会保障制度改革有关。

四、各国社会保障支出比重与结构

根据 OECD 对社会支出的分类，社会保障可以分为两类：一类是现金支出，另一类是实物与服务支出。但由于各个国家的历史传统，在社会保障结构上存在较大差异，比如智利的私营化养老金模式，其强调自我管理和个人负责制，建立个人账户进行管理，养老金支出并不完全体现在公共社会支出中。

如图 4 所示，大多数国家的社会保障现金支出比较高（样本国家社会保障现金支出占 GDP 的比重为 11%），服务支出的比重较低（6. 4%）。社会保障总支出水平较高的国家，如奥地利、希腊、葡萄牙、斯洛文尼亚、波兰等在现金支出方面较高，侧重于现金上的投入和补贴；而智利、哥斯达黎加、韩国、土耳其等社会保障支出比重较低的国家更倾向于把有限的资源投入社会服务中。

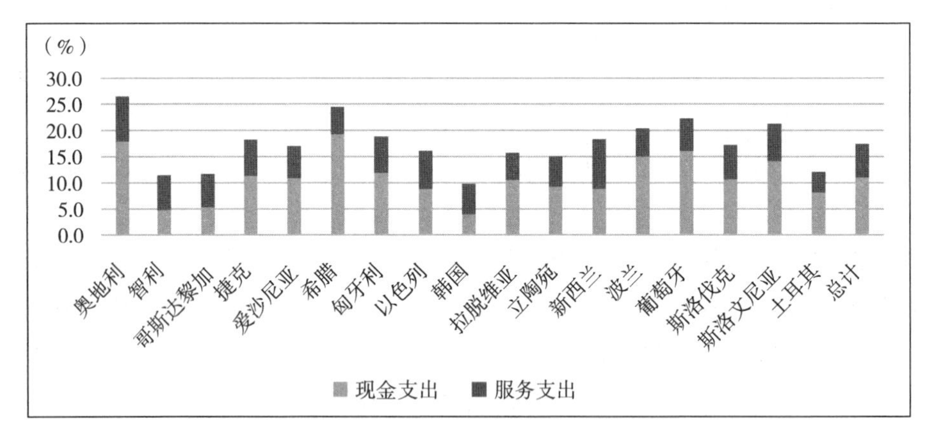

图4　2017年“一带一路”样本国社会保障支出的比重

资料来源：OECD（2021），Social Spending（indicator）. doi：10.1787/7497563b-en（Accessed on 04 April 2021）.

养老金支出是社会保障中最大的部分，如图5所示，在所有样本国家中，养老金的支出额占GDP的比重接近8%。由于各国老龄化人口的差距比较大，各国的养老金支出情况也有所不同。例如，希腊的养老金支出比重高达15.5%，而韩国和哥斯达黎加的养老金支出只有2.8%和3.4%。不过，在人口老龄化程度相似的国家，由于政策差异，养老金的比重也存在较大悬殊。比如希腊和波兰，两者都是欧洲国家，老龄化程度相似，希腊的养老金支出比重却比波兰高出近5个百分点。智利由于养老金制度的改革，其比重在社会保障支出中也没有体现出来。

医疗卫生支出同样也是社会保障支出的重头。在17个样本国家中，医疗卫生支出的总额占GDP的比重已经由2000年的4%上升到5%，上涨的主要原因是医疗费用的相对上涨、医疗技术成本上涨以及老年人口比重的增加（这与人口老龄化的趋势相符合）。

在其余的支出中，家庭福利支出和残障保障分别占1.9%和1.7%，劳动力市场和其他社会支出各占0.3%，住房占0.2%。家庭福利支出主要包括政府对家庭的现金津贴（儿童津贴等）和实物服务供给（医疗服务和教育服务等）。而残障保障主要包括如残疾津贴、工伤补贴、带薪病假和康复

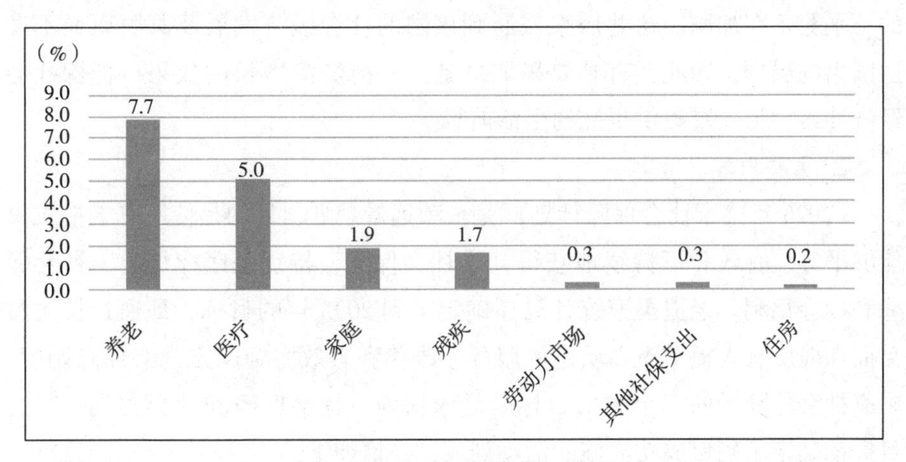

图5　2017年“一带一路”样本国家社会保障支出结构（各类占GDP的比重）

资料来源：OECD（2021），Social Spending（indicator）. doi：10.1787/7497563b-en（Accessed on 04 April 2021）、Data extracted on 05 Apr. 2021 04：16 UTC（GMT）from OECD. Stat.

服务等。

自2000年以来，所有的样本国家养老金支出的比重已经提升了近2%，老龄化的进程不断加快，对养老金支出的压力还在继续加大。为此，许多国家开始采取措施（如养老金私营化、发展多支柱养老等）来抑制养老金支出过快增长，实现养老基金的财务可持续性。

五、“一带一路”沿线国家社会保障发展动态

（一）老挝发布《2025年国家社会保障计划》

1. 提出背景

老挝人民民主共和国的国内生产总值在过去25年中以4%—8.6%的速度增长。自1992年至1993年第一次老挝支出和消费调查以来，贫困发生率从占总人口的46%降至2012年至2013年的23%。同样，该国的人类发展指数从1990年的0.400上升到2017年的0.601，过去在首次实现千年发展目标方面取得的进展，以及目前在实现可持续发展目标方面取得的进展令人振奋。

然而，并非所有人同样受益于经济增长和进步。贫困仍然存在，许多地区还没有基本服务，城市地区内部、城市和农村地区之间以及各省之间

的不平等正在加剧。这些因素威胁到该国的社会经济发展及其脱离最不发达国家的层次。因此，有必要采取措施，平衡经济增长的成果，抵御社会经济冲击，为人民提供更好的生活前景。

2. 主要内容

《2025年国家社会保障计划》是一项远景规划，目的是使所有老挝人民能够平等、有效和可持续地获得基本社会保障，特别是医疗保险、社会保障和社会福利。老挝国家统计局还确定了到2025年的目标，即通过扩大覆盖面和向所有人提供更高质量的服务，改善和有效实施国家社会保障制度。国家社会保障局的三个主要目标是健康保险、社会保障和社会福利。每个目标都确定了确保成功实施的活动列表，详情如下。

健康保险，是根据国家健康保险计划，向公务员、正规经济工作者及其家庭成员、穷人、非正规经济工作者以及产妇、新生儿和儿童免费提供改善和扩大的健康保险服务。

社会保障，是改善和加强社会保障，目前将通过8项计划提供保障，即疾病津贴、生育补助金、工伤和职业病津贴、与工作无关的残疾津贴、养老金、死亡补助金、被保障家庭成员的福利和失业救济金。这些项目的保障者包括正式职工，公共部门职员，警察、军人及其家属，自我雇佣者，志愿者与非正式员工以及《社会保障法》规定的受保者的家庭成员。将覆盖面扩大到私营部门工人和自我雇佣者，这将有助于确保全国社会保障基金（NSSF）的财政可持续性、问责制和管理透明度。

社会福利，是通过管理捐款，免除所有学生的学费，为儿童提供义务教育支持；向贫困家庭的中学生提供奖学金；在世界粮食计划署、天主教救济会和教育促进发展基金会的支持下，为贫困地区的中小学制订国家学校膳食计划；在亚洲开发银行的支持下，向中等教育中的贫困学生（低年级和高年级）提供津贴；向贫困和弱势家庭的学生提供技术和职业教育及培训奖学金，改善生计和基本服务；通过国际组织、非政府组织和发展伙伴的资助，向受到特殊保护的儿童、残疾人和老年人提供援助。

3. 社会反响和政策效果

自颁布该计划和相关法令后，老挝人民政府进一步采取行动来落实其提出的愿景。例如，在健康保险上，其目标被描述为加强健康保险计划，使其更加系统和有效，确保每个人能够获得保健服务。对应的行动有：

（1）制定和实施全民健康保险的法律框架；

（2）发展国家健康保险管理局的系统和能力建设；

（3）制定并遵守医疗机构的最低标准；

（4）增加农村地区获得保健服务的机会；

（5）确保政府及时向卫生部门划拨充足的预算。

此外，联合国也为老挝实行该计划提供了大量支持，直至 2021 年。该国家计划从联合国（Sustainable Development Goal，SDG）基金获得 200 万美元的财政资助，从澳大利亚国防军获得 70 万美元资助，从劳工组织、儿童基金会和资助发展银行获得了技术支助。老挝劳动和社会福利部副部长拜卡姆·哈提亚在活动上发言："政府与联合国的共同努力将大大促进我国的社会资金转移机制，并建立国家能力，为家庭及其子女提供支助。我们通过制定专门的账户表和建立创新的筹资机制，改革公共财政管理制度方面的合作工作。这将有助于倡导社会保障的预算拨款过程更加透明。"

联合国驻老挝人民民主共和国协调员萨拉·塞克内斯女士指出："联合国作为一个整体，通过综合和系统的方式来支持老挝人民民主共和国执行国家社会保障战略的行为。"为了实现确定的目标和项目支出，联合国系统、发展中国家伙伴以及国内外其他有关部门的技术和财政支持至关重要。这一联合国联合方案还将加快到 2030 年实现可持续发展目标的进展。

（二）劳工组织发布《ESS——社会保障的扩展》——中东欧国家第二支柱改革报告

2018 年末，国际劳工组织发布了《ESS——社会保障的扩展》——中东欧国家第二支柱改革报告。该报告追踪了 7 个中东欧国家[①]（以下简称 CEE 国家）强制性个人养老金账户（第二支柱）的最新发展。这些账户通常统称为第二支柱，多数中东欧国家政府在 1999—2007 年建立了第二支柱，并得到了世界银行的鼓励和资金支持。当时，世界银行声称第二支柱将促进经济增长，在人口老龄化的趋势下缓解公共养老金的融资压力，并保护工人储蓄，避免受到政治运动的不利影响，从而使第二支柱成为比公共养老金体系更加稳定的养老金账户。在随后的几年中，这些声称的好处受到了多方质疑，包括世界银行本身。然而，第二支柱的改革方案却在当时的

① 保加利亚、克罗地亚、爱沙尼亚、拉脱维亚、马其顿、罗马尼亚和斯洛伐克，即 Central and Eastern Europe。

中东欧地区引起了反应，随着苏联的解体，私有化的养老金改革方针在该地区开始盛行。

中东欧国家政府通过转移一部分公共养老金收入，为新的个人储蓄账户提供资金，从而增加了公共系统的运营赤字。法令颁布后，大多数国家实行年轻雇员强制性参加、中年雇员自愿参加、即将退休的雇员无须参加的参保政策。随着时间的推移，参与第二支柱养老金账户将成为每个人的义务。同时参加公共养老金系统和第二支柱养老金系统的参保者退休后将获得两份养老金，其中一份是政府管理的基于现收现付（PAYGO）的养老金，另一份是私人管理的基于预支资金的养老金。

然而，第二支柱养老金方案在实施后不久就遇到了困难，负责管理运营的商业公司通过收取高额的管理费用消耗了大量账户余额。政府主要依靠借贷来填补因将收入转移到个人账户而造成的公共养老金财政缺口。这种方式使得国家赤字快速增加，导致部分国家的财政赤字接近欧盟的债务和赤字上限。2007 年，全球经济危机使信贷变得稀缺和昂贵。由于无法再借到资金来填补公共养老金财政的缺口，大多数政府选择削减第二支柱资金。而在经济恢复稳定后，这种削减仍在继续。在一些国家，削减福利开支仍在计划和实施中。但是，7 个国家的个人养老金账户仍以某种形式存在，其中大多数近日已开始支付养老金。报告中还详细描述了第二支柱在 CEE 国家中的运行现状以及面临的困境。

该报告的第一部分描述了 CEE 国家养老金计划，即中东欧国家削减第二支柱养老金支出计划。在 7 个 CEE 国家里，第二支柱养老金是公共养老金体系的组成部分。在过去，公共养老金的资金来源主要是由雇主缴费，然而，由于第二支柱所采用的筹集方式是雇主缴费至个人账户，公共养老金财政也因缴款收入转移到个人账户而变得紧张。

在设计上，CEE 国家公共养老金有三个共同的基本特征，这也是世界上大多数公共养老金计划的典型特征，即所有符合领取资格的公民可以终身领取一月一付的养老金。公共养老金采取的是男女退休年龄相同、养老金待遇相同的计算方式，这一政策被认为是符合公平原则的。但在 CEE 国家，各国间的替代率差别非常大，这种差异还体现在性别上，在克罗地亚、爱沙尼亚及拉脱维亚，女性的平均替代率均在不同程度上超过了男性的平均替代率。在国际劳工组织第 102 号公约（《社会保障最低标准公约》）

中，要求养老福利水平（替代率）至少达到40%，而在CEE国家中，仍有部分国家还未达到。

第二部分描述了第二支柱养老金的法律框架。在7个CEE国家中，有5个国家（克罗地亚、爱沙尼亚、拉脱维亚、马其顿和斯洛伐克）以法令的形式确立了第二支柱养老金政策，并已经开始向符合条件的参保人支付养老金。在另外两个国家（保加利亚、罗马尼亚），由于政策尚未落地，暂时还没有开始实施。

保加利亚没有立即实行第二支柱养老计划的原因主要是保加利亚财政部在2016年提出了一项养老金支付法，但随后在第二支柱基金管理者的反对下撤回了该法案，并在撤回法案后将第二支柱支付法的权力移交给了劳动和社会政策部，后者尚未制定提案。

在罗马尼亚，前政府的劳工部在2016年提出了一项养老补贴法，但不久之后，全国选举将新政府推上了权力宝座。由于公众对第二支柱养老金方案缺乏信心，且其投资回报也较低，新政府曾在不同时期提议停止第二支柱养老金方案，削减转入第二支柱的公共养老金缴款，并降低私人基金收取的管理费上限，使之成为自愿型的养老金方案。这两个国家在关于修订第二支柱养老金方案这件事上还在考虑之中。

第三部分描述了第二支柱养老金设计上的3个问题。在这一部分，报告围绕关于第二支柱养老金的3个设计问题展开，分别是，该养老计划的缴费是否有终身保障？其是否会保持购买力的一致？是否能提供性别平等？

该报告也对以上3个问题作出了回答。首先，CEE国家的第二支柱养老金方案大多数遵循了终身保障、终身领取养老金这一原则。其次，在购买力的问题上，目前CEE国家中只有克罗地亚的政策规定国家必须根据通货膨胀和平均工资水平的变化来定期调整养老金，每年调整2次，并以发行与通胀率挂钩的债券来降低私人基金的风险，为养老金领取者提供了重要保护。最后，关于性别平等的问题，在CEE国家中，有4个国家的政府规定或提议保持性别中立，即要求不同性别的参保者或领取者缴费相同、待遇相同。然而其余3个国家则允许或提议允许私人基金减少支付给妇女的福利。不分性别的养老金计算方法是实现性别平等的关键，但在竞争激烈的私人养老金市场中这一因素却没有被强调。尽管各个国家已经看到了这一问题，也采取了一些办法，但在CEE国家实现养老金中的性别平等还有很长一段路要走。

最后一个部分讨论了第二支柱养老金设计对工人退休保障的主要影响。首先是第二支柱政策的不稳定性。养老金制度需要逐步改革，以使工人能够为他们的晚年生活提前做规划。第二支柱方案的不稳定性体现在部分国家如拉脱维亚、罗马尼亚等，在政策实施前期执行并无问题，但在全球金融危机的影响下，大多暂停或削减了对第二支柱养老金的财政转入。这种做法大大降低了工人对于第二支柱的信任。其次是第二支柱养老金没有建立对购买力的保障。在7个国家中，只有克罗地亚会根据通货膨胀率定期调整养老金。因此，对于大多数退休后将账户余额储存在第二支柱的工人来说，他们的养老金可以购买的商品和服务将随着时间的推移而减少。最后是第二支柱的运行机构缺少监管机制。原则上来说，第二支柱养老金可以设计成与公共养老金体系一样的方式来确保工人的退休保障，比如有保障的终身福利、定期的通胀调整以及福利计算中的性别平等。然而，相互竞争的私人基金需要政府的监管来实施这些保障措施。在一些中东欧国家，法律要求已经到位，但成功实施这些要求所需的监管和支持尚未到位。

综上所述，中东欧国家在第二支柱改革中所面临的困难和障碍提醒我们，解决当前中东欧第二支柱面临的困难没有捷径可走。并且，对于中东欧国家政府来说，在保障工人不受第二支柱不利影响的、同时保障公共养老金体系不会财政赤字过高方面，向自愿、独立融资的补充体系发展的选择值得仔细研究。

（三）世界银行发布2020年《适应性社会保障》报告

适应性社会保障（ASP）是指帮助增强贫困和脆弱家庭的抵御能力，使其免受自然灾害、经济危机、流行病、冲突和被迫流离失所等大型冲击的社会系统。通过直接向这些家庭提供转移和服务，可以提升其抵御冲击的能力。从长远来看，ASP通过提供三方面的支持，可为那些没有能力摆脱长期脆弱状况的家庭提供一条能够更好地恢复家庭健康状况的途径。

《适应性社会保障》概述了ASP的设计和实施的组织框架，提供了使社会保障系统更有能力增强家庭抗灾能力的方法与见解。该框架描述了ASP的4个模块，分别是计划、信息、财务、体制安排和伙伴关系，既强调了现有社会保障体系的要素，因为这些要素是增强家庭抗灾能力的基石，也强调了对家庭至关重要的其他投资。该报告主要引用自然灾害和相关的气候变化详细阐述了 ASP 框架及其构建基块。

1. 计划——构建弹性化家庭的一些设计考虑

要构建适应性社会保障，首先就要关注安全网在构建弹性化家庭中的作用。

在报告中，“适应性社会保障”被定义为：家庭以保护自身福利的方式准备、应对和适应冲击的能力，以确保他们不会因冲击而陷入贫困。社会保障方案可以将政府政策和目标转化为受益家庭的成果。在社会保障体系内，社会安全网计划可以被利用和加强，从而越来越有能力建设贫困和弱势家庭应对和适应冲击的复原能力。安全网可以提供补充收入来源，使受益人能够采取关键的准备措施（如积累储蓄）。从长期来看，与生产力、工作多样化和人力资本相结合的安全网也有助于提高弱势家庭的适应能力，减少其风险和脆弱性。

其次，没有一个单一的计划可以万无一失、一劳永逸，在构建适应性社会保障的过程中需要理解建立弹性化家庭的挑战。适应性社会保障体系包括社会援助、社会保险和劳动力市场计划——每一个都以独特的援助形式覆盖人口子集，每一个都具有不同的恢复能力建设效用。因此，针对具体方案的讨论可能会产生误导，而不是讨论更广泛的社会保障体系、任何一个社会保障方案在其中的地位及其在建设三种能力（其中包括人口子集）的抗灾能力方面的相对优势。

再次，评估现有弹性建筑安全网计划的核心设计特征，主要包括：关注和找出最需要安全网保障的群体，合适的政策和执行工具，受益者可以得到什么样的援助。

最后，除了传统的社会保障制度本身，适应性社会保障强调需要在社会保障和各自致力于建设弱势家庭抵御冲击能力的不同行为者和方案之间进行强有力的协调。以许多农业、人类发展（卫生和教育）和减少灾害风险项目为例，这些项目明示或暗示地寻求建立家庭对协变冲击的抵御能力。对于其他非社会保障部门而言，与社会保障行为者的协调往往会增加最贫困家庭获得保护的机会，否则这些机会可能无法通过他们的方案规划实现。

2. 信息——了解风险和家庭脆弱性的数据

数据和信息是适应性社会保障议程的核心。从根本上了解谁最容易受到哪种冲击的影响、应该如何救援等是设计适当方案的基础。储存了受益人和非受益人有价值信息的社会登记册将使安全网计划能够识别那些在扩大到高风险地区并深化其覆盖范围时最容易受到冲击的人。此外，社会登记处与数字版权管理和人道主义部门所利用的信息系统更紧密的整合将进一步提高特殊目的实体信息系统的敏感性，为特殊目的实体方案提供信息。促进与预警系统的业务联系以及能够快速评估灾后需求的工具将在预测家庭需求和灾后评估方面起到变革作用。要做到这些，就需要对服务提供商部门之外的行为者和信息系统进行大量投资和协调，以加强服务提供商的信息。

3. 财务——灾难风险融资方法的应用

适应性社会保障意味着政府需要应对不同的融资负担。从长远来看，抗灾能力建设干预措施往往会在受益人中有所成效，这意味着此类举措的财政可持续性供应承诺至关重要。一般而言，适应性社会保障将受益于增加的财政空间，以扩大向弱势家庭提供社会保障的机会，并加强整个社会保障体系。与此同时，为了使 ASP 计划对冲击作出更迅速的反应，需要制定风险融资策略，并预先设定适当的风险融资工具，将其与响应性安全网计划联系起来。这样一来，通过应对冲击的安全网计划将更容易获得资金用于快速支付，这是响应及时性的关键决定因素，可扩展其在保护受影响家庭福利方面的有效性。

新兴证据提供了将灾难风险融资方法应用于 ASP 的三个核心经验。首先，需要进行投资以了解潜在的响应成本，并利用包括历史灾害数据在内的各种数据源来阐明使用安全网应对冲击的预期或有负债。其次，从这些成本核算模型构建中，应该预先计划适当的资金。再次，强有力的支付机制能够吸收冲击后的可用资金并将其交付家庭，这对于需要使用这些风险融资工具的家庭来说至关重要。从用于安全网计划的支付渠道开始，应事先建立支付服务提供商之间的必要规则和能力。在冲击之后这样做往往会导致支付和交付严重拖延。

4. 体制安排和伙伴关系——多部门协调和人道主义

适应性社会保障是一项内在的多部门事业，要在众多行为者之间进行协调。这些行为者致力于建立弱势群体的抵御能力，其专业知识和资源对于在任何国家推动 ASP 的发展至关重要。

为了促进所需的协调，ASP 需要在这些部门的政策和策略之间保持一致性和互补性。具体而言，社会保障战略和框架可以为追求与 ASP 相关的目标提供基础。但是，仅注重阐明社会保障在其自身部门战略中建立抗灾功能，可能会导致任务重叠、资源竞争以及对抗灾力建设的影响有限。明确的政策承诺可以将不同部门的总目标与所涉行为者的具体任务、作用和责任结合起来，这有助于提供政策框架、鼓励加强协调。同时，政策承诺将需要适当的财政资源和对所需能力的投资作为后盾，以确保交付任务的人具有可信度。

此外，随着安全网方案在应对先前的人道主义危机和冲击方面的作用日益增强，越来越多地将社会保障执行者和方案纳入人道主义系统，特别是在国家能力有限或遭受严重冲击的情况下，其作用日益凸显。从操作层面上来说，根据具体情况和相对比较优势，明确划分政府和人道主义行为体之间提供抗灾能力建设项目的角色和责任将有助于建立可操作的战略伙伴关系，以在整个政府和人道主义领域内推动适应性社会保障的建设和发展。

5. 总结

适应性社会保障是将社会保护作为一种工具来建设贫困和弱势家庭对抗这类协变量冲击能力的广泛需求的回应。报告将社会保障战略概述为更广泛的社会保障领域中的一个具体重点领域，并致力于确定如何利用和加强社会保障，以建立家庭对这类冲击的抵御能力。强调了将以往相互脱节的社会保护、灾害风险管理和气候变化适应部门三者结合起来的价值，这是一种相辅相成的方法，可以降低家庭的脆弱性，增强家庭的抗灾能力。

参考文献

[1] International Monetary Fund. 2021. World Economic Outlook: Managing Divergent Recoveries. Washington, D.C., April.

[2] United Nations. 2021. World Economic Situation and Prospects 2021. New York, January.

[3] World Bank. 2021. Global Economic Prospects, January 2021. Washington,

D.C.：World Bank.doi：10.1596/978-1-4648-1612-3.License：Creative Commons Attribution CCBY3.0 IGO.

[4] International Monetary Fund.2021.Regional economic outlook update.Asia and Pacific：navigating the pandemic：a multi speed recovery in Asia.Washington，D.C.，Oct..

[5] OECD（2021），Social spending（indicator）.doi：10.1787/7497563b-en（Accessed on 04 April 2021）Data extracted on 5 Apr.2021 4：16 UTC（GMT）from OECD.Stat.

[6] Department of Planning and Cooperation，Ministry of Labour and Social Welfare September 2020.

[7] International Labour Organization.2018.ESS -Extension of Social Security：Second-pillar Pension Re-reforms in Bulgaria，Croatia，Estonia，Latvia，Macedonia，Romania，and Slovakia Benefit Payouts amidst Continuing Retrenchment.Geneva.Oct..

[8] Bowen，Thomas，Carlo del Ninno，Colin Andrews，Sarah Coll-Black，Ugo Gentilini，Kelly Johnson，Yasuhiro Kawasoe，AdeaKryeziu，Barry Maher，and Asha Williams.2020.Adaptive Social Protection：Building Resilience to Shocks.International Development in Focus.Washington，D.C.：World Bank.doi：10.1596/978-1-4648-1575-1.License：Creative Commons Attribution CC BY 3.0 IGO.

专题报告

Special Reports

养老保障篇

“一带一路”沿线国家养老金制度改革与发展趋势

贾志科　牛靖男　杨袆茜*

摘　要：“一带一路”沿线的非洲地区国家存在养老金制度覆盖范围狭窄、可持续性低及投资政策效率较低等问题；亚洲的5个国家的养老金制度强调企业在养老保险中的缴费责任，个人负担较轻，但国家补贴较少，企业负担较重；欧洲国家的养老金制度存在基金管理不完善、第三支柱发展缓慢、养老保险基金收益较低等不足；美洲地区的国家（如秘鲁）存在养老金制度覆盖率低、投资收益率偏低、投资结构偏重于股票投资和海外证券、政府资产配置较少等问题。“一带一路”沿线国家大多从进行参数性改革、完善基金管理、改革筹资模式三个方面展开养老金制度改革。未来的养老金制度改革和发展可以尝试进一步完善多层次养老保险体系，深化个人名义账户制改革，增加社会化筹资方式，实行弹性化养老金给付方式以及有目标地降低保险金。

综观世界人口老龄化进程，21世纪上半叶将是全球人口老龄化的时代，

---

* 贾志科，男，河北大学哲学与社会学学院教授，研究方向为人口社会学、青年社会学、社会调查方法、社会老年学和社会工作等；牛靖男，女，河北大学哲学与社会学学院硕士研究生，研究方向为社会工作；杨袆茜，女，河北大学哲学与社会学学院硕士研究生，研究方向为社会工作。

人口老龄化的形势随着生育率和死亡率的下降变得越来越严峻。在“一带一路”沿线国家中，多数已经步入老龄化社会，其余国家的人口年龄结构也在逐渐走向老龄化，未来也会融入老龄化的世界大环境中。基于此，面对人口老龄化快速发展变化的形势，各国需要积极行动或未雨绸缪，结合本国国情，借鉴他国有益经验，对国家养老金制度进行顶层设计、不断改革和发展，以有效应对未来严峻的养老形势。

一、“一带一路”沿线国家养老金制度的基本现状与问题

目前，“一带一路”沿线国家包括蒙古国、新加坡、俄罗斯等140个国家，按照区域划分包括：非洲地区——苏丹、南非、埃及等46个国家；亚洲地区——蒙古国、印度、巴基斯坦等37个国家；欧洲地区——波兰、捷克、斯洛伐克等27个国家；大洋洲地区——新西兰、纽埃、萨摩亚等11个国家；南美洲地区——秘鲁、乌拉圭、智利等8个国家；北美洲地区——巴拿马、古巴、牙买加等11个国家。这里，分别从区域角度概述各国的养老金制度实施现状并分析其中存在的问题。

（一）非洲地区国家养老金制度实施的现状和问题

非洲地区大多数国家经济相对不发达，经济发展状况在全球排名中多数为倒数。大多国家道路、水电、医疗卫生、教育等基础设施和社会服务仍处于缺失状态，人口平均预期寿命较低，养老保险制度建设不完善。

非洲地区的国家大都实行了强制性养老金制度，多数国家仅为部分劳动者建立有限养老金制度保障，养老保险覆盖范围较小。如在加纳，只有政府职员、工人及其他公务员享有医疗、住房、交通等多种补贴及退休金和退休保险；在安哥拉，社会保障体系仅覆盖24.3%的劳动人口；在马达加斯加，公职部门的职工享受国家的劳保、医疗、住房、子女补贴，其他部门职工由雇主支付社会和医疗保险。

以埃及为例，埃及目前的养老金制度采用基本养老金、名义账户、基金账户和补充养老金相结合的方式，具体见表1。

表 1　埃及的养老金制度

所用制度	非参保者	参保者		
	基本养老金	名义账户	基金账户	补充养老金
养老金计算	所有有收入者 全部工资的 15%	限定缴纳		
养老金融资	公共收入	现收现付	全部资助	
养老金管理	政府	政府	个人	

资料来源：Omneia Helmy，Egypt’s New Pension System，Wp No. 116. The Egyptian Center for Economic Studies（ECES），Dec. 2006.

非洲地区国家养老金存在的问题包括以下几个方面。

第一，养老金覆盖范围有限。多数北非国家公共养老金体制的覆盖率均不足一半的劳动力，南非国家由于经济、国体等原因覆盖率更低。利比亚、突尼斯、阿尔及利亚和埃及的情况相对较好，其覆盖率达到了一半及以上。

第二，养老金福利难以为继。该地区的国家普遍规定，只要符合缴费年限即可申请领取全额养老金。另外，一些国家设置最大养老金条款，这就导致有人提前退休。以埃及为例，70 岁退休的埃及人缴纳养老金的回报率为负值，职工参加养老保险制度越早，回报率越高。种种原因导致其养老金难以为继。

第三，投资政策效率较低。由于养老金投资政策设计不合理，其投资在非洲地区国家的回报率更低。其养老金制度大多来源于部分资助，政府以强制政策把养老金强制贷给国有企业，导致养老金的回报率较低。另外，其利用途径存在不合理现象，如进行社会项目投资、投入基础设施建设项目，这些项目导致的回报率较低已是必然。

（二）亚洲地区国家养老金制度实施的现状和问题

亚洲地区“一带一路”沿线国家包括韩国、蒙古国、新加坡、马来西亚、越南、泰国、巴基斯坦、以色列、土耳其、伊朗、沙特阿拉伯、哈萨克斯坦、吉尔吉斯斯坦、塔吉克斯坦、乌兹别克斯坦等国家。因其中包括发达国家——韩国、新加坡、以色列和一众发展中国家，养老金制度发展水平参差不齐，虽取得了一定的成果，但也存在着很多问题。

2020 年，韩国人口约 5 200 万，65 岁及以上的人口数达到了近 813 万，占人口总数的16%，已经进入严重的老龄化阶段；韩国经济以制造业和服务业为主，2020年国内生产总值为1.63万亿美元，人均国内收入为3.18万美元，国内生产总值增长率为-1.0%。韩国的养老保险在原有“三支柱”模式的基础上提出了“五支柱”养老保险体系，分别为：零支柱是设立非缴费型的基础老年养老金，第一支柱是公共养老金制度，第二支柱是企业年金，第三支柱是个人养老金计划，第四支柱是家庭赡养。韩国逐渐构建了覆盖全民范围的多支柱养老保障体系，涵盖社会福利计划、公共养老保险、企业养老保险、个人储蓄和家庭养老等内容，详见表2。

表2　韩国“五支柱”养老保险体系

支柱体系	养老金计划	实施内容
零支柱	基础老年养老金	年满65周岁及以上老人中70%的低收入人群根据其家庭收入情况，每月可领取10万韩元（约614元人民币）至20万韩元（约1 228元人民币）的养老金补助
第一支柱	公共养老金制度	1988年建立国民养老金计划，1960年建立政府雇员养老金计划，1963年建立军人养老金计划，1975年建立私立学校教职员养老金计划
第二支柱	企业年金	2005年实施，5人以上公司可在企业年金和退休津贴之间选择；2010年12月要求5人以下公司必须参加企业年金或退休津贴
第三支柱	个人养老金计划	1994年引入税收待遇；2001年起由税收全免的EEE模式改为仅在领取环节纳税的EET模式
第四支柱	家庭赡养	受儒家孝道文化影响，家庭赡养一直是重要的养老方式，但面临压力

资料来源：喻莉．中韩基本养老保险制度比较研究［D］．上海外国语大学，2020：17-21.

新加坡总人口570万，65岁及以上人口占人口总数的11.69%，处于老龄化社会；新加坡属于外贸驱动型经济，以电子、石油化工、金融、航运、服务业为主，2020年国内生产总值为3 500亿美元，人均国内生产总值为6.2万美元，国内生产总值增长率为-8.2%。新加坡养老金制度分为三个主要部分：核心是中央公积金制度，提供了大部分社会保障功能，个人完全依赖于供款基金积累的个人账户；第二部分为政府养老金计划，这是针对政府公务人员的现收现付养老待遇；第三部分是针对武装部队人员的储蓄和员工计划。新加坡的养老金制度并没有形成一个明确的多层次体系，而是针对其特殊的国情和经济发展程度制定了公共基金制度。

以色列总人口926万，65岁及以上人口占12.21%，处于老龄化社会；以色列为混合型经济，工业化程度较高，以知识密集型产业为主，高附加值农业、生化、电子、军工等部门技术水平较高。以色列总体经济实力较强，2020年国内生产总值为3 854.5亿美元，人均国内生产总值为4.57万美元。以色列养老金制度是由基本养老保险和职业养老保险组成的双层养老计划，从开始实施职业养老金到实施长期护理计划，以色列对于养老制度的建设一直走在前列。

蒙古国人口数约330万，其65岁及以上人数占3.88%，还未进入老龄化社会；蒙古国经济以矿业、农牧业等为主，国内生产总值为129亿美元，2020年国内生产总值增长率为-5.3%。目前其养老金筹集分别为现收现付制、完全累积制和部分累积制。现收现付制是用当期的缴款提供保险金的制度；完全积累制是用过去积累的缴款所挣取的利息收入提供保险金的制度；部分累积（即社会保险税的一部分）用来支付当期接受者的养老金，另一部分投资于政府管理的基金，该基金用来支付将来的养老金。其面临的问题主要包括：第一，养老保险基金缺口大。由于蒙古国地域辽阔，人口稀少，生产能力较低，经济发展速度缓慢，蒙古国长期处于发展中国家行列。在城市化进程中，越来越多的农牧民人口涌入城市，这些人的社会保障存在着资金缺口，且一时间无法满足企业单位的用人需要，加大了政府的财政压力，导致基金缺口较大。第二，养老保险“现收现付”制度的消极影响。随着人口老龄化现象的日趋严重，投保人承担着巨大的经济压力，收入和支出之间的不平衡和现收现付制度易导致投保人积极性不高的问题，进而导致资金积累能力的不足。第三，养老保险缴费率较低。蒙古国的国民经济依赖于农牧业及采矿业，牧民人口占总人口的四成。农牧民及灵活就业者参保率较低导致了蒙古国整体的养老保险缴费率较低。

马来西亚总人口约3 275万，65岁及以上人口占总人口的5.86%，老龄化压力较大；马来西亚经济以农林渔业和服务业、旅游业为主，2020年国内生产总值为13 420亿林吉特，国内生产总值增长率为-5.6%。马来西亚的养老金制度与新加坡类似，是针对不同的人群进行有区别的养老金给付，并未形成系统性的结构。具体包括：针对公务员的由政府全额给付的养老计划；企业职工通过职工公积金进行养老金缴费和享受福利待遇，设有个人储蓄账户；针对贫困人口的养老金补助和针对军人的养老金计划。但由于马来西亚的经济无法与新加坡相比，这样的养老金制度给政府带来了较大的财政压力，且由于经济结构的特点，其养老金制度对劳动力市场非常敏感。

越南总人口 9 620 万，65 岁及以上人口占 6.74%，即将进入老龄化社会；越南经济以工业、农业和服务业为主，2020 年国内生产总值为 2 620 亿美元（2019 年），人均国内生产总值为 2 800 美元，国内生产总值增长率为 7.02%。越南的养老金制度由强制型缴费制度和自愿型缴费制度两部分构成，且都是基于现收现付制度建立的。这种基于现收现付制度的养老金制度给越南的财政带来了巨大压力，基本养老保险的缺口都要由政府来弥补，且由于城镇化的加速发展，越南的贫富差距不断扩大，政府对于贫困人口的补助压力也在不断增加。

中亚五国都同中国签订了“一带一路”合作条约。其中，哈萨克斯坦总人口 1 900.33 万，65 岁及以上人口占 6.75%，即将进入老龄化社会；经济以石油、采矿、煤炭和农牧业为主，2020 年国内生产总值 1 698.37 亿美元，同比下降 2.6%。塔吉克斯坦总人口 960 万，65 岁及以上人口占 3.32%，老龄化压力较小；2020 年塔吉克斯坦国内生产总值为 825 亿索莫尼（约合 73 亿美元）。吉尔吉斯斯坦总人口为 663.68 万，65 岁及以上人口占 4.28%，有一定的老龄化压力；经济以矿业为主，2020 年全年国内生产总值约合 71.36 亿美元，同比下降 8.6%。乌兹别克斯坦总人口 3 455 万，65 岁及以上人口占 4.23%，有一定的老龄化压力；经济以工矿业为主，国内生产总值约合 576.99 亿美元，同比增长 1.6%。土库曼斯坦总人口 572 万，65 岁及以上人口占 4.07%，有一定的老龄化压力；石油、天然气工业为其支柱产业，2020 年国内生产总值同比增长 5.9%。

这五国强调企业在养老保险中的缴费责任，个人负担较轻，国家补贴较少，企业负担较重。随着中亚各国支付危机的加大，多数国家普遍选择了延长退休年龄来缓解财政支付压力。其面临的问题主要包括：第一，在制度体系上，哈萨克斯坦作为中亚五国经济发展最为迅速的国家，其养老保险体系较其他四国而言相对成熟，基本建立了“三支柱”模式；吉尔吉斯斯坦建立了普惠式的基本养老金和名义账户养老金相结合的“两支柱”养老保险制度；乌兹别克斯坦引入了自愿储蓄型的养老保险，但效果甚微；

塔吉克斯坦和土库曼斯坦相对落后，未建立"多支柱"的养老保险体系。第二，在筹资办法上，哈萨克斯坦转向积累制，吉尔吉斯斯坦引入了名义账户制，其余三国仍沿袭了现收现付制。现收现付制带来了较大的财政压力，加大了养老负担。第三，在养老基金管理上，除哈萨克斯坦以外的其他四国，投资运营发展缓慢，基本上停留在银行储蓄阶段，不允许对外进行其他投资，也未设立专门的基金管理公司负责养老基金管理。

（三）欧洲地区国家养老金制度的现状和问题

欧洲国家包括塞浦路斯、俄罗斯、奥地利、希腊、波兰、塞尔维亚、捷克、保加利亚、斯洛伐克、阿尔巴尼亚、克罗地亚、波黑、黑山、爱沙尼亚、立陶宛、斯洛文尼亚、匈牙利、北马其顿、罗马尼亚、拉脱维亚、乌克兰、白俄罗斯、摩尔多瓦、马耳他、葡萄牙、意大利、卢森堡 27 个国家。

大多数欧洲国家养老金制度的发展较为领先，在向市场经济转型的过程中一致采取了世界银行提出的建立"多支柱"养老体系计划，对第一支柱传统的现收现付制养老体系进行了相应的调整和变革。各国政府通过税收优惠发展补充养老金；通过提高税收年限缓解财政压力增加养老金收入，增强养老金的可持续性；通过发展第二、第三支柱分散养老体系面临的不同风险。但是各国具体的养老金制度仍存在一定差异。

俄罗斯总人口 1.439 6 亿人，65 岁及以上老人超过 3 200 万人，占总人口的 22.2%，老龄化问题严重。在俄罗斯的"三支柱"体系中，第一支柱是社会养老保险，第二支柱为强制养老保险，第三支柱为补充养老保险。

乌克兰的第一层次为强制性国家退休养老基金统一制度，第二层次是强制国家退休养老保险储蓄基金制度，第三层次为非国家退休养老保障基金。

爱沙尼亚养老体系的改革在独联体国家中具有代表性。作为独联体最早独立的波罗的海三国之一，爱沙尼亚的养老体制改革是介于国家财政支出和私有化改革之间合理过渡的一个典范。爱沙尼亚实行的"三支柱"养老体系包括国家养老保险、强制养老基金和自愿的个人养老基金储蓄计划或保险公司的保险政策产品。国家养老保险是强制性公营的，以税收为资金来源的支柱，用于再分配。强制性养老基金主要用于储蓄，自愿型支柱是补充型退休收入制度。2019 年，爱沙尼亚居民月平均养老金为 459.4 欧元，同比增长 10.9%。

波兰总人口 3 810 万，65 岁及以上的老年人口占总人口的 13.7%。在波兰实行的“三支柱”养老保险体系中，第一支柱是在现收现付的名义账户制基础上建立的养老保险基金，第二支柱属于强制性基金累积制，第三支柱的个人储蓄账户是由雇主缴费建立的非强制性的补充养老保险制度。2011 年 5 月波兰政府对养老金计划进行改革，增设了由波兰社会保险局管理的现收现付制子账户。改革内容为降低雇员向第二支柱的个人账户中的缴纳比例，雇员向公开养老基金缴纳的金额将从目前占工资总额的 7.3%下降至 2.3%，差额部分将由波兰社会保险服务局负责保管，余下的资金进入第一支柱的现收现付制子账户。到 2017 年，雇员向公开养老基金缴纳的金额将从目前占工资总额的 2.3%上升至 3.5%。

保加利亚总人口 703.6 万，65 岁及以上的老年人口占总人口的 18.2%。保加利亚的养老金计划包括三个方面，即强制普遍社会保障、强制附加社会保障和自愿附加社会保障，三者互相补充、相互协调。强制普遍型养老保险采用现收现付制，满足养老金领取者最基本的生活需求。强制附加型养老保险采用基金制，缴费人退休时领取的金额是个人账户积累和投资收益的总额。在自愿附加型养老保险中，劳动者和雇主可以自愿向私人养老基金缴费，由养老保险公司管理此基金。

乌克兰总人口 4 400.9 万，65 岁及以上的老年人口占总人口的 15.5%。苏联解体后，乌克兰开始进行养老退休制度改革，逐步形成了三层次退休养老金体制：第一层次为强制性国家退休养老基金统一制度，第二层次是强制国家退休养老保险储蓄基金制度，第三层次为非国家退休养老保障基金。改变了以前国家统包统办的计划经济退休养老制度。同时，通过延迟退休年龄、统一性别退休年龄差异、根据退休超龄年限提高养老金比例。

卢森堡总人口 62.2 万，65 岁及以上的老年人口占总人口的 14.9%。作为欧盟中面积最小、人口最少、经济高度发达的资本主义国家，其社会保障制度在进入 20 世纪后逐步建立，经过几十年的发展，卢森堡的养老保险制度逐渐完善。其现行的养老保险制度由现收现付的公共养老金、职业养老金和个人养老金组成。在职业养老中，有三种类型的养老金可供选择，即养老基金、团体保险和读书储备计划。个人养老是个人自主与保险公司签订协议以保障养老生活。

匈牙利总人口968.9万，65岁及以上的老年人口占总人口的16.9%。匈牙利在1998年接受了世界银行的建议，建立了“三支柱”养老保险体系：第一支柱为社会养老保险，具有强制性，采用现收现付制；第二支柱为个人账户养老计划，具有强制性，采用完全累积制；第三支柱为自愿参加的商业养老保险，品种较多，政府对参加养老计划的人给予一定的税收优惠。同时，一方面匈牙利逐步提高退休年龄，控制提前退休，鼓励延迟退休。另一方面强化缴费和待遇之间的联系，调动参保人的积极性。匈牙利重视提高和改善居民的生活水平，不断增加退休金、家庭补贴、生育和抚养儿童的补助金等。

意大利总人口约6 048万，65岁及以上的老年人口占总人口的20.3%，老龄化问题严重。其“三支柱”体系中的第一支柱为强制性的公共养老保险计划，包括两个层次：第一层次属于养老社会救助，第二层次的公共养老保险计划以缴费为基础，雇主和雇员缴费都可在税前扣除。第二支柱为补充性的职业保险计划。为自愿性计划，通常也由雇主和雇员缴费。第三支柱为自愿性商业养老保险计划和私人养老保险计划。

奥地利总人口约890万，65岁及以上的老年人口占总人口的18.2%。其养老保险体系由三支柱组成，其中，第一支柱为社会养老保险和社会救助，为国民提供养老金和老年人最低收入保障；第二支柱为企业年金，对养老保险起重要补充作用；第三支柱为自愿储蓄型养老保险，属于基金制养老保险计划。其养老保险体系缴费率较高且全民覆盖，养老基金代替率较高，退休年龄较低，导致其财政负担较重，因此，不断进行参数性改革，加快第二、第三支柱的发展是其改革方向。

希腊总人口约1 112.8万，65岁及以上的老年人口占总人口的19.6%。其养老保险体系同样由三支柱组成，第一支柱为公共养老金，公共养老金又分为三个层次：第一层次是与收入挂钩的基本养老金，第二层次为与收入挂钩的补充养老金，第三层次为最低保障的养老金津贴。第二支柱为职业养老金，起步较晚，发展缓慢。第三支柱为个人养老金，在希腊，参与个人养老金的人数较少。

表3是欧洲地区部分国家的“三支柱”养老保险体系对比。

表 3　欧洲部分国家“三支柱”养老保险体系对比

国家	第一支柱	第二支柱	第三支柱
俄罗斯	社会养老保险	强制养老保险	补充养老保险
爱沙尼亚	国家养老保险	强制养老基金	个人养老基金储蓄计划
波兰	养老保险基金	强制性基金积累制	个人储蓄账户
保加利亚	强制普遍社会保障	强制附加社会保障	自愿附加社会保障
乌克兰	强制性国家退休养老基金	强制国家退休养老保险储蓄基金	非国家退休养老保障基金
卢森堡	公共养老金	职业养老金	个人养老金
匈牙利	社会养老保险	个人账户养老计划	商业养老保险
意大利	强制性的公共养老保险计划	补充性的职业保险计划	自愿性商业养老保险计划和私人养老保险计划
奥地利	社会养老保险和社会救助	企业年金	自愿储蓄型养老保险
希腊	公共养老金	职业养老金	个人养老金

需要指出的是，斯洛文尼亚的第二支柱养老保险计划是半自愿性的。阿尔巴尼亚、波黑、黑山和塞尔维亚至今仍未引入第二支柱，捷克则是在2008年经济危机发生以后才引入第二支柱的。此外，受欧盟社会政策和世界银行影响，斯洛文尼亚、捷克、波兰、匈牙利等国还为国民推出了国家救助计划——无须缴费为前提的国民养老金，即零支柱。

大多数国家面临的问题主要包括以下方面。

第一，在养老基金管理上，没有及时建立起适应市场经济发展需要的基金管理机构，在名义账户制改革上，制度设计和经办管理未能同步进行；市场监管和相关法律不完备，金融市场准备不充分；许多中东欧国家的政府机关和管理机构更倾向于表面形式而不注重实际上的运转效果。

第二，第三支柱发展缓慢，虽然各国政府尝试通过各种手段及优惠政策推动第三支柱的发展，但是大多数国家第三支柱的发展并没有达到其预期效果，人们更加关注其投资回报率和由第三支柱带来的国家补贴，导致其储蓄功能相应地被弱化。

第三，养老保险基金收益较低，一方面，通货膨胀、债务危机等多种情况的综合影响导致其对基金的增值保值和风险控制能力较弱；另一方面，对于养老保险基金的管理多数国家多采取保守的投资方式，投资回报率较低。

（四）美洲地区国家养老金制度的现状和问题

美洲参与“一带一路”建设的国家包括北美洲的古巴、巴拿马、牙买加等国和南美洲的智利、秘鲁、委内瑞拉、乌拉圭、厄瓜多尔、圭亚那等国家，其中养老金建设具有代表性的国家主要是智利和秘鲁。

智利总人口 1 805 万，65 岁及以上人口占 11.88%，处于老龄化社会；它是南美经济较发达的国家之一，矿业、林业、渔业和农业是国民经济的四大支柱。智利的养老金制度较完善，分为三个部分：第一部分是完全积累的资金筹集模式，以远期纵向收支平衡作为筹措养老保险资金的指导原则，具有以收定支、多缴多得的特点；第二部分是强制个人储蓄养老资金；第三部分是市场化的投资运营方式。其管理体系与监管体系独立化运行，政府承担担保责任和转轨成本。但智利的养老金制度也面临着潜在的风险，其强制性和自愿性个人账户养老金制度都严格遵循精算平衡的原则，未来经济社会发展的不确定性会给个人账户养老金制度带来经济、汇率、管理和制度等方面的风险。

秘鲁总人口 3 249.55 万，65 岁及以上人口占 8.39%，处于老龄化社会；它是传统的农矿业国，经济在拉美国家中居于中等水平，2020 年秘鲁国内生产总值 2 020.1 亿美元，人均国内生产总值 6 126.87 亿美元。秘鲁的养老金模式是一种并行模式，在保留现收现付制的同时建立了一个新的私营管理的积累制养老金计划，其养老金主要由国民养老金、私人养老金和社会养老金组成。随着社会经济的发展，秘鲁养老金制度的缺陷逐渐显现出来，包括养老金制度的低覆盖率、投资收益率偏低、投资结构偏重于股票投资和海外证券、政府资产配置较少等问题。其新旧两种养老保险模式的具体区别见表 4。

表 4　秘鲁新旧两种养老保险模式的区别

养老保险模式	国民养老金制度（旧）	积累型个人账户制度（新）
养老金缴纳	雇员按照工资的一定比例缴纳	雇员向个人账户缴费
养老金给付	缴费满 20 年可以获得一定金额的养老金	养老金给付水平取决于工作期间的缴费数额与收益
特征	有明显的再分配特征，低收入者获利高于缴费储蓄	自愿储蓄型

资料来源：孙永勇，李洋．智利和秘鲁的养老保险制度改革比较［J］．拉丁美洲研究，2016，38（3）：52-69，154-155.

二、“一带一路”沿线国家养老金制度的改革原因和发展历程

（一）非洲地区国家养老金制度改革的原因和发展历程

非洲社会保障制度的引进和发展大致可以分为3个阶段：第一阶段是19世纪末20世纪初到非洲民族独立高涨以前，现代社会保障制度开始引入非洲殖民地的时期。第二阶段是非洲国家独立后社会保障制度的大规模建设时期。第三阶段是20世纪70年代后，非洲国家根据社会经济发展战略变化对社会保障制度进行调整的时期。

1914—1929年，阿尔及利亚、摩洛哥、突尼斯和马达加斯加四个法定殖民地和保护国以及英属殖民地南非和赞比亚首先引进了工伤社会保障制度。非洲的社会保障制度首先出现在北非和南部非洲。法属西非和法属赤道非洲也分别于1932年和1935年集中建立了工伤社会保障制度。英属非洲的工商社会保障制度集中出现在20世纪40年代，比利时属非洲国家的工商社会保障制度建立最晚，统一出现在1949年。第二次世界大战结束以后，非洲的民族解放运动进入空前高涨阶段。英、法等殖民主义宗主国为维护殖民统治，一方面加紧对民族解放运动的镇压；另一方面采取怀柔手段，企图瓦解非洲人民的反抗斗志，开始改善社会保障制度。例如，法国许诺在殖民地实施为期10年的现代化与装备计划。在非洲殖民地建立有关患病和生育方面的社会保障制度立法。英属塞浦路斯在1956年也建立了社会保险制度，范围包括养老、伤残、患病、生育和失业。

非洲国家在20世纪50年代末60年代初迎来了民族独立的高潮，同时也迎来了社会保障制度建设的高潮，普遍建立了关于养老、残疾和死亡的社会保障制度。除了南非和阿尔及利亚已有相关制度，多数国家的相关法律几乎是在取得民族独立后制定和颁布的。

20世纪70年代的调整主要是由两个原因引起的：第一个原因是石油收入的变化增强了社会保障制度的物质基础。随着国际石油价格的暴涨，非洲一些国家经济得到了较快增长，显著改善了建立社会保障制度的物质基础。第二个原因是包括非洲国家在内的发展中国家对其发展战略进行了反思和调整。个别国家对原有的社会保障立法进行了比较全面的调整，扩大了社会保障范围，提高了社会保障的水平。20世纪70年代中期以后，工业

发达国家的经济进入滞胀时期。社会保障制度也由于开支超越了经济增长的能力而陷入困境，发生了福利国家危机。非洲国家在不利的国际经济环境中陷入债务危机，通货膨胀率上升，经济增长率急剧下降。为了避免经济的全面崩溃，非洲国家从20世纪80年代开始接受债权国和世界货币基金组织、世界银行等国际组织提出的经济结构调整方案。因此，调整原有的社会保障制度势在必行。例如，阿尔及利亚于1994年建立了失业社会保险制度，同时在退休养老制度中增加了有关提前退休的立法。这场社会保障制度的调整迄今还在进行。

（二）亚洲地区国家养老金制度改革的原因和发展历程

进入21世纪之后，韩国人口老龄化问题日益凸显，造成了政府财政负担加重、老人收入难以保障、健康问题逐渐突出等诸多社会问题，因此韩国政府开始了一系列的养老金制度改革。韩国在20世纪90年代就通过改革国民年金制度建立了多支柱的养老保障体系。在2003年，韩国开始了第二轮改革，对《国民年金法》进行了修订，逐年下调年金替代率，为相应的人群带来了一定优惠。2005年，依据世界银行提出的"五支柱"模式，韩国开始了进一步改革。

2000年，新加坡60岁及以上老年人口的比例达10.6%，步入老龄化社会。新加坡根据社会经济环境变化和人口老龄化时代的养老需要对中央公积金养老金制度进行了一系列的改革和发展，并取得了较好的效果。1987年新加坡推出了最低储蓄计划，由于有一些公积金参与者在55岁时达不到最低储蓄要求，在2016年又在最低储蓄引入了基本储蓄、全额储蓄和超额储蓄作为指标。为了应对长寿风险，新加坡在2009年推出了公积金终身养老金计划，该计划在2018年发展为公积金终身养老金标准计划、公积金终身养老金基本计划和公积金终身养老金递增计划三种计划。此外，新加坡还陆续推出并改革了最低储蓄计划、最低储蓄填补计划、公积金终身养老计划等。新加坡中央公积金（CPF）制度如图1所示。

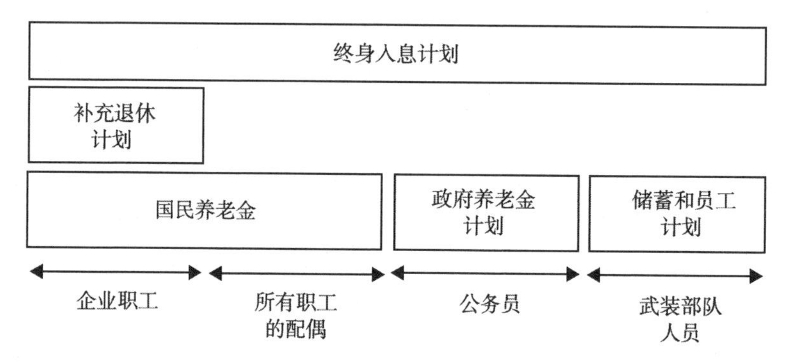

图 1　新加坡中央公积金制度

资料来源：吕鍠芹，周伟岷，车思涵．东亚、东南亚国家养老金体系的比较研究［J］．西南交通大学学报（社会科学版），2016，17（3）：63-71.

以色列自 20 世纪 50 年代就建立了养老保险相关制度，但随着经济的发展，越来越多的高收入老年人对于他们退休之后的养老金问题产生了强烈的不满，希望自己能够在退休后依然享受到高质量的物质生活水准。由此，以色列政府推出了双层养老制度，即在国家的基础养老保险制度之上，再根据退休前的收入水平进行区别的职业养老保险制度。随着老人养老问题，尤其是护理问题的日益突出，以色列在全世界率先实施了一项特殊的养老保险制度——长期护理保险，即国家颁布护理保险法律，以社会化筹资方式来分担老年人口生活护理的费用。

20 世纪 90 年代以后，蒙古国社会保障制度顺应整个政治、经济的转型进行了改革。经济转轨后，蒙古国在向市场经济过渡过程中遇到了许多难题：如物价暴涨、通货膨胀、失业、贫困化等。蒙古国于 1993 年颁布了《公民健康保险法》，于次年设立国家社会保险办公室并颁布《社会保险法》等法律规定，确立了以现收现付制为基础的社会保险基本框架。为了社会的安定和经济可持续发展，蒙古国在原有社会保险种类的基础上增加了一些新的保险种类，如失业保险制度、职业津贴制度等，并改变了社会保障资金的运行模式。

越南作为一个处于经济转型中的国家，其养老金制度于 1995 年建立，并建立了强制型的现收现付筹资制度，随着经济的转型发展和城镇化的进程，出现了大量的流动人口和失业人口，越南在 2008 年推出了针对非正规就业人群和农民的自愿型养老保险制度，但该制度不保证最低养老金，没有短期利益。

在中亚五国中，塔吉克斯坦的人口结构较年轻，面临着较小的养老压力，对于养老金制度的改革变动较小。以下是其他四国的具体改革过程：首先，随着哈萨克斯坦私有制改革的推进，原本一直实施的现收现付制度由于养老金缴费数量的下降和提前退休的工人人数增加，面临着收不抵支的问题。哈萨克斯坦政府随后通过提高在职工人应缴纳的工资税来弥补这一差额，却进一步加重了问题。此后，新的养老金制度于1998年正式生效实施，主要内容包括：第一，建立部分固定缴费制，引入拉美模式的“三支柱”养老金体系，三个支柱分别为现收现付制、在职职工的工资部分缴纳和职工自愿缴纳养老金；第二，建立明确个人所有权的个人账户，建立个人缴纳税收记录，采用个人累积账户制；第三，加强对养老金的监督管理，由托管银行对养老基金进行托管；第四，通过提高在职工人的退休年龄、发行政府债券等方式缓解国家财政压力。

其次，吉尔吉斯斯坦旧体制下的养老金待遇慷慨，养老金收入与支出之间缺口大。在旧制度模式下，企业承担大部分缴费责任，但由于社会处于转型期，部分企业经济发展困难，难以承受高额的社会保险费用的压力。因此，经过一系列的筹备以及世界银行等国际组织的帮助，吉尔吉斯斯坦于1997年开始改革，正式引入了名义账户制度：建立名义账户制度，由基础养老金、名义账户养老金、过渡性养老金组成；延长退休年龄；适当缩减特殊养老金的覆盖人群，以减少养老保险费用的支出。

再次，土库曼斯坦独立后也是实行苏联时期的国家担保型养老保障模式，随着社会改革的深入，该模式的缺陷日渐突出。据世界银行估计，2030年土库曼斯坦老年人所占比例将超过14%，步入老龄化社会，国家养老负担会持续加重。因此，土库曼斯坦政府非常注重国家养老保障制度的建设，于2007年修订了《社会保障法》，对原有的养老保障制度进行了调整，规定雇主与雇员共同缴费，摒弃了原有的个人不承担缴费责任的规定，形成了退休人员养老保险制度、弱势群体补助和抚恤金相结合的养老保障体系。

最后，乌兹别克斯坦于1991年12月建立了相关养老保险制度，但是随着社会私有化程度的加深，旧的养老保险模式越来越难以负担，同时国内人口增长快速，面临着老龄化趋势，因此该国于2005年进行了新的养老保险改革，引入了自愿储蓄型养老保险制度。

（三）欧洲地区国家养老金制度改革的原因和发展历程

欧洲地区“一带一路”沿线国家主要包括中东欧的波兰、立陶宛、捷克、匈牙利、克罗地亚等 27 国。为了减少养老金赤字，改善养老金制度的财政状况，1998 年，在世界银行的倡导下，匈牙利率先对养老金制度进行了全面改革。随后，波兰、保加利亚、罗马尼亚等国纷纷跟进，具体如下。

中东欧各国的养老保险制度以苏联的社会保障模式为参照，从传统的社会保险制度开始向国家保险制度转变。苏联的社会保障制度主要包括国家保险制度、社会福利制度和社会救助制度。因此，中东欧国家养老金制度改革的原因存在着很大的共性。首先，从计划经济时期遗留下来的现收现付制度、养老金待遇高、养老金预算不独立、养老金待遇与缴费分离等特点已经不适应经济转轨的要求；其次，经济转轨带来的国内经济滑坡、大量职工失业、提前退休、通货膨胀率高涨以及补贴的消失等问题；最后，若干年后的老龄化发展趋势带来的危险。

匈牙利的改革经历了两个阶段。20 世纪 90 年代实行的是参量式改革。1998 年初，改革进入第二阶段，实行的是全面的根本性改革。1991 年，政府对养老金制度进行了大规模调整，延长了申领养老金所需的参保期限和计算养老金时所参照的平均工资年限，延长了退休年龄。1997 年 7 月，匈牙利的《养老金制度改革法》终于被议会批准。1998 年 1 月 1 日，匈牙利启动了养老金制度的全面改革，建立强制性积累支柱，进行强制的私人累积计划和资源的私人管理累积计划。

波兰的养老金制度改革与匈牙利相似，在 20 世纪 90 年代初实行参量式改革，在 1999 年实行全面的结构性改革，向社会保险模式改变。1997 年，有关建立养老金补充计划的《使用私有化收入支持养老保险改革法》、《雇员养老保险法》和《养老基金法》三项法律被议会批准。波兰首先建立了强制性的现收现付个人名义账户制，然后确立了强制的私人管理缴费确定型计划，最后是自愿的私人管理的缴费确定型补充计划。

捷克的养老金制度不断改革发展，1990 年政府将养老保险与医疗保险合并管理，1993 年又重新确立了社会保险缴费制度，1994 年颁布了《国家支持下的补充养老保险法》。捷克建立了公共的现收现付的第一支柱和自愿完全累积的第三支柱养老制度，没有建立强制的私人管理第二支柱。2008 年，捷克政府对《养老保险法案》进行了修订，对养老保险待遇进行了修订。在2011年又规定了新的养老保险制度以及新的养老金领取标准。

斯洛文尼亚的养老金制度改革方式与捷克类似。在1999年，该国政府颁布了新的《养老金和残障保险法案》，延长了职工的退休年龄，重新规定了养老金系数。2005年通过了《养老金和残障保险法案（修正案）》，规定每两年根据平均工资增长水平对养老金进行指数化调整，在这之后还建立了养老管理基金。

保加利亚在2000年开始了养老金制度的全面改革，建立起三支柱的新制度。在现存的强制现收现付制的公共第一支柱的基础上，提高待遇的充足性，用雇主和雇员的缴费筹资并用国家预算进行转移支付，国家于2009年后成为第三方保险人，支付部分费用。第二支柱为包括普遍养老金和职业养老基金在内的私人管理的个人基金账户。第三支柱为自愿的养老储蓄账户。

罗马尼亚在2001年开始了针对现收现付制度的参量式改革，提高缴费及待遇的比例，逐步延迟退休年龄，并且在2005年对养老金进行了重新计算。在2007年，罗马尼亚开始着手建立由三个支柱构成的养老金制度，即在公共第一支柱的基础上建立私人管理的累积制第二支柱和私人管理的第三支柱。在2010年为了减少财政赤字，该国颁布了《统一养老金法案》，进一步延长了退休年龄，改变了养老金的指数化方法，并且废除了特殊群体的养老金特权。

各国养老保险体系改革的启动时间及不同支柱的实施情况及缴费率各有不同，具体见表5。

表5　欧洲部分国家多支柱养老保险模式的改革情况

国家	改革启动时间	第一支柱	第二支柱	第三支柱	零支柱
阿尔巴尼亚	1993年5月	现收现付的待遇确定型，目前缴费率为21.6%	无	2009年实际启动，自愿性	收入支持，最低收入保障
爱沙尼亚	1993年	现收现付的待遇确定型，目前缴费率为20%或16%（不含第二支柱）	2002年引入，强制性，目前缴费率为6%	1998年，自愿性	无

续表

国家	改革启动时间	第一支柱	第二支柱	第三支柱	零支柱
保加利亚	1995年11月	现收现付的待遇确定型，目前缴费率为17.8%	2002年引入，强制性，目前缴费率为5%	1994年，自愿性	社会养老金，最低收入保障
波黑	1998年	现收现付的待遇确定型，目前缴费率为24%	无	无	最低收入保障
波兰	1991年	现收现付的待遇确定型，名义账户制，目前缴费率为19.52%	1999年引入，强制性，目前缴费率为3.1%	1999年，自愿性	无
黑山	2004年	现收现付制，积分制，目前缴费率为20.5%	尚未正式启动	2006年，自愿性	无
捷克	1994年	现收现付的待遇确定型，目前缴费率为28%	2013年引入，自愿性，目前缴费率为5%	1994年，自愿性	无
克罗地亚	1998年1月	现收现付的待遇确定型，目前缴费率为5%	2002年引入，强制性，缴费率为7%	2002年，自愿性	最低收入保障
拉脱维亚	1991年	现收现付的待遇确定型，实行名义账户制，目前缴费率为12%	2002年引入，强制性，目前缴费率为6%	1997年，自愿性	
立陶宛	1990年2月	现收现付的待遇确定型，目前缴费率为26.3%	2004年引入，半强制性，目前缴费率为2%	2004年实际启动，自愿性	1995年，社会救助养老金
罗马尼亚	2001年1月	现收现付的待遇确定型，目前缴费率为31.3%	2007年引入，强制性，目前缴费率为5.5%	2007年，自愿性	最低收入保障
马其顿	1994年	现收现付的待遇确定型，目前缴费率为10%左右	2006年引入，强制性，目前缴费率为7.5%	2009年，自愿性	最低收入保障

续表

国家	改革启动时间	第一支柱	第二支柱	第三支柱	零支柱
塞尔维亚	2003年	现收现付制，积分制，目前缴费率为24%	无	2005年，自愿性	最低收入保障
斯洛伐克	1993年	现收现付制，积分制，目前缴费率为18%或12%（不含第二支柱）	2004年引入，半强制性，目前缴费率为6%	1997年，自愿性	无
斯洛文尼亚	1992年	现收现付制，积分制，目前缴费率为24%左右（含第二支柱）	1999年引入，半强制性，目前缴费率为6%左右	2000年，自愿性	国家养老金
匈牙利	1991年	现收现付制，积分制，目前缴费率为18.5%	1998年引入，自愿性，目前缴费率为8%	1993年，自愿性	老年补助

资料来源：张水辉．转型以来中东欧国家养老保险制度改革研究［J］．俄罗斯研究，2015（06）：155-179.

（四）美洲地区国家养老金制度改革的原因和发展历程

智利是拉丁美洲地区最早建立养老金制度的国家之一，1952年就在全国建立了社会统筹性质的现收现付型养老金制度。但随着社会的发展，智利的养老金制度问题也逐渐显现出来，国内32个保险经办机构没有统一规范，按照自己的方式制订养老保险计划，导致不同的计划、不同的职业的缴费率、待遇等方面差别很大，并且随着老龄化的不断加重，养老金的缺口越来越大，财政压力日渐沉重。因此，智利于1981年开始了养老金制度的全面改革，建立了完全积累制的养老金制度，建立了个人账户，实施养老保险市场化管理，同时成立养老基金监管局负责监管养老基金管理公司。

与智利类似，秘鲁的传统养老金制度的弊端随着社会的发展不断暴露：养老金覆盖范围过窄，部分农村和城市非正规就业者被排除在外；面临老龄化的加剧，传统养老金制度不再适应社会的要求，面临着财政压力、收益、管理成本等方面的问题。秘鲁在1993年开始了养老金制度改革，在保留原有国民养老金制度的同时建立了一种私营性质的积累型个人账户制度，所有新参加工作的人可以选择参加其中任何一种制度，属于新旧模式并行的制度。

三、“一带一路”沿线国家养老金制度改革的主要措施

各国养老金制度的改革大多从调整退休年龄、完善基金管理改革筹资模式等方面进行，一方面减轻了国家财政压力；另一方面加大了资金积累，增强了养老金的可持续性。

（一）改革筹资模式

早期，大多数国家采用现收现付制。现收现付制可以避免完全累积制下基金遭受通货膨胀而贬值的风险，也具有很好的收入。但是，该模式同时具有再分配功能缴费比例过高、当代负担沉重、资金筹集困难等问题，不利于储蓄，无法应对日益严重的人口老龄化问题。各国在意识到现收现付制存在的不足和产生的财政危机、养老负担过重等消极后果后纷纷开始对筹资模式进行改革。多数国家采用部分累积制，即现收现付制与完全累积制相结合的一种模式，该模式结合了代际转移和代内转移，将近期支付与积累基金合并在一起。启用名义账户制（如波兰），一改原本现收现付待遇确定型模式，转换成部分累积制的缴费确定型模式，巧妙地避免了隐性债务问题。既反映出养老金收入的增加又直观地反映出养老金债务的增长情况，有助于维持养老金制度的可持续发展。

同时，强调企业和个人在养老中应承担的责任，一方面强调企业对参保人员的基本生活进行保障，发挥社会企业优势，创新养老金缴费营运方式；另一方面强调个人对自身风险的化解能力以实现自我保障。

（二）进行参数性改革

近年来，面对人口老龄化带来的国家财政问题，多数国家通过对公共养老金进行参数性改革，即下调养老金替代率、上调总缴费率、提高记账利率和提高退休年龄等方式来减轻养老金的财政负担。参数性改革的主要目的是增加养老保险制度的收入、降低养老保险制度的开支、缓解政府财政压力以促进养老保险制度的财政平衡和可持续性，并尽量保证养老金待遇的充足性。

一方面体现出“节流”，适当下调养老金替代率有利于减轻当前的财政压力；另一方面又体现了“开源”，调整养老保险，上调总缴费率尤其是第二支柱养老保险计划的缴费率；通过提高记账利率可提高参保人缴费

的积极性，保证养老金的可持续性。取消特殊群体的养老金待遇，在一定程度上促进了养老保险制度的公平性并降低了政府的财政压力。通过延长退休年龄来收紧养老保险制度的门槛条件，在实现中老年人自身价值的同时，减轻养老负担。同时，延长最低缴费期限并限制提前退休，多数国家加大了提前退休养老金待遇的削减力度，严格限制甚至取消提前退休。

（三）完善基金管理

针对多数国家基金管理中存在的问题，各国政府均采取措施，建立与养老保险制度配套的基金运营制度，完善基金管理。将养老保险金委托给专业的资金管理公司进行管理（如波兰），确保养老保险收益不断增加，从而减少政府支出，形成养老保险金的可持续发展；建立多渠道的发展路线，对养老保险金进行固定投资和理财，不断丰富基金投资的组合；整合养老保险的庞大资金进行基金定投，增加养老保险的收益值，实现养老保险金的增值；实施托管分离的管理原则（如哈萨克斯坦），建立养老基金公司和资产管理公司对个人账户和基金分别进行管理以分散风险。同时，对养老金的收益作出明确规定，如未达到最低标准则由资产管理公司的其他核心资产予以补足；规避因个人知识、专业等方面的欠缺导致的高风险投资行为，规定具有差异性的审慎性投资组合（如印度）。加强基金管理公司收益值，同时防范基金管理的风险，提高养老保险基金管理的预判意识；建立信息披露制度，预防养老金负责人违法行为的发生，同时预防养老金监管部门人员的道德风险；对基金的投资领域、投资比例、投资主体进行限制，防范养老保险基金运行风险。

四、"一带一路"沿线国家养老金制度改革与发展的方向和趋势

（一）进一步完善多层次养老保险体系

通过对"一带一路"沿线国家养老金制度改革的原因及改革过程的分析，结合这些国家养老金制度存在的问题，不难发现，这些国家所处区域内较发达国家的养老金制度改革都实施了多层次的养老保险模式，如以色列采取的双层养老模式，俄罗斯、乌克兰、白俄罗斯、哈萨克斯坦、捷克、保加利亚、罗马尼亚等国家引入的"三支柱养老体系"，这种多层次的养老保险体系首先以公共性的现收现付制为基础，辅之以自愿保险、强制的私

人职业保险等方式。这些国家的养老保险体系层次大同小异，却不是十分完善，如捷克和乌兹别克斯坦等国家没有建立强制的私人管理支柱、希腊的养老保险体系并不是层次分明等，这说明它们的养老保险体系仍有待进一步完善。此外，不少国家由于社会发展水平等因素的限制还没有建立明确的多层次养老保险体系，而随着未来经济的发展和社会人口老龄化的加剧，建立多层次、多支柱的养老保险体系以满足社会需求、减轻政府负担是大势所趋。

（二）深化个人名义账户制改革

大多数"一带一路"沿线国家仍然保留着现收现付制度，用当期的缴款提供保险金，而这种现收现付制极易因人口的变化受到冲击，导致参保人的收入与支出不平衡，影响养老金的积累与缴费率。"名义账户制"是一种仿照缴费确定型计划而进行的制度设计，个人养老金待遇的给付最终取决于个人的缴费与投资回报之和，并且个人的缴费会全部划入其终身账户之中。该制度降低了社会经济和人口环境的变化对福利制度的影响程度，并且避免了养老金待遇变化受到政治的影响。吉尔吉斯斯坦、波兰、俄罗斯、蒙古国等国家在对养老金的改革中都建立了名义账户制或类似名义账户制的制度，但还存在着诸多问题，相关的法律规定、管理体系都不完备，财政支持的可持续性存在问题。因此，面对现收现付制带来的巨大财政压力与人口老龄化压力，"一带一路"沿线国家有必要建立、深化个人名义账户制度，促进养老金供给的可持续性。

（三）增加社会化筹资方式

当前很多"一带一路"沿线国家养老金制度面临着同样的问题，就是养老金缺口大，政府面临着很大的养老金支付压力。例如，蒙古国虽然资金筹集方式由现收现付制、完全累积制和部分累积制三部分组成，但由于客观经济条件和人口流动等因素，养老金面临着很大的缺口；乌兹别克斯坦、土库曼斯坦和塔吉克斯坦仍沿袭单一的现收现付制度，并且没有设立专门的养老基金；中东欧地区波兰、捷克、匈牙利等国在经济转型的过程中，也没有及时建立所需的基金管理机构，仅仅通过税收等制度性措施来发展补充养老金。因此，建立必要的社会养老基金机构是"一带一路"沿线国家将来养老金改革的途径之一。此外，将退休的一些责任转交给私营部门，引入、扩大私营养老金来补充国家的养老保险也是减轻政府压力、增加社会化筹资的途径之一。

（四）养老金给付更加弹性化，有目标地降低养老金

退休年龄相对偏低且缴费年限较短、提前退休人数增多也是当前包括俄罗斯、中东欧国家以及蒙古国、南亚国家养老金给付压力的重要因素之一。个别国家如希腊在延长退休年龄之后出现了大量人员提前退休的状况，因此政府又对提前退休人员的待遇进行了削减，取得了一定的进展。因此，对于其他还没有进行相关改革的国家，在延迟退休年龄的同时适当削减提前退休的人员待遇也是一个可行的方法。此外，还可以有目标地降低养老金，这主要是针对国家内比较富裕的群体实行更严格的收入调查，使高收入者的养老金标准降低，中低收入者的养老金提高。同时，鉴于一些国家（如罗马尼亚、吉尔吉斯斯坦等）的经验，适当减少对特殊群体的养老金给付、削减特殊群体的特权也能够起到减少政府负担的作用。

参考文献

[1] Markus Loewe, Pension Schemes and Pension Reforms in the Middle East and North Africa, United Nations Research Institute For Social Development (UNRISD), Draft Working Document January 2009: 8-19.

[2] 刁莉，王玮楠．爱沙尼亚养老模式的改革及对我国的启示［J］．学术交流，2012（5）：123-126.

[3] 赵洪宝．波兰养老金制度改革评析与启示［J］．经济师，2017（8）.

[4] 陈洁．保加利亚的养老金计划［N］．中国保险报，2004-02-19（004）.

[5] 陈兆雁．卢森堡的养老保险制度浅析［J］．重庆科技学院学报（社会科学版），2013（3）：57-58.

[6] 熊军．匈牙利养老保障改革［J］．国有资产管理，2009（3）：77-80.

[7] 王朝才，刘军民．意大利养老金制度改革考察报告［J］．地方财政研究，2012（10）：72-80.

[8] 胡振虎．奥地利养老保险体系简析［J］．中国财政，2017（1）：67-68.

[9] 宋晓敏．试析20世纪90年代以来希腊养老金制度的改革［J］．经济社会体制比较，2017（6）：118-127.

[10] 袁中美，郭金龙．后金融危机时代智利养老金制度改革创新及其效果

评价［J］. 兰州学刊，2019（12）：198-208.
［11］秘鲁养老保障制度初步研究（上）［J］. 上海国资，2013（7）：95-97.
［12］杨光，温伯友. 当代西亚、非洲国家社会保障制度［M］. 北京：法律出版社，2001.
［13］董克用，肖金喜. 人口老龄化背景下新加坡中央公积金养老金制度改革研究与启示［J］. 东岳论丛，2021，42（3）：97-108，191-192.
［14］张水辉. 转型以来中东欧国家养老保险制度改革研究［J］. 俄罗斯研究，2015（6）：155-179.
［15］魏雨. 中亚地区养老保险制度比较研究［D］. 西安：西北大学，2018.
［16］孙帮俊. 中东欧国家养老金制度改革研究［D］. 北京：中国社会科学院研究生院，2016.

“一带一路”沿线国家社会保障研究报告

——养老模式篇

严志兰*

摘　要：本报告以“一带一路”沿线涉及的主要区域为线索，选择了日本、哈萨克斯坦、新加坡、印度尼西亚、印度、土耳其、俄罗斯、波兰、埃及等国家，首先简要介绍该国在“一带一路”上的地位，及其与中国在“一带一路”项目合作方面的进展；接着介绍该国人口老龄化情况；最后结合该国经济发展和历史文化传统等因素，主要从人口老龄化政策和社会保障政策着手，具体分析了该国养老模式的主要内容。

截至2021年1月30日，中国与140个国家、31个国际组织，签署了205份共建“一带一路”合作文件。[①] 中国与“一带一路”沿线国家的经贸交流将带动与这些国家的人文社会与文化交流，推动民心相通。本报告以“一带一路”沿线涉及的主要区域为线索，选择一个国家，择要介绍“一带一路”沿线国家的养老模式。

一、东亚国家的养老模式

东亚是世界上人口最稠密的地区之一，包括中国、日本、韩国、朝鲜和蒙古国5个国家。其中，日本在20世纪70年代正式步入老龄化社会，是世界上最早进入老龄化的国家之一。而在21世纪的前50年，东南亚国家的

---

* 严志兰，女，社会学博士，复旦大学公共管理博士后，中共福建省委党校、福建省行政学院公共管理教研部教授，两岸关系和平发展协同创新中心研究员，主要研究方向为老龄社会问题、社区、两岸关系。

① 已同中国签订共建“一带一路”合作文件的国家一览［J/OL］. https：//www. .yidaiyilu.gov.cn/gbjg/gbgk/77073.htm，2021-03-12.

人口老龄化不可避免，而且这些国家的人口老龄化模式几乎与日本20世纪后半期的模式一模一样，尤其是新加坡和韩国，老龄化速度甚至超过日本。[①] 下面择要介绍日本的养老模式。

（一）日本人口老龄化情况

日本社会总人口在2008年达到顶峰1.280 8亿人后转向减少。日本《2019老龄社会白皮书》中的数据显示，截至2018年10月1日，日本总人口1.264 4亿，65岁及以上人口数达到3 558万，占人口总数的28.1%。预计到2042年，日本65岁及以上的老年人口将达到峰值，约3 900万人。日本的老年人中约七成是独居或是仅有老年夫妇单独生活的家庭，女性老年人比例明显高过男性，此外老年人口高龄化、长寿化趋势也十分明显。由此带来的问题是劳动年龄人口的减少和社会抚养比持续攀升，社会保障费用也持续增加。1970年，日本8.5个劳动者养1个老年人，到2015年变成2.3个劳动者养1个老年人。预计到2040年会变成1.4个劳动者养一个老年人，此时，中国是2.3个劳动者养一个老年人。社会保障支出在国民所得中的比例从1990年的13.67%上升到2000年的20.31%。[②] 日本在应对人口老龄化方面积累了丰富的政策与实践经验，也因此呈现出多元且适合国情和地域特色的社会养老方式。

（二）日本的养老模式

20世纪80年代是日本社会养老事业发展的初期，那时以建设大规模高档养老院为追求目标。进入90年代以后，建立护理保险制度进入老年政策视野。由此，受益于符合日本国情的长期护理服务体系和“地域综合照护系统”，越来越多的日本老年人可以实现居家养老和健康老龄化。2000年，日本政府正式实施《介护保险法》；2005年，日本政府在修改了的《介护保险法》中首次提出“地域综合照顾体系”，并在地方设立“地域综合支援中心”，负责居民的养老和医疗相关咨询；2015年，《介护保险法》再次修改，明确提出积极创立“护理预防、日常生活支援联合事业”。“地域综合照顾体系”是一种集居住、医疗、照护、预防、生活支援5类服务于一体的照

---

① ［美］D. 霍利克等，初雪摘. 日本人口的老龄化：来自东南亚国家的政策经验［J］. 国外社会科学，2004（5）：103-104.

② ［日］冈丰树. 人口结构变化带来的课题及其对策——日本的经验教训和其启示//日本经济蓝皮书：日本经济与中日经贸关系研究报告（2020）［M］. 北京：社会科学文献出版社，2020，208-222.

护机制，协助老年人"自助""互助"养老。"自助"养老主要体现为老年人要自己负担护理保险、医疗保险和购买各种养老服务；"互助"养老则由当地居民自行安排，由地方志愿者提供养老服务。在实践中，"地域综合照顾体系"有特定的含义。"地域"指的是日常生活圈，即大致在30分钟可以到达的地方，主体包括地方自治体、日常生活圈、街坊友邻、服务利用区等。"综合"包含支援内容、对象、手段等方面的多样化、整合化。日本的长期护理保险服务体系将护理强度分为5级，日本的老年人利用地域综合照护系统时，需要到地方政府相关部门进行咨询、申请护理认定审查，根据医生的意见书认定护理等级后，才能获得服务。护理的费用如果在规定的额度内，老年人只需要承担一成。在老龄人口比较集中的都会区，像东京、大阪、横滨等城市，则培育"都市型社区综合养老护理系统"。日本法律规定，各地方每万人的区域内必须建设一个"居家养老支援中心"，为老年人提供24小时定期巡回式居家服务，以及"保健师""看护经理"等多样服务。[①] 总之，有了"地域综合照顾体系"，日本的老年人，无论是在家中还是在养老机构，都能享受24小时安心安全的健康服务。[②]

此外，发展老年住宅、鼓励老年人就业、促进信息通信技术（Information Communication Technology，ICT）辅助健康养老也是日本养老模式中颇具特色的几项政策。从2011年开始，日本在全国推广服务型老年公寓建设，还有专门为老年人设计的住宅[③]，或对高龄者的居所进行改造，配备医疗和看护服务，鼓励、扶持社会力量参与高龄社区建设，丰富社区养老生活，以此为更多的老年人提供安心居住的环境。

越来越多的老年人仍在参与工作，也是日本养老模式的特色。日本65岁及以上就业人数达到850万，占总就业人数的10%以上。日本政府也为老年人再就业提供各种支持。1994年以后，日本先后4次修订《高龄者雇佣稳定法》，禁止未满60岁退休，企业必须雇用所有想继续就业到65岁为止

---

① 春燕. 日本培育"都市型社区综合养老护理系统"［J］. 国际城市发展报告（2017），北京：社会科学文献出版社，2017：158-167.

② 聂海松，冯文猛，许文来，等. 日本"地域综合照护系统"的发展与改革［J］. 日本经济蓝皮书：日本经济与中日经贸关系研究报告（2020）［M］. 北京：社会科学文献出版社，2020：324-342.

③ 戴秋娟，侯竹子. 日本"银发产业"的商业模式研究——以养老住宅为例［J］. 日本经济蓝皮书：日本经济与中日经贸关系研究报告（2020）［M］. 北京：社会科学文献出版社，2020：306-323.

的人。日本鼓励在养老护理行业充分利用老年人。日本全国老人保健设施协会采取措施把60—75岁的老年人培训成“护理助手”，他们主要承担备餐、打扫等配套业务。日本神奈川县还有一家社会福利法人与私营企业联合，安排入住该法人运营的收费老人院的老年人从事蔬菜生产和销售、老人院的洗涤业务等负担较轻的劳动，老年人由此获得一定程度的报酬。①

日本政府推动ICT辅助健康养老成效也十分显著，具体体现在4个层面：开发智能软件和智能机器人，辅助老年人健康养老；发展社区ICT，推动远程医疗与社区医疗合作，千叶县ICT老年社区成为日本智能养老的典范；ICT辅助远程办公，留住企业老龄化员工；ICT辅助老年人就业，德岛县上胜町构建了一个老年人产业ICT系统，不仅提高了产品销售额，还大大提高了老年人对经济生产活动的参与度，甚至使老年人口医疗费用也降低了。②

二、中亚国家的养老模式

中亚地区是“丝绸之路经济带”建设的重要地区，包括哈萨克斯坦、乌兹别克斯坦、土库曼斯坦、塔吉克斯坦、吉尔吉斯斯坦5个国家。中亚地区在地理位置上与中国毗邻、经济贸易往来不断，是中国在“一带一路”沿线国家最大的投资目的地国。2013年9月7日，中国国家主席习近平在哈萨克斯坦提出了我们现在称为“一带一路”倡议的陆上路线——“丝绸之路经济带”“上海合作组织”发展也日渐深入，中国与中亚地区的交流、联系日趋紧密。2016年9月2日，中国与哈萨克斯坦签署《“丝绸之路经济带”建设与“光明之路”新经济政策对接合作规划》，由此成为共建“一带一路”倡议框架下签署发布的第一个双边合作规划。中亚区域内外劳动力、资本、产品和其他市场要素的自由流动对推进整个丝路带发展有了更加非凡的意义。维护该区域人口的养老保险权益、解决该区域劳动力移民的养老保险问题，有助于推动该区域劳动力要素有序流动，促进区域经济发展。中亚

① ［日］冈丰树. 人口结构变化带来的课题及其对策——日本的经验教训和其启示//日本经济蓝皮书：日本经济与中日经贸关系研究报告（2020）［M］. 北京：社会科学文献出版社，2020：208-222.

② 施锦芳，吴雪艳. ICT辅助日本健康养老产业研究及其对中国的启示［J］. 日本经济蓝皮书：日本经济与中日经贸关系研究报告（2020）［M］. 北京：社会科学文献出版社，2020：287-305.

五国共同脱胎于苏联，1991 年相继宣布独立后，纷纷走上经济体制改革的道路，但五国经济发展水平和社会福利制度存在较大差异。哈萨克斯坦无疑是中亚五国中最繁荣的国家，紧随其后的是乌兹别克斯坦和土库曼斯坦，然后是吉尔吉斯斯坦和塔吉克斯坦。下面着重介绍哈萨克斯坦的养老模式。

（一）哈萨克斯坦人口老龄化情况

据哈萨克斯坦国民经济部统计委员会官网资料，截至 2017 年 12 月 15 日，哈萨克斯坦共有人口约 1 814 万。在中亚五国中排名第二（第一名为乌兹别克斯坦，总人口约 3 184 万），是一个典型的地广人稀的国家。1991—2002 年，哈萨克斯坦国内人口共减少 170 万，直到 2003 年，人口才开始稳定增长。[①] 2012 年后，哈萨克斯坦迁出人口首次超过迁入人口。同其他独联体国家一样，哈萨克斯坦由于年轻人的高死亡率和低出生率，国家老龄化始终处于上升阶段。根据哈萨克斯坦统计委员会的数据，2016 年初，有 190 万人退休，约占总人口的 10.8%，其中，136 万人是 58 岁及以上的女性，54 万人是 63 岁及以上的男性。

哈萨克斯坦是中亚五国中的第一大经济实体，人均国内生产总值也居首位，2006 年人均国内生产总值 3 836 美元，到 2015 年时已经达到 11 390 美元；贫困率也是五国中最低的，该国 2006 年国家贫困线下人口占比 18.2%，到 2015 年时仅为 2.7%。[②] 这得益于较为雄厚的经济基础和稳定的国内政治环境，哈萨克斯坦虽然是五国中人口老龄化程度最高的，但在独立后较短时间就建立了比较完备的养老保险基金制度，又得益于较高的养老金市场化程度，运用各种基金投资组合方式基本实现了基金的保值增值。同时，还建立了社会养老保险制度，能够给残疾人和失去劳动能力的工人提供缴费优惠和养老补贴。哈萨克斯坦在承担国家养老责任的同时，也强调个人责任。在国家层面建立国家养老保险储备基金，个人强制缴纳社会养老保险，费率为 10%。总的来说，哈萨克斯坦基本建立起了较为完整的、多层次、多支柱的养老保险制度。[③] 哈萨克斯坦的养老金制度覆盖所有退休年龄人口，是独联体中唯一一个老年人口贫困风险在线下的国家。

（二）哈萨克斯坦的养老模式

与大多数中亚国家一样，哈萨克斯坦的老年人通常是居家养老，老年

---

① 李永全. 丝路列国志（新版）[M]. 北京：社会科学文献出版社，2018.

② 世界银行数据库，https：//data.worldbank.org.cni，2021-02-21.

③ 魏雨. 中亚地区养老保险制度比较研究［D］. 西北大学硕士学位论文，2018：31.

人的长期护理通常也由家庭成员提供。与世界上大多数国家一样，哈萨克斯坦的妇女为需要照顾的老年家庭成员提供大部分护理工作。[①] 但随着哈萨克斯坦国家家庭结构由多代家庭向核心家庭转变，以及妇女劳动就业率的提高，这种状况正在发生改变。

哈萨克斯坦独立后的首任总统纳扎尔巴耶夫非常重视为公民提供最低社会保障和社会扶持。1996 年，哈萨克斯坦通过新的《社会养老保障法》，拉开了社会改革的序幕。[②] 在社会化养老方面，哈萨克斯坦的卫生部与劳动和社会保障部承担起了为老年人提供医疗和社会援助的主要职责，并将老年人和残疾人服务结合在一起，这是因为哈萨克斯坦的老年残疾人占残疾人的大多数，是最脆弱的群体。一是由国家建立养老院。截至 2005 年，哈萨克斯坦 79 个居民医疗服务机构和社会机构中，有 35 个为老年人和残疾人免费提供服务的养老院，目前已经接收了 1.8 万人。社会上也有各式各样的私人公寓。2002 年，阿拉木图市宣布开设社会公寓，为单身退休人员、残疾人和孤独的老年夫妇提供居住。二是政府提供居家护理服务。截至 2005 年，哈萨克斯坦设立了 334 个社会服务部门和 6 个区域中心，为 3.5 万名单身老人提供服务。美国国际开发署还在哈萨克斯坦各地设立了一个以社区为基础的初级卫生保健项目，以整合医疗和社会援助，为弱势群体和老年人提供服务。在这个项目框架下，2000 年在阿斯塔纳设立了一个叫“Demeu”的服务中心，该中心成立 3 年内减少了 31%的紧急呼叫。三是重组老年人和残疾人社会服务网络。哈萨克斯坦劳动和社会保障部制定了《2006—2008 年残疾人康复方案》草案，服务范围涵盖老年人和残疾人，制定国家社会服务标准，创建一个小容量的收容所和寄宿家庭网络，在阿拉木图和阿斯塔纳等州建造和改建现有的寄宿家庭，在科斯塔奈州建造临终关怀中心，等等。[③]

三、东南亚国家的养老模式

东南亚也是世界上人口比较稠密的地区之一，人口总数超过 6 亿，也是

---

① A.V.Sidorenka，A.K.Eshmanova，A.K.Abikulova：“Aging of the Population in Kazakhstan.1. Problems and Opportunities”，*Advances in Gerontology*，2018（1）：12-21.

② 赵常庆. 列国志·哈萨克斯坦（新版）［M］. 北京：社会科学文献出版社，2015.

③ Aikan Aikanov etc.“The Great Generation of Kazakhstan：Insight Into The Future”，*The 2005 National Human Development Report*，UNDP，2005：47-57.

世界上外籍华人和华侨最集中的地区之一。在地理位置上，东南亚位于亚洲与大洋洲、太平洋与印度洋交界的“十字路口”，包括越南、老挝、柬埔寨、泰国、缅甸、马来西亚、新加坡、印度尼西亚、文莱、菲律宾、东帝汶 11 个国家。就人均 GDP 而言，新加坡是东南亚地区唯一的发达国家；就人口数而言，印度尼西亚是东南亚人口最多的国家。2013 年 10 月 3 日，习近平总书记在印度尼西亚国会发表《携手建设中国-东盟命运共同体》的重要演讲，首次提出“21 世纪海上丝绸之路”；2015 年 10 月，中国与印度尼西亚签署协议，成立合资企业共建雅万高铁，该项目也成为中国高铁全方位走出国门的第一单。下面主要介绍新加坡和印度尼西亚的养老模式。

（一）新加坡的人口老龄化情况与养老模式

1999 年，新加坡 65 岁及以上老年人口占比达到 7%，从而正式进入老龄化社会，根据新加坡政府发布的《2018 年人口简报》，截至 2018 年 6 月，新加坡总人口 564 万，65 岁及以上老年人口占比达到 15.2%；预计到 2030 年，这一比例将达到 24%，2050 年将接近 50%。[①] 新加坡老龄化从 2012 年开始加速，并将持续到 2030 年，预计到 21 世纪中叶，新加坡老龄化程度将在日本、韩国之后，居亚洲第三。由此引起的“银发海啸”对新加坡的社会养老体系带来了强烈冲击。新加坡政府非常重视人口老龄化问题，在政府主导下，形成具有新加坡特点的养老模式。新加坡受儒家文化影响，注重家庭本位，强调家庭责任，鼓励以个人养老、家庭养老为主，同时还建立起了十分完善的社会养老保障和福利体系，后者又反过来支持了家庭养老模式的可持续性。

在“银发海啸”冲击下，新加坡的家庭养老模式能够得以实现，首先有赖于中央公积金制度（CPE）的建立。CPE 建立于 1955 年，实质上是一种具有新加坡特点的养老金制度和社会保险制度。公积金账户分设普通账户、专门账户和医疗储蓄账户，3 个账户有不同的用途。普通账户公积金用于购置组屋、人寿保险、信托股票和支付子女教学费用等。专门账户明确用于养老。医疗储蓄账户用于公积金成员及其直系亲属的门诊、住院及缴纳疾病保险等支出。此外，公积金成员在年满 55 周岁时将自动建立退休账户，其资金来源于专门账户，成员年满 62 周岁时可由退休账户支取养老

① 山娜. 人口老龄化背景下新加坡康养保障体系研究［J］. 中国保险，2020（10）：60-64.

金。作为一种特殊的社会保险制度，CPE 的问题在于缺乏社会统筹和互济功能，且面临收支平衡的压力。① 新加坡政府一直对现有老年人公积金会员的数量和比重讳莫如深，据一些学者估算，在新加坡公民和永久居民中，只有 1/3 的老年人是公积金会员，② 因此，多数老年人可能并不能享受该项制度带来的福利。

家庭养老能够实现，还有赖于新加坡政府对家庭养老提供的各种政策支持。新加坡政府对家庭养老的政策支持体现在法律、住房、税收、现金奖励等各个方面。1995 年，新加坡颁布了世界上第一个有关赡养父母的法律——《赡养父母法》，强制家庭承担照顾老年人的责任。新加坡政府在住房保障体系建设中，给予老年家庭或有老人的家庭在住房配置方面时间、位置、贷款等优待措施，开发“多代同堂”组屋，为在父母住房附近购买组屋的子女提供购房补贴，多代家庭组屋贷款额度高且还款期限长，鼓励多代居住；③ 允许子女为父母填补公积金，或以公积金为父母交医药费。④ 新加坡政府在社区设立了大量托老所与托儿所相结合的机构，为没有时间照顾老人和孩子的人群提供方便。⑤

新加坡的社区养老模式也鼓励以家庭为中心。新加坡以社区为依托的老年福利项目的宗旨是为老年人提供居家养老服务，以减轻家人和子女的照顾负担。帮助老年人在熟悉的社区中而非养老机构生活，同时帮助他们融入社区生活，乐享晚年。在新加坡，每十几、二十栋相连的政府组屋便构成一个小型社区，即邻里组织。组屋的底层为架空层，留作社区居民活动使用。每个社区设立多处服务中心，有专门辟出的一块作为老年人活动中心。日托中心中不仅有医务人员，还活跃着志愿性社工。此外，社区还为老年人提供庇护所服务等特殊服务项目。⑥ 政府除了投资养老设施，还引导社会各界建立社区服务网络，引导义工广泛参与社区服务，组织老年义

① 曹阳昭. 新加坡养老模式：从“老龄”到“乐龄”［J］. 学习时报，2020，10（9）：002.

② 周薇，黄道光. 解读新加坡老年社会福利：基于中央公积金制度之外的思考［J］. 东南亚研究，2015（5）：10-15.

③ 韦艳，张本波. “依亲而居”：补齐家庭养老短板的国际经验与借鉴［J］. 宏观经济研究，2019（12）：160-166.

④ 李叶明. 新加坡如何应对老龄化［J］. 同舟共进，2019（2）：43-44.

⑤ 姜旭. 新加坡社区养老模式对我国养老模式的启示［J］. 北方经济，2014（7）：68-70.

⑥ 周薇，黄道光. 解读新加坡老年社会福利：基于中央公积金制度之外的思考［J］. 东南亚研究，2015（5）：10-15.

工的志愿服务活动、组织各类老年人的康乐活动、组织面向老年人的低价短途旅游等。[①] 新加坡政府甚至鼓励将机构养老也融入社区。机构养老只是新加坡养老模式中的"最后一环"和"极端措施",目前新加坡的养老院处于严重供不应求状态,只有 12 000 个疗养床位。[②] 新加坡的疗养院已经能为社区提供多种服务,能同时承担家庭中心、居家护理中心、社区活动、康复中心、老年人日托中心、日间护理及日间临终关怀护理等职能。

(二)印度尼西亚的人口老龄化情况与养老模式

印度尼西亚位于连接中国和印度以及阿拉伯海的重要战略位置上,是世界第四人口大国。2015 年以来,印度尼西亚人口结构呈现三大趋势,即年轻人口和老龄人口越来越多,人口流动则日趋复杂。[③] 据印度尼西亚中央统计局(BPS)发布的人口普查数据,2020 年印度尼西亚人口总数2.702亿,其中 15—64 岁的劳动年龄人口占比 70.72%,1971 年这一比例为53.39%;65 岁及以上老龄人口约1 600万,占比 5.95%,1971 年这一比例为2.49%。[④] 因此,截至 2020 年,印度尼西亚还没有进入老龄化社会,这与世界人口老龄化趋势形成了鲜明对比,但印度尼西亚老年人口增长显著,到 2025 年老年人将增长 40%,成为亚洲老龄化速度最快的国家之一。

印度尼西亚虽然未到老龄化社会,但人口基数大,老龄人口绝对数目大。1997 年的亚洲金融危机让印度尼西亚养老金制度的缺陷暴露出来,养老金制度改革和老龄政策越来越引起政府和社会的重视。印度尼西亚养老金制度的一个根本问题是公共养老金计划发展水平低,尚未形成一套广覆盖、强制性及高福利的完整体系。[⑤] 因此,印度尼西亚社会化养老福利和服务水平都较低,老年人口的养老严重依赖企业、社区和家庭。由于老年福利覆盖面窄,印度尼西亚仍有 50%的老年人因经济原因而在工作,且大多

---

① 姜旭. 新加坡社区养老模式对我国养老模式的启示 [J]. 北方经济,2014(7):68-70.

② 梁凯雁. 新加坡新一代养老模式探析 [J]. 城市住宅,2018(14):25-31.

③ BPS. 印度尼西亚社会发展报告 [M]. //隋广军,左志刚. 印度尼西亚经济社会发展报告(2019-2020):改革与前进. 北京:社会科学文献出版社,2020:112-134.

④ BPS. 印度尼西亚人口占主导地位的人出生 1997-2012 年和 1981-1996 年 [EB/OL]. [2021-01-22]. https://voi. id/zh/tulisan- seri/28251/read.

⑤ 张立富,王小敏. 印度尼西亚养老金制度面临的困境及其改革 [J]. 东南亚纵横,2005(8):49-52.

数是蓝领，没有完成基础教育，是家里养家糊口的人。① 印度尼西亚的传统价值观念比较强调照顾老人的代际义务以及家庭在养老中的责任，照顾也被认为是一种家庭责任，而不是制度责任。因此，家庭在老年人护理中扮演核心角色，是养老的主要支持来源。政府提供的机构照顾仅限于那些没有家人或认为“被忽视”的老年人。印度尼西亚卫生部也承认，在有关健康和老龄化的国家行动计划中，老年人照护被忽视了。政府对家庭在养老方面的支持作用并不明显，但已经在宗教和法律、社会支持、老年友好社区/地区、公共设施和基础设施使用的便利性、医疗服务、工作教会、教育和培训，以及社会和公民参与等方面，推出了应对老龄化公共政策。简言之，印度尼西亚的老年人大多数还是以家庭养老与自我养老为主，但为社会化养老提供支持的公共政策已经提出。

四、南亚国家的养老模式

南亚次大陆包括尼泊尔、不丹、印度、巴基斯坦、孟加拉国、斯里兰卡、马尔代夫 7 国。其中，印度不仅是人口大国，还有不容小觑的经济发展潜力，被认为是近年来发展最快的新兴经济体之一。下面择要介绍印度的养老模式。

（一）印度的人口老龄化情况

印度是世界上人口仅次于中国的大国，2019 年人口达到 13.24 亿，居世界第二位。印度也是金砖国家（BRICS）中唯一一个未进入老龄化社会的国家之一，但老年人口绝对基数大，到 2010 年时，60 岁以上的老龄人口已经超过 1 亿，据预测印度在 2020 年前后进入老龄化社会。② 印度老龄人口的结构有如下特点：首先是大多数老龄人口生活在农村。根据印度 2001 年的人口普查数据，在 10.287 亿印度人中，有近 7.42 亿人生活在农村。庞大的农村人口基数，给家庭赡养和国家养老保障带来了巨大压力。据统计，印度有 4.5 亿劳动力，其中 85%没有养老金，只能依赖子女养老，但是很多

---

① Made Diah Lestari，Christine Stephens，Tracy Morison. Constructions of older people’s identities in Indonesian regional ageing policies：the impacts on micro and macro experiences of ageing ［J］. Ageing & Society，2021（1）：1-21.

② 严运楼，严宇珺. 印度人口老龄化及养老保险制度改革策略研究［J］. 人口与社会，2018（6）：89-96.

子女无力抚养双亲。[①] 其次是人口密度大，印度是世界上人口密度最大的国家之一。再次是老年人口中女性化趋势严重，女性老人文盲比例很高，独居女性也呈增加趋势。2001 年以后，印度女性老人人口数量开始超过男性，男女性别比为 1 000∶933，这将对印度的社会养老方式有显著影响。据《2011 年印度部分邦老年人状况报告》，印度独居老年人中 70%是妇女，印度每 10 名老年妇女中就有 1 人独居。最后是大多数老年人与家庭成员共同居住，而且最常见的居住方式是与已婚儿子及其家人生活在一起。[②]

（二）印度的养老模式

印度的老年人口把居家养老当作第一选择，往往也是唯一的选择。这是因为印度大多数劳动力属于非正规就业，与工作相关的养老金只覆盖了大约 10%的人口，很多老年人因此没有独立的收入来源，完全依赖家庭养老。印度国家抽样调查组织（NSSO）数据显示，2004 年有 76.9%的老人"与配偶及他人""与子女"生活在一起，独居老人只有 5.2%。还有研究显示，印度有 84%左右行动不便的老人需要家庭成员照顾，一般是由儿媳照顾。[③]

印度和亚洲其他国家一样，非常珍视家庭这种社会制度，印度社会也有敬老文化传统，把老人看作社会财富。植根于印度文化精神和无处不在的宗教意识形态，印度更是以多代同居的传统家庭结构而闻名全球。[④] 因此，印度政府重视发挥家庭在赡养老人方面的作用。2007 年，印度政府颁布了《双亲及老年人赡养与福利法》，规定子女和财产继承人有义务照顾和赡养无法靠自身养活自己的双亲和老人。[⑤]

在全球化导致的社会人口转型以及印度老龄化程度逐渐加深的大背景

---

① 李超民，史煦光. 印度人口老龄化、养老政策及对中国的启示［J］. 上海商学院学报，2015（12）：48-55.

② BD Prasad，NI Rani. Older persons，and caregiver burden and satisfaction in rural family context［J］. Indian Journal of Gerontology，2007（2）：216-232.

③ EBHL Kendig. Family Support and Care for the Elderly：Evidences from India Introduction［EB/OL］.［2021-03-10］. https：//iussp2009. princeton. edu/papers/92335.

④ Teddy Andrews Jaihind Jothikaran，Agnes Meershoek，Lena Ashok，Anja Krumeich. Older adults in traditional and modern living arrangements in southern India：The importance of maintaining a sense of belonging and positive intergenerational exchanges［J］. Journal of Aging Studies，2020（54）.

⑤ 董彭滔. 积极应对人口老龄化——"金砖四国"举措及借鉴［J］. 现代管理科学，2019（3）：45-47.

下，印度独居或远离传统共同家庭生活的老年人稳步增加，老年人依靠家庭支持获得照顾服务和护理的机会将受到挑战。[①] 为此，印度政府开始推出社会养老政策。2019 年，印度政府对 2007 年颁布的《父母和老年人抚养和福利法》进行了修正，即《2019 年父母和老年公民赡养和福利（修正）法案》。《(修正）法案》规定：政府或地方机构或组织要建立或维持老年多种服务日托中心、老年公民之家、安老院、长者综合服务日间护理中心；指定老年公民联络官、成立老年公民特别警察股、设立老年公民安全和保障求助热线等，以及为有困难的长者提供居家照顾服务，加强医院和保健机构老年保健服务的力度。尽管社会养老在印度还是一个新概念，但随着印度老年人口的不断增多，老年公寓开始进入印度中高收入和海归人群视线。老年公寓开发商为这些中高收入老年人群提供配套的健身房、俱乐部、图书馆、游泳池、寺庙等设施，2013 年老年公寓上市 1 万—1.5 万套，供不应求，但印度老年人多代同居的传统观念仍在挑战老年公寓的养老方式。[②]

五、西亚国家的养老模式

西亚是联系欧、亚、非三大洲和沟通大西洋、印度洋的枢纽，也是局势最动荡的地区之一。西亚不仅是古代“丝绸之路”的必经之地，还控制着“海上丝绸之路”的交通要道。西亚包括 20 个国家，其中土耳其是西亚综合国力最强的国家之一，土耳其最大的城市伊斯坦布尔在公元 5 世纪就成为“丝绸之路”的关键节点。2017 年，土耳其和泰国、老挝等国与中国共同发起《“一带一路”数字经济国际合作倡议》。“一带一路”倡议也被列入土耳其的政策文件中。[③] 下面择要介绍土耳其的养老方式。

（一）土耳其的人口老龄化情况

土耳其在 2007 年进入老龄化社会，65 岁及以上的人口占总人口的比例达到 7.1%，并被经济合作与发展组织（OECD）认为是世界上老龄化速度

---

① Allen Prabhaker Ugargo，Inge Hutter，K. S. James，Ajay Bailey. Care Needs and Caregivers：Associations and Effects of Living Arrangements on Caregiving to Older Adults in India［J］. Ageing International，2016（4）：193-213.

② 黄敏. 印度老年公寓：目标客户中高收入人群和海归［J］. http：//news. sohu. com/20130707/n380921176. shtml，2013-07-07.

③ 王灵桂. 共绘“一带一路”工笔画［M］. 北京：社会科学文献出版社，2014：10-12.

第二快的国家。① 自2012年以来，土耳其统计研究所开始在特殊场合为老年人口发布新闻稿，内容包括老年人口的社会经济特征、人口结构、教育程度、婚姻状况、健康、贫困、就业状况、生活满意度等。根据该所2020年发布的数据，② 2015年底，土耳其总人口7 874万（《土耳其政府报告2016》），65岁及以上的人口为669万，到2020年增长到795万人。据此推算，土耳其65岁及以上老年人比例将从2015年的8.5%上升到2025年的11.0%，2040年将达到16.3%。在全球老龄化进程中，土耳其尽管相比年龄结构较老的国家有较多年轻人口，但老年人口的绝对数量相当高。在土耳其2 400多万户家庭中，平均每4个家庭就有1个老年人；在老年人家庭中又有1/4，近148万户是独居老人家庭；在独居（1人）老人家庭中，有1/4是老年男性。另据了解，2019年文盲老年女性人口是老年男性人口的4.8倍，老年女性文盲人口比例为26.0%，老年男性比例为5.4%。47.7%的老年女性的婚姻状况为丧偶，是男性的4倍。2019年老年女性的贫困率为15.9%，高于平均老年贫困率（14.2%）。在劳动参与率方面，2019年，老年男性人口劳动参与率为20.1%，女性为5.6%。64.7%的老年人在农业部门就业。

（二）土耳其的养老模式

土耳其的社会养老服务由卫生部、家庭和社会政策部、劳动和社会保障部三个部门负责。根据不同的标准，老年人可以选择机构、居家和社区三种服务方式。为老年人提供护理服务的机构有三类：③ 第一类是护养院和老人护理康复中心（Nursing Home and Elderly Care and Rehabilitation Centers），是由家庭和社会政策部设立的公立养老机构，入住需要满足规定的条件。其他部委、基金会、协会也设立了各种公立、私立护养院。第二类是敬老院（Elderly Living Homes）。这一模式已于2012年开始实施，3—4名同性别的老年人共同居住在一所房子里，管理人员和护理人员协助照顾老人。第三类是老人护理中心（Elderly Care Centers）。土耳其家庭和社会政策部下设了

---

① Arun, Ö., Çakıroğlu, A.. Quality of life in ageing societies. Italy, Portugal and Turkey [J]. *Educational Gerontology*, 2011 (37): 945-966.

② istatistiklerle Yaşlılar, 2020 [EB/OL]. https: //data.tuik.gov.tr/Bulten/Index? p=Elderly-Statistics-2020-37227, 2021-3-18.

③ Country Report · Republic of Turkey [EB/OL]. https: //unece.org/DAM/pau/age/country_rpts/2017/TUR_ report.pdf, 2016, 11.

5个老年护理中心，但2009年1月被批准废除和关闭。2016年的土耳其政府报告提出必须重开老人护理中心。土耳其政府为公立和私营养老机构的设立和经营都制定了具体规定。

在居家养老方式方面，土耳其政府提供的服务区分了短期居家服务和长期居家服务。短期居家服务主要集中在医疗服务上，一般在出院后的缓解期提供，限于30天。长期居家服务主要侧重于社会护理，包括需要护理超过6个月的服务。此外，还有由不同专业领域的专家或半专家提供的家庭护理（正式护理），以及由家庭成员提供的家庭护理（非正式护理）。居家照护服务是指由家庭成员、朋友、志愿者和有偿照顾者提供的服务。家庭护理涵盖了从购物到医疗保健等活动的广泛服务。土耳其的长期家庭护理主要由家庭成员进行，特别是女性配偶和大女儿，妇女承担了整个老年护理工作的近70%。担任照顾者或家庭照顾者的妇女一般是受教育程度较低的个人，生活在收入较低的家庭中。此外，即使提供护理是有偿的，它也会被评估为一项低法规、低收入的女性工作。

如果家庭成员不能成功地选择由他们自己或在他们自己的房子或年迈的父母居住的房子里由照顾者提供照顾，他们会将护理中心作为最后的选择。负责提供家庭保健服务的部门则是土耳其卫生部，这一服务在土耳其81个省得到广泛运用。家庭和社会政策部也提供居家养老服务，他们主要为老年人提供日间照料和日托服务。土耳其政府还推出了一项新服务，就是当家中需要管理员时，便会要求就近的护养院提供，但受益于这项服务的人很少。对承担长期照顾服务的家庭成员，土耳其政府在2006年7月颁布《确定需要护理的残疾人的规定和护理服务原则》，为其提供照顾费。

在土耳其，社会护理也被称为以社区为基础的服务。服务内容涵盖成人日常照料、食品支持、养老服务、交通运输等支持服务。土耳其制定了《大都会法》，因此大都会区或附属于大都市区的区级市老年人能够获得较多的养老服务资源。1994年，安卡拉大都会老年服务中心启动“居家关怀项目”，其中的清洁和卫生服务是向会员免费的。[①] 土耳其志愿者活动比例相当低，但少数非政府机构在长期护理方面所提供的服务值得关注。土耳其阿尔茨海默症基金会总部和分支机构在日间生活之家和居家护理老年人

① Anahtar Sözcükler. Community Based Care Understanding and Social Services：A Care Model Proposal From Turkey［J］. *Turkish Journal of Geriatrics*, 2008（2）：94-105.

服务中心开展服务，并与当地政府合作实施老年和阿尔茨海默病患者护理人员培训计划。他们向患者亲属提供有关患者护理的建议，在家中探望阿尔茨海默病患者，并为卧床不起的患者提供免费护理和患者照看服务。

六、东欧国家的养老模式

东欧主要由苏联解体后的欧洲国家组成，包括俄罗斯（欧洲部分）、乌克兰、白俄罗斯、爱沙尼亚、拉脱维亚、立陶宛、摩尔多瓦等国。东欧99%以上的人口为欧罗巴人种，多属于斯拉夫人体系。其中俄罗斯占欧亚大陆面积的1/3，是世界上领土最广阔的国家。2015 年 5 月 8 日，中俄两国领导人共同签署并发表了《关于丝绸之路经济带建设与欧亚经济联盟建设对接合作的联合声明》，俄方表示支持“丝绸之路经济带”建设。2019 年 12 月 2 日，中国国家主席习近平与俄罗斯总统普京视频连线，共同见证中俄东线天然气管道投产通气仪式。下面择要介绍俄罗斯的养老模式。

（一）俄罗斯的人口老龄化情况

俄罗斯境内有 200 多个民族，其中俄罗斯族占总人口的 81%。1992 年苏联解体后，俄罗斯人口首次出现负增长，2002 年俄罗斯第一次全国人口普查，当时总人口为 1. 452 亿，排名世界第七，到 2019 年，总人口数为 1. 467 亿，排名降至世界第九。[①] 俄罗斯也是世界上老年人口比例最高和老龄化速度最快的国家之一，2002 年俄罗斯 60 岁及以上老年人口比例已经达到 20. 50%，并且保持持续增长态势，到 2018 年已经达到 25. 40%。[②] 据俄罗斯国家统计局预测，到 2035 年，俄罗斯老年人口总数将接近总人口的 1/3，按低方案将达到 4 112. 4 万人。俄罗斯的人口老龄化有如下特征：首先，农村地区超高人口老龄化，且普遍高于城市。其次，老龄女性人口数量和占比均远远超过男性。2018 年，60 岁及以上女性人口比男性多 797 万人。再次，男性劳动年龄人口高死亡率和高于人口出生率的死亡率，以及持续的低生育率，是俄罗斯人口老龄化的重要因素。这也是俄罗斯老龄化与其他国家最大的不同。[③] 俄罗斯人口老龄化带来了巨大的养老金压力和财

① 许凤才，梁洪琦. 俄罗斯人口危机及相应政策研究［J］. 辽宁师范大学学报（社会科学版），2020（3）：1-8.

② 杜林. 俄罗斯人口老龄化问题研究［D］. 黑龙江大学硕士研究生学位论文，2019.

③ 陈卫民. 中国和俄罗斯低生育率问题及其治理比较［J］. 欧亚经济，2016（3）：1-5，125，127.

政负担，普京发表电视演讲公开表示，“到 2020 年俄罗斯将面临严重的人口危机”,[①] 而美国彭博社也曾将俄罗斯视为受人口老龄化不利影响最严重的国家之一。据俄罗斯国家统计局统计，2018 年俄罗斯退休养老基金仅能支付当年 4 月退休养老金所需额的 30.7%，当年供养比为 1∶1.8。

（二）俄罗斯的养老模式

俄罗斯的老年人以居家养老方式为主。俄罗斯在社会福利方面延续了苏联的国家福利型制度，建立了较为完善的养老保险、住房保障、医疗保障和其他社会福利制度，老年人群有稳定的福利保障，居家养老生活成本低。在 2004 年俄罗斯政府《关于以津贴取代优惠》的改革法案出台以前，国家包揽了老年人在住宿、医疗、交通、水电气、取暖等方面的基本生活费用,[②]“福利货币化”改革以后，老年人原来享有的各种免费医疗、电话、交通等服务改成了现金补贴。俄罗斯在 2002 年全面建立了养老保险制度基本框架，确立了“三支柱”型养老保险制度，由社会养老保险为特困老人提供兜底保障，同时实行强制养老保险和补充养老保险，并多次对作为第二支柱的强制养老保险制度进行改革,[③] 但是养老基金出现了越来越严重的赤字，政府补贴占基金总收入的比例接近 50%。为此，2018 年俄罗斯推出延迟退休政策，以维持养老基金的平稳运行；同时，居民的养老金自 2019 年 1 月 1 日起每月增加 1 000 卢布。居民的养老金水平，无正式工作的可以达到每年 1.2 万卢布，有工作的达到每年 1.54 万卢布。[④] 在医疗保障方面，俄罗斯的老年人在工作期间只要按规定缴纳一定额度的医疗保险，退休以后，就能享受免费的基本诊疗和手术及药物等，还能免费或公费享受千余种基础药品的优惠，但要获得更高的医疗和护理水平就要自费到私人医疗机构诊治了。在住房保障方面，俄罗斯的房价很高，但符合条件的老年人可以根据《住房法典》，向政府申请廉价公租房。俄罗斯政府配备了大量社会工作者为老年人提供各种生活服务，设立老兵活动中心、退休者活动中

① 陈韵莹，何芳. 当前经济背景下的 2018 年俄罗斯养老金制度改革［J］. 东北亚经济研究，2019（8）：109-111.

② 伊万诺娃. 人口老龄化背景下俄罗斯养老保障制度改革研究［D］. 东北大学硕士学位论文，2016.

③ 高际香. 俄罗斯养老保障制度改革新进展与难题分析［M］. //李永全. 俄罗斯黄皮书：俄罗斯发展报告（2017）. 北京：社会科学文献出版社，2017：80-89.

④ 童伟，田雅琼. 俄罗斯养老基金再现危机：原因、应对与启示［J］. 国外理论动态，2019（11）：101-114.

心等机构，丰富老年人的精神文化生活。

七、中欧国家的养老模式

中欧地区是"丝绸之路经济带"的组成部分，自20世纪90年代起，多数中东欧国家经历了经济社会转型和入（欧）盟两次重大历史进程，同时也把拓展中国市场和吸引中国投资为主的经贸合作作为促进双边关系发展的优先目标。[①] 中欧各国中，波兰是中欧潜在的地区大国、"一带一路"沿线国家和"16+1"合作机制中较大的经济体，不仅是"一带一路"通往西欧的门户[②]，还是第一个加入亚洲基础设施投资银行的中欧国家。2016年6月20日中欧班列使用同一品牌和标识，波兰是首次中欧班列抵达欧洲的第一个国家。2017年，中欧班列途经的德国、蒙古国、波兰、俄罗斯、哈萨克斯坦、白俄罗斯和中国7国铁路部门签署《关于深化中欧班列合作协议》。目前，论领土面积、人口数量、经济实力，波兰都是中东欧16国之首，列欧盟28国之前茅。[③] 下面简要介绍波兰的养老模式。

（一）波兰的人口老龄化情况

2011年波兰加入欧盟后的第一次人口普查数据显示，波兰总人口3 853.8万，这是波兰在20世纪初独立以来的人口峰值。据波兰中央统计局（GUS）公布的数据，2018年底，波兰总人口3 841万。[④] GUS预测，2050年波兰总人口将降至3 485.6万。2016年波兰新一届政府发布《负责任发展计划》，称"波兰是欧盟婴儿出生率最低的国家之一"。由于持续多年人口下滑，波兰被认为是欧洲范围内人口状况最不乐观的国家。[⑤] 东欧转轨过程中，波兰也遭遇了人口老龄化的社会问题，但并没有像俄罗斯、保加利亚等国家那样出现人口危机。1989年东欧剧变后，出现大批波兰移民，移居

① 高晓川."一带一路"与中东欧："16+1"机制下中国-中东欧经贸合作及建议［M］.//郭业洲."一带一路"跨境通道蓝皮书："一带一路"跨境通道建设研究报告.北京：社会科学文献出版社，2017：80-90.

② 王虎.波兰："一带一路"通向西欧的门户［M］.//段霞."一带一路"欧亚合作发展报告（2018）.北京：社会科学文献出版社，2018：290-305.

③ 王晓菊.苏东剧变后波兰的人口状况及移民趋势［J］.俄罗斯东欧中亚研究，2018（4）：143-155.

④ 驻波兰经商参处.波兰中央统计局称波兰人口形势依然困难［EB/OL］.［2019-05-11］.http://www.mofcom.gov.cn/article/i/jyjl/m/201905/20190502861946.shtml.

⑤ 王晓菊.苏东剧变后波兰的人口状况及移民趋势［J］.俄罗斯东欧中亚研究，2018（4）：143-155.

世界五大洲的 50 个国家，但大多数集中于西欧和北美两大移民圈。截至 2015 年底，暂居国外的波兰居民为 239.7 万。这些人绝大多数是在国外打工，其中从事较多的职业是保洁员、农工、售货员、餐厅服务员和建筑工等。大量波兰人流向海外的同时，每年也有大量外国公民流入波兰。但总体上波兰与其他国家之间的人口流动呈现迁出人口始终多于迁入人口的局面。正是大量有文化知识的年轻人口外迁，导致波兰人口老龄化加剧。据欧盟统计局的数字，2004 年波兰 65 岁及以上人口占总人口的比例为 13.0%，预计到 2025 年将达到 21.1%。①

（二）波兰养老金制度改革及波兰的养老模式

波兰老年人的养老保障受波兰的政治与社会变革影响较大，而养老保障对老年人的养老方式选择又有着直接影响。受限于可获取的资料，下面从波兰养老金制度改革的角度间接了解波兰的养老情况和变化。1989 年以前，波兰与其他社会主义国家一样，建立了覆盖全体国民的养老、医疗和其他社会保障制度，政府统一兴办和管理各类社会保障项目，其中最重要和支出最大的就是老年退休保险，就连农民也纳入国家养老和社会救济范畴。② 1989 年以后，波兰开始政治和经济转型，2004 年波兰加入欧盟，在这一过程中，养老和医疗是改革难题和社会矛盾主要集中的领域，养老制度改革也成为转型改革的重要内容和首要选择。③ 1989 年以后，波兰政府放松了退休人员的资格审查政策，导致领取养老金的人群迅速增加。据统计，1989—1992 年，领取养老金的人数增长了 24.4%，达到 85 万人。④ 而实际退休年龄从法定的 65 岁降到了 57 岁。日益增加的国家财政预算压力推动了养老保险制度的结构性改革。1999 年 1 月 1 日，波兰启动新的养老保险制度改革，开始建构三支柱养老保险模式。由于雇员开始与雇主共担缴费，政府养老金逐渐走向平衡。2004 年，波兰养老金支出占 GDP 的比例为 13.9%，养老金替代率为 69.7%，属于中欧国家中老年福利投入水平较高的

---

① 乔兰塔·皮瑞克-碧雅拉斯，安娜·茹姿科，路茜·维多维克娃. 捷克和波兰的积极养老政策［J］. 李存娜，译. 国际社会科学杂志，2007（4）：27-39.

② 郭翠萍. 中东欧国家福利制度转型研究［M］. 北京：社会科学文献出版社，2021：162，170.

③ 郭翠萍. 中东欧国家福利制度转型研究［M］. 北京：社会科学文献出版社，2021：29，183.

④ Mitchell Orenstein. Transitional Social Policy in the Czech Republic and Poland［J］. Czech Sociological Review, 1995（2）：191.

国家。到2009年，波兰养老金支出占GDP的比例下降到11.8%。受到2008年世界经济危机冲击，2011年波兰开始第二轮养老金结构性改革。这一轮改革除了调整三支柱养老金缴费比例，组建了"两支柱"养老金模式，① 另一项重要的改革是将男女法定退休年龄统一逐步提高到67岁。但新一轮的养老金制度改革，更多的被认为是"工具属性"多于"价值属性"，② 改革降低了政府债务占GDP的比例，有利于缓解波兰的国家财政压力，但也导致老年人养老金收入缩水，影响老年人的晚年生活质量。此外，波兰还在医疗卫生领域逐步引入改革，建立中央医疗保险基金，养老金领取者强制加入，缴费则根据收入灵活规定，有的是社会保险公司全包，有的则由本人和社会保险公司均分。但国家全额支付享受社会救济者的医疗保险金。波兰老年人参加志愿工作不怎么活跃，但参加宗教活动的老年人增多。与西欧国家同龄人相比，波兰老年人的健康状况更糟。③

八、非洲国家的养老模式

2018年9月3日，在中非合作论坛北京峰会上，28个非洲国家和非盟与中国签署"一带一路"政府间谅解备忘录。埃及是阿拉伯、非洲、伊斯兰发展中大国。埃及与中国于1956年5月30日建交，是阿拉伯国家中第一个与中国建交的，也是亚投行创始成员。④ 下面简要介绍埃及的养老模式。

（一）埃及的人口老龄化情况

埃及是目前人口最多的阿拉伯国家，人口超过8 000万，占阿拉伯总人口数的23%。埃及也是一个发展中的非洲国家，与世界上很多国家一样，正在经历人口结构的转型，即65岁及以上人口的比例正在大幅增加，但年轻人口的数量同样也在快速增加。由于埃及相对生育率较高，阿拉伯地区的人口老龄化速度比整个发展中国家要慢。即便如此，埃及的生育率自20世纪80年代以来就开始快速下降，联合国儿童基金会数据显示，2014年埃

① 高鹏飞，张健明. 健全我国多支柱养老金制度［J］. 宏观经济管理，2019（12）：77-84.

② 高鹏飞，张健明. 健全我国多支柱养老金制度［J］. 宏观经济管理，2019（12）：77-84.

③ 乔兰塔·皮瑞克-碧雅拉斯，安娜·茹姿科，路茜·维多维克娃. 捷克和波兰的积极养老政策［J］. 李存娜，译. 国际社会科学杂志，2007（4）：27-39.

④ 周华. 阿拉伯国家对"一带一路"的看法［J］. 国别和区域研究，2019（3）：1-13.

及平均生育率已经下降到3.5%左右。① 联合国（2017年）人口估计和预测显示，埃及65岁及以上人口的数量将从2010年的400万，占比4.8%，增加到2030年的790万，占比6.6%。直到2050年，埃及65岁及以上人口的数量将达到1 620万，占总人口数的10.6%。②

（二）埃及的养老模式

埃及政府在20世纪60年代初建立了一项社会保障计划，通过强制储蓄为雇员提供养老金。2012年，埃及65岁及以上的城镇老年人中，约有70%领取退休养老金，在农村地区，这一数字仅达到约45%。③ 尽管人口老龄化并非埃及面临的紧迫问题，埃及还是在2007年成立了全国老龄问题委员会，建立了老年人日间中心。一项对居住在大开罗地区的老年人进行的研究显示，家庭成员如果无法照顾老年人，可以有三种选择：第一种是选择让老年人住在疗养院或医院的老年医疗室。在开罗地区，有不少官方和当地教堂或清真寺开办的疗养院，在医院里也有一些为老人开办的医疗单位。第二种选择是请家庭护理服务员。这些从事家庭护理服务的护理员数量十分有限，他们需要经过3个月培训，由专门的机构运营为有需要的家庭提供服务。第三种选择是聘请帮手，但他们没有经过培训，费用也比专业护理员低。④

与社会养老相比，家庭养老仍是埃及老年人的主要养老方式，家庭是老年人的主要赡养来源，老年人历来是在传统的大家庭中得到照顾，获得长期的支持和服务的，这与阿拉伯其他地区的一般情况一样。而在阿拉伯文化传统中，伊斯兰教义强调对父母和家中年长成员的尊重，对长辈的尊重被比作对上帝的敬意，古兰经和先知的圣训（谚语）也特别尊重母亲，

---

① Aurora Angeli and Marco Novelli. “Transitions in Late-life Living Arrangements and Socio-economic Conditions of the Elderly in Egypt, Jordan and Tunisia”, Working Paper 1083 First published by the Economic Research Forum（ERF），2017，4.

② Aurora Angeli，Marco Novelli. “Living Arrangements and Socio-economic Conditions among Egyptian Elderly：The Determinants of Late-life Family Structures”，*STATISTICA*，2019（2），135-156.

③ Angeli A. And Donno A. “Old Age and Inequalities in Egypt. The Role of Intergenerational Relationships and Transfers within the Family”，In *ECAS* 2013，5th European Conference on African Studies “African Dynamics in Multipolar World”. Lisboa：CEI，2014：189-211.

④ Thomas Boggatz，Tamer Farid，Ahmed Mohammedin，Theo Dassen. “Factors Related to the Acceptance of Home Care and Nursing Homes Among Older Egyptians：A Cross-sectional Study”，*International Journal of Nursing Studies*，2009（46）：1585-1594.

这些观念作为一种道德规范，渗透到了埃及的养老模式中。[①] 一般而言，埃及的老年人将生活在多代大家庭中，同时通过做家务、育儿等方式延续代际互惠的传统养老方式。这也意味着，埃及老年人的居住安排、健康状况、社会经济状况是影响其养老方式的主要因素。但是，据一项覆盖1998—2012年的调查显示，[②] 埃及的家庭规模越来越小，已经呈现出大家庭向核心小家庭转变的迹象。2012年，埃及平均家庭规模是每户4.1人，且有将近一半的人口居住在4—5人的家庭中，开罗地区的家庭规模更小。家庭成员属于一代人和两代人的家庭比例都在迅速上升。

这其中，老年女性的养老方式备受各界关注，这在过去的阿拉伯社会是很少见的。这是因为自19世纪80年代末以来，埃及老年女性的比重和独居老年女性的比重都有不断增加的趋势，1998年，65岁及以上老年人中有49.6%是女性，到2012年这一比例就上升到了56.3%；[③] 在2005年的时候，独居女性（19.8%）是独居男性（3.8%）的5倍，其中城市独居女性达到28%，在65—79岁年龄段的女性独居者比重增长趋势明显，2012年65岁及以上独居女性人数估计超过56万人，而且埃及女性已婚率非常低，只有27.3%；埃及丧偶比例也是女性多于男性，高达69.5%，女性老年户主家庭比例也达到了50%；[④] 独居意味着面临更大的脆弱性风险，因为独居，埃及老年人，特别是高龄老年人仍有较高比例的就业率，这同时表明，埃及老年人的正式和非正式支持网络可能非常薄弱。此外，埃及老年女性和男性存在同样的贫困风险，尤其是农村老年女性更加明显。由于越来越多的老年女性比老年男性更不可能获得包括配偶在内的近亲的帮助，老年女性更需要政府和社会向她们提供必要的养老支持。

---

① Abla Mehio Sibai and Rouham Yamout. “Family-Based Old-Age Care in Arab Countries: Between Tradition and Modernity”, Hans Groth, Alfonso Sousa-Poza, “Population Dynamics in Muslim Countries”, Springer, Berlin, Heidelberg, 2012, 63-76.

② Aurora Angeli. “Late-life Living Arrangements and Intergenerational Ties in Egypt: Elderly Socio-economic Conditions from Market Surveys”, Working Paper 971 First published in 2015 by The Economic Research Forum (ERF), 2015, 11.

③ Aurora Angeli. “Late-life Living Arrangements and Intergenerational Ties in Egypt: Elderly Socio-economic Conditions from Market Surveys”, Working Paper 971 First published in 2015 by The Economic Research Forum (ERF), 2015, 11.

④ Aurora Angeli, Marco Novelli. “Transitions in Late-life Living Arrangements and Socio-economic Conditions of the Elderly in Egypt, Jordan and Tunisia”, Working Paper 1083 First published by the Economic Research Forum (ERF), 2017, 4.

九、结语

对个体而言，一个人的实际年龄与老龄化并不密切相关，虽然大多数老年人会面临不同程度的健康问题，这也许是“老龄化”最直观的体现，但并不存在一个“典型”的老年人。同样地，在世界人口老龄化大背景下，对社会整体而言，一个国家和地区的老龄化程度有一个相对统一的标准，但养老模式不会是统一的。特别是进入 21 世纪以来，世界各地的老年人口所占比例和绝对数量都在急剧增加，老年人的预期寿命也在显著增加。明显加快的人口老龄化步伐，使得加快应对人口老龄化越来越成为世界各国普遍面对的一个社会问题、经济问题和政治问题。在一个国家和地区的养老模式形成过程中，老龄化的人口结构、社会保障和社会福利体系的完善程度是最重要、最直接的因素；同时，这个国家和地区的经济发展水平、历史文化发展传统，甚至地缘政治特征，都会对养老模式的形成带来影响。正因为如此，即便是世界各国都有家庭养老、机构养老、居家养老和社区养老，但各有各的不同。其中，东亚地区不仅是世界人口比较集中的地区，也是世界人口老龄化增速最快的地区。而东亚地区的家庭文化传统，在形塑东亚地区社会养老模式中发挥着重要作用，这一因素已经渗透到应对人口老龄化的社会政策中。

“一带一路”沿线国家延迟退休政策

任兰兰*

摘　要： 延迟退休政策调整是全球养老保障制度改革的重要举措。作为“一带一路”沿线国家，中国、日本、新加坡、俄罗斯、法国等人口老龄化状况相对严重，在退休时间、退休年龄、延迟退休方式等政策设计方面取得了一定的宝贵经验。梳理这些国家的退休政策，总结延迟退休政策调整的规律，从建立弹性退休制度和激励机制、实施高龄劳动者积极就业政策、完善配套体系等方面提出顺利推行延迟退休改革的对策建议，为延迟退休和社会保障改革提供有益的借鉴。

作为不可逆转的经济社会常态现象，人口老龄化正广泛而深刻地影响着经济增长和资源配置的格局，日益成为世界各国关注的重大政治、经济、社会问题。深入探讨和应对人口老龄化及其带来的经济社会影响是世界性难题。“一带一路”倡议的提出与实践，为全球合作治理和破解老龄化问题提供了创新思路。

延迟退休年龄即是延长劳动者就业年限，涉及经济与社会问题、国家与个人问题、制度与文化问题等内容，集中体现在国家财政负担、劳动力市场承受度、劳动者切身利益等方面。整合现有资源，积极开拓和推进不同国家或地区在社会保障管理服务领域的务实合作，成为“一带一路”沿线国家退休制度改革的重大问题。

加强政策沟通是“一带一路”建设的重要保障。了解“一带一路”沿线国家人口老龄化状况，梳理代表性国家的退休政策，总结不同国家延迟

* 任兰兰，女，河北师范大学法政与公共管理学院副教授，研究方向为老年社会保障、公共政策评估。

退休改革的共同规律，对于各国顺利推行延迟退休政策，形成互为借鉴、互相促进的社会保障改革机制具有重要的意义。

一、"一带一路"沿线国家人口老龄化状况

《世界人口展望 2019 年》报告中指出，世界上所有国家正在经历人口老龄化。1960 年，全世界 65 岁及以上人口占总人口的比例为 4.97%，到 2000 年，世界人口老年比为 6.89%，40 年间仅增长了 1.92%。但进入 21 世纪后，2019 年世界人口老年比已达到 9%，19 年间就"衰老"了 2.11%[①]。

要了解一个国家或地区的人口老龄化状况，首先需要明确人口老龄化的准确含义。著名人口学家、老年学家邬沧萍指出，人口老龄化是指总人口中年轻人口数量减少、年长人口数量增加导致的老年人口比例相应增长的动态过程[②]。国际上通常的看法是，一个国家或地区 60 岁以上老年人口占人口总数的 10%，或 65 岁及以上老年人口占人口总数的 7%，即意味着这个国家或地区的人口处于老龄化社会。

人口老龄化既蕴含潜在的发展机遇，也是未来发展面临的重大风险考验。"一带一路"沿线国家整体上已进入老龄化社会，而且老龄化程度在不断加深。其中，中国的人口老龄化程度在"一带一路"沿线国家中位于中等偏上水平，老龄化程度较深[③]。

中国是世界上老年人口最多的国家。2021 年 5 月 11 日国家统计局最新的第七次人口普查数据公报显示，中国 60 岁及以上老年人口为 26 402 万，占总人口比例的 18.7%，与 2010 年相比上升了 5.44%。其中 65 岁及以上人口为 19 064 万，占 13.5%。数据表明中国人口老龄化程度进一步加深[④]。未来中国人口老龄化呈现"四超"的特点，即超大规模的老年人口、超快速度的老龄化进程、超高水平的老龄化程度、超级稳定的老龄化形态[⑤]。同时，劳动年龄人口数量从 2012 年起开始下降，年均减少 300 万人以上，并

---

① https：//report.iimedia.cn/repo12-0/39115.html？acPlatCode=iimedia&acFrom=1061bottom.

② 邬沧萍. 社会老年学［M］. 北京：中国人民大学出版社，1999：125.

③ 李谷成，魏诗洁，高雪. 人口老龄化、教育水平和农产品出口技术复杂度——来自中国和"一带一路"沿线国家的经验证据［J］. 华中科技大学学报（社会科学版），2019（2）：63.

④ 第七次全国人口普查主要数据情况［EB/OL］. 2021-5-11，http：//www.stats.gov.cn/tjsj/zxfb/202105/t20210510_ 1817176.html.

⑤ 原新. 积极应对人口老龄化是新时代的国家战略［J］. 人口研究，2018（3）：4.

且减少幅度仍在不断加大。

日本是全球人口老龄化最严重的国家，总人口已经连续多年负增长。日本总务省的调查显示，2020 年 9 月日本 65 岁及以上老年人的数量为3 617 万，占全国人口的 28.7%[①]。日本国立社会保障与人口问题研究所 2017 年的预测报告显示，2050 年，日本劳动力人口（15—64 岁）将减少为5 275 万，较 2015 年减少了 2 400 万人，65 岁及以上老人占比将上升至 38%，较 2015 年提高 11%。在老龄人口不断增加、高龄人口增速加快及劳动力人口不断减少的背景下，日本的养老压力不堪重负。

“金砖五国”（BRICS），是巴西（Brazil）、俄罗斯（Russia）、印度（India）、中国（China）和南非（South Africa）的英文首字母，涉及南美洲、欧洲、亚洲及非洲四大洲，是全世界发展最快的经济体，也是“一带一路”倡议的重要沿线国家。多年来，金砖国家在重大国际和地区问题上共同发声，积极推进全球经济治理改革进程，为国际区域合作和积累了丰富的经验。从人口老龄化发展状况看，2015 年，五国 60 岁及以上老年人口占世界 60 岁及以上老年人口的比例为 42.4%，是欧盟 27 国的 7.5 倍、G7 所有国家的 5.2 倍、OECD 全部国家的 3.5 倍；到 2050 年，五国 60 岁及以上老年人口占世界 60 岁及以上老年人口的比例将达到 54.9%[②]。

为了共同应对人口老龄化，金砖国家在加强合作交流、推进老龄工作、促进老龄事业和老龄产业健康发展等方面也达成了初步共识。2017 年 12 月，金砖国家间首次围绕老龄问题召开国际会议，标志着国际老龄事务交流合作领域又诞生了一个新的平台和一个新的机制。全国老龄工作委员会办公室常务副主任、中国老龄协会会长王建军在会议中指出，金砖国家间要加快协商沟通，建立金砖国家老龄议题合作机制，尽快在金砖国家老龄议题合作的框架、路线、形式、议题、产出、保障等方面达成共识并作出规定[③]。

综上，人口老龄化正在以不可阻挡的趋势席卷全球，“一带一路”沿线

---

① 日本 65 岁及以上老年人达 3617 万，高龄人口占比全球第一，2020-09-21，http://finance.sina.com.cn/roll/2020-09-21/doc-iivhuipp5526780.shtml.

② United Nations，Department of Economic and Social Affairs，Population Division.2015 Revision of World Population Prospects.http://esa.un.org/unpd/wpp/.2015-7-29.

③ 2017 金砖国家老龄会议在北京举行，2017-12-06，https://baijiahao.baidu.com/s? id=1586021528017482198&wfr=spider&for=pc.

国家同样面临着如何应对人口老龄化的严峻挑战。由上述国家的人口发展状况可以看出，人口老龄化对养老制度的挑战主要表现在两个方面：第一，老年人口数量规模扩大，增加了领取养老金的老年人口数量；第二，劳动年龄人口占总人口的比重下降，提高了老年抚养比。在不可逆转的人口老龄化发展趋势下，如何协调各方利益关系、进行延迟退休政策调整是“一带一路”沿线国家普遍面临的改革难题。

二、“一带一路”沿线国家退休政策

延迟退休制度是对个人生活质量和社会经济发展都有积极效应的双赢机制。在社会福利、人口老龄化、养老保险等方面的压力越来越沉重的情况下，许多国家开始探究延迟退休制度，不断进行退休年龄调整的改革尝试，并取得了丰富的实践经验。深入探究“一带一路”沿线国家延迟退休的政策改革实践对总结延迟退休改革的共同规律、构建符合本国国情的延迟退休制度有着特殊的借鉴意义。本文主要从政策措施和政策效果两个方面对“一带一路”部分国家延迟退休政策进行梳理和总结。

（一）中国

长期以来，中国的养老保险制度采取城市和农村不同的管理方式。在城市主要实行的是城镇企业职工基本养老保险制度和国家机关事业单位退休养老制度。在退休年龄方面，1978 年 5 月 24 日第五届全国人民代表大会常务委员会第二次会议原则批准通过的《国务院关于安置老弱病残干部的暂行办法》规定：“全民所有制企业、事业单位和国家机关、人民团体的工人，符合下列条件之一的，应该退休：男年满六十周岁，女年满五十周岁，连续工龄满十年的；从事井下、高空、高温、特别繁重体力劳动或者其他有害身体健康的工作，男年满五十五周岁、女年满四十五周岁，连续工龄满十年的。”[①] 这项规定一直沿用至今。

经过 40 余年的发展，中国的经济社会和人口状况发生了翻天覆地的变化。国家统计局第七次人口普查数据显示，全国人口共 141 178 万，分年龄看，0—14 岁人口为 25 338 万，占 17.95%；15—59 岁人口为89 438万，占

① 《国务院关于安置老弱病残干部的暂行办法》，1978-05-24，http://www.npc.gov.cn/wxzl/wxzl/2000-12/07/content_ 9552.htm.

63.35%；60岁及以上人口为26 402万，占18.70%[①]。在人口老龄化程度不断加深的同时，平均预期寿命不断提高。《2019年我国卫生健康事业发展统计公报》显示，居民人均预期寿命由2018年的77.0岁提高到2019年的77.3岁。

人口老龄化进程加快和劳动年龄人口数量下降的现实国情使得中国现阶段养老保障体制面临巨大的挑战。2013年党的十八届三中全会首次提出"研究制定渐进式延迟退休年龄政策"，2020年党的十九届五中全会再次提出"实施渐进式延迟法定退休年龄"，"十四五"规划和2035年远景目标纲要公布，按照"小步调整、弹性实施、分类推进、统筹兼顾"的原则，逐步延迟法定退休年龄。这预示着中国政府对退休年龄改革的认识不断深入，对政策论证、方案制定及舆论准备正在积极筹备中。

如何在应对不同意见、分析各方利益诉求的基础上制定相关政策是关键所在。学者们在延迟退休年龄政策的基本原则上已达成初步共识，即按照渐进、稳健的改革方式，遵循公平性、差异化、有弹性、充分就业的原则，根据劳动者个人特征、单位属性、行业和职业等实际情况，分群体、分层次、分步骤地加以推进，构建灵活多样、形式多元的退休年龄政策体系。上述讨论和建议为顺利推行延迟退休政策调整积累了丰富的经验，奠定了良好的理论基础。

（二）日本

为解决人口老龄化问题，日本政府一再鼓励用人单位取消退休年龄限制或通过退休返聘等方式延长雇佣[②]。1986年首次出台的《高龄者雇佣安定法》是日本目前最为系统的延迟退休政策。在这项政策中规定，"退休年龄不得低于60岁"是用人单位有义务努力达成的目标。该法分别于2013年、2020年两次修订。在最新修订的政策中规定雇用员工至70岁是企业有义务努力达成的目标。

在退休方式方面，员工达到65岁之前，可通过取消退休、延迟退休或退休返聘三种方式推迟退休。在鼓励措施方面，政府将对积极雇用老年人的企业提供补贴等各种形式的支援。根据修订后的《高龄者雇佣安定法》，

---

① 国家统计局：《第七次全国人口普查主要数据情况》，2021-5-11，http：//www.stats.gov.cn/tjsj/zxfb/202105/t20210510_ 1817176.html.

② 刘春燕. 日本如何探索差别化延迟退休［N］. 经济参考报，2021-3-30.

自2020年4月1日起，企业应采取包括安排员工转到合适岗位等各种措施，努力雇用有意愿继续工作的员工到70岁。在退休年龄标准方面，各行业、各单位根据工作性质的不同，各自设置不同的退休年龄，从60岁到70多岁，弹性空间较大。

在日本政府各项政策的扶持下，日本老人就业率持续上升。总务省调查显示，2018年日本60岁至64岁的老人就业率为56.8%，较2002年的37.7%大幅增加。同时，出现返聘员工待遇不高、保障权益受到侵害等问题，这可能是延迟退休改革过程中面临的共同问题，在此呼吁应该保护延迟退休老人的合法权益。

由日本的退休政策调整实践和效果可以看出：第一，日本早在20世纪80年代就开始进行退休年龄政策调整，是最早进行延迟退休改革的国家之一。第二，日本目前的退休年龄已经达到70岁，在社会个体可以达到的劳动年龄上提供了现实可能。日本的退休年龄不断提高。第三，在退休方式、延迟退休待遇及退休年龄方面的政策规定相对灵活、多元，为“一带一路”沿线国家延迟退休改革提供了现实借鉴。第四，日本的延迟退休改革在取得良好效果的同时，也出现了老年人权益保障受到侵害等问题。如何在保证老年人再就业和保障老年人权益两方面取得双赢，是未来“一带一路”沿线国家延迟退休改革的重要问题。

（三）新加坡

作为世界上最长寿的国家之一，新加坡的人均预期寿命为84.8岁，这一方面为政府养老金带来了较大的压力；另一方面也为推迟退休年龄提供了较大的可行空间。早在20世纪末，新加坡的退休年龄已达到62岁，比世界上其他国家的退休年龄规定年长了10—20岁。

在人口老龄化加剧、人口预期寿命提高及巨大的社会保障压力等多种因素作用下，新加坡逐步形成多重保障、渐进实施的延迟退休政策体系。2011年，新加坡国会正式通过《返聘处理办法》，根据规定，劳动者在退休之后可在自愿的基础上继续工作。2012年，新加坡政府颁布实行了《退休与重新雇佣法令》（*The Retirement and Re-employment Act*，*RRA*），再次上调员工可以重新受雇的年龄。凡是年满62岁法定退休年龄的员工，只要健康状况和工作表现良好，雇主都有法律义务为他们提供时间长达3年的返聘合同，直到他们年满65岁。李显龙总理在2019年的国庆群众大会上宣布，要在2030年之前把退休年龄和返聘年龄，分别提高到65岁和70岁①。

新加坡延迟退休效果明显，除了能为老年劳动力继续提供大量就业或"返聘"机会，使其获得工作更长时间的机会、挣取稳定收入、增加个人退休账户存款外，还为雇主提供了灵活性，让其可以根据组织需求继续雇用有经验的老员工。新加坡人力部2017年公布的就业报告中显示，65—69岁的老人中有41.68%的人在工作，70岁以上有15.83%在工作。根据新加坡人力部（Minstry of Manpower，MoM）公布的数据显示，年满62岁的新加坡员工获得重新受雇机会的比例高达98%，年长居民（55—64岁）的就业率也达到新高。2008—2018年，55—64岁以及年龄更大的居民的就业率都增长了约10个百分点②。

（四）俄罗斯

根据联合国发布的《世界人口展望2017年》报告，俄罗斯在20世纪70年代已进入老龄化社会（Ageing society）；2015年前后进入了老龄社会（Aged society），2040年前后将进入超老龄社会（Hyper-aged society）。俄罗斯的养老形势更为严峻。一方面，俄罗斯养老基金目前处于赤字状态，退休人员的工资待遇主要从联邦预算支出。另一方面，俄罗斯人口正在"变灰"，不断减少的劳动力将无法供养更多的退休人口。2017年的一项专家研究认为，如果俄罗斯再不提高退休年龄，那么将会在2030年以前失去超过550万的强壮可用的劳动力。

2019年1月1日，在老龄化加剧、经济增长乏力、财政补贴持续增加难以为继的情况下，俄罗斯总统普京强制推行了备受争议的延迟退休方案。方案规定：2019—2023年，俄罗斯男性退休年龄由60岁延迟到65岁，女性由55岁延迟到60岁。过渡期内每年退休年龄延迟1年，即2019年为男性61岁、女性56岁退休，2020年为男性62岁、女性57岁退休，以此类推。俄罗斯将以每年增加6个月的"步幅"逐步提高退休年龄，最终在2028年将俄罗斯男性退休年龄从现在的60岁提高到65岁，在2034年将女性退休年龄从55岁提高到63岁③。

---

① 新加坡法定退休年龄再上调，CPF缴交率也提高［EB/OL］. 2021-03-03，https：//www.shicheng.news/show/937943.amp.

② 代懋，张雅. 新加坡延迟退休政策的变迁及启示［J］. 北京航空航天大学学报（社会科学版），2020（6）：47-53.

③ 高际香. 俄罗斯延迟退休的经济与社会效应分析［J］. 欧亚经济，2019（5）：45-59.

在政策实际推行过程中，由于力度大、速度快，最新推出的延迟退休方案遭到了民众的强烈抵触。原因有二：第一，延迟退休年龄的规定与平均预期寿命不匹配。俄罗斯高等经济学院人口统计学研究所研究显示，高达 17.4%的俄罗斯男性和 6.5%的女性可能在改革全面铺开前，活不到退休年龄。第二，俄罗斯目前的养老困境已延展到其他领域，单靠提高退休年龄不足以让俄罗斯的经济回到“正轨”，必须采取其他措施弥补劳动力短缺的问题。

（五）法国

法国是发达国家中法定退休年龄与实际退休年龄“双低”的国家之一。OECD 国家中，法国的提前退休现象突出，这不仅加大了退休政策调整的改革难度，也预示着可能遭到民众的抵制。根据法国退休制度的历史和现实情况，主要包括标准退休渠道、失业退休渠道、提前退休渠道及残障退休渠道四种方式。与德国、瑞典、美国等国家的退休渠道相比，法国的退休渠道存在定位不明、缺少区分等问题。

法国政府为应对人口老龄化挑战，对退休制度进行了改革调整，但在其改革过程中，一直回避提高退休年龄这一根本性策略，导致改革步伐缓慢。2010 年 7 月 13 日法国内阁会议通过了关于退休制度改革的草案，草案规定，将法定退休年龄从目前的 60 岁到延长至 62 岁。同时公共部门养老保险金的缴纳比例将在 10 年内从 7.85%增加到 10.55%，与私营部门拉齐[①]。此次改革遭到民众的强烈抵制，最终既没能避免社会对改革的抵触情绪，也没能有效推动改革前行。

通过以上分析发现，延迟退休改革已成为 21 世纪应对人口老龄化的重要举措。为了达到延迟退休的目标，多数国家设定了比较长的过渡时期，从延迟退休提出到延迟退休实施这期间为过渡期，在过渡期内不延迟退休年龄，过渡期结束后，小步慢推提高退休年龄，每年延迟几个月，直至完成延迟退休的目标，总的来说就是循序渐进地推进延迟退休政策。对于不同年龄的劳动者，世界主要国家规定了详细的延迟退休方案，每个年龄段延迟退休的时间不同。

---

① 《法国国民议会最终通过提高退休年龄法案》，《经济参考报》，2010-10-28，https：//finance.qq.com/a/20101028/000685.htm.

三、"一带一路"沿线国家退休政策调整的国际启示

从现有发布的延迟退休改革方案中可以看出，"一带一路"沿线国家主要从三个方面来推行延迟退休：一是退休方案实施的起止时间，具体包括这一方案从什么时候开始实施，什么时候截止，一共需要多长时间；二是延迟退休年龄时间跨度，具体是指从原先的退休年龄延迟几年到一个新的退休年龄；三是每年延迟退休的时间，即如何进行渐进式退休，每年延迟几个月，直至达到渐进式退休的目标。通过对现有政策的梳理，可以得到以下三点启示。

（一）渐进式退休的持续时间应保持适度原则

渐进式退休方案实施的起止时间是指各国在提高退休年龄的过程中所确定的方案开始时间和截止时间，以及在此时间内完成延迟退休的目标。确定方案的起止时间是对延迟退休这一政策的大致规划，是顺利推进延迟退休的前提。若实施所需要的时间过长，会使延迟退休陷入一个僵持阶段，导致实施过程中停滞不前，进而达不到延迟退休的目标。若实施所需要的时间过短，在推进延迟退休年龄的过程中可能遭到部分劳动者的抵触，带来一些激进的不良效果。

以德国为例，社民党和基民盟联合政府通过的提高退休者年龄的法案，自2012年1月1日起开始执行。法案规定在2012年到2029年间调整劳动者的退休年龄，从65岁逐步推迟到67岁。按照方案，对不同年龄和不同状况的劳动者，规定了不同的过渡性措施，这在一定程度上可以保证延迟退休制度循序渐进地推进，也能够给民众带来一定的缓冲期，缓解民众担忧自己利益受损的不满情绪。

（二）循序推进每年延迟退休的年龄

每年延迟多长时间，是延迟退休制度设计时应考虑的重要问题。从"一带一路"沿线主要国家制订的延迟退休方案来看，每个国家确定的每年延迟退休时间有所不同，但在延迟方式上保持高度一致，即每个国家在延迟退休的时候，是以渐进的方式逐步提高法定退休年龄，这在一定程度上提高了实施延迟退休的可行性。如何确定延迟退休年龄的速度，即确定每年延迟退休的时间，需要考虑诸多因素。从日本退休年龄政策调整的状况来看，选择合适的调整方案是非常重要的，实施延迟退休不能急于求成，

循序渐进地调整退休年龄才是最为有效的手段。

通过对德国退休年龄制度改革政策梳理后，不难发现，德国退休年龄调整是分两方面进行改革的，提高退休年龄和允许部分群体提前退休，妇女、失业者、残疾人士允许早于63岁领取养老金。同时，德国还提出了一种较为科学的“半退休”理念，即将员工从全职化的工作通过减少工作时间和薪水的方法，转化为兼职工人，这样既能满足无法完成法定退休要求的人员需求，又能节省大量资金，提供给年轻人更多的就业空间。这种制度加大了在职员工的选择空间，他们可以选择提前退休的时间点，越靠近法定退休年龄得到的退休金比例越高。

值得注意的是，每个领取档的额度限定要有科学性，需要提前预估本地区可能出现的问题并及时修订，考虑不会因设置档位与待遇不匹配造成的大规模提前退休或延迟退休。

（三）延迟退休年龄时间跨度应视国情而定

延迟退休年龄时间跨度是指从原先法定的退休年龄推迟到一个新的退休年龄。确定退休年龄的时间跨度是延迟退休过程中的主要方式，即明确规定了退休年龄要延迟到的年龄。

延迟退休年龄的时间跨度与国情密切相关。因此，在考虑延迟退休具体延迟几年的时候，应适当注意国家目前的发展情况，作出符合当前利益的决定。以日本、德国为例，单纯从延迟退休年龄的时间跨度来看，日本是从60岁延迟到65岁，德国则是从65岁延迟到了67岁，时间跨度相对较小。两国退休年龄的时间跨度产生不一致的原因是两者所面临的具体国情不同。基于此，“一带一路”沿线国家在推行延迟退休改革的过程中，一定要充分结合本国的现实国情，充分考量劳动者的利益诉求，科学评估本国社会保障改革的历史背景和影响因素，力争以相对顺畅的方式进行延迟退休改革。

四、“一带一路”沿线国家顺利推进延迟退休政策调整的对策建议

根据“一带一路”部分国家目前延迟退休政策的实施现状及启示来看，提高退休年龄是大势所趋。建立弹性退休体制成为实现渐进式退休的根本手段，能有效地给劳动者提供一个良好的延迟退休的环境。建立延迟退休

的奖惩机制和实施高龄劳动者积极就业政策是实施渐进式退休的补充手段，一定程度上帮助了弹性退休体制的顺利实施，并且能让劳动者更好地接受退休年龄的提高，平稳度过延迟退休这一政策的调整时期。

（一）建立延迟退休的奖惩激励机制

经济收入是考量一个人发挥社会价值的重要标准，也是劳动者工作的主要动力。如果能提高延迟退休的工资待遇，不仅对部分经济压力大、负担重的劳动者有较强的吸引力，也是多数劳动者的普遍追求，在一定程度上会减少延迟退休政策的推行阻力。

制定合理有效的退休金支付激励和提前退休的退休金扣减制度是建立延迟退休奖惩机制的关键。国际经验分析，目前实现退休年龄提高的退休金支付激励主要包括两个方面：一是对继续就业的高龄劳动者采取部分补贴，二是对满足65岁退休年龄的劳动者适当提高其养老金水平。对于继续工作的支付激励问题，通过增加其劳动收入，鼓励高龄劳动者继续工作到满65岁。在制定补贴标准时，国家应使接受补贴的高龄劳动者的工资水平明显高于提前退休的劳动者，这样在一定程度上才能激励更多的人延迟退休。同时，对于满足65岁退休的劳动者，政府和企业应给予适当奖励，这样既在一定程度上提高了其未来的养老水平，也鼓励劳动者工作到65岁甚至更大年龄的行为。建立提前退休的退休金扣减制度则是将退休金的发放标准和缴费年限（工龄）与退休年龄结合起来。目前中国领取退休金的最低缴费年限是15年，在满足领取退休金年限的基础上，如果劳动者要求提前退休，则将面临扣减退休金的惩罚。

（二）实施高龄劳动者积极就业政策

相对于青年群体来说，中高龄劳动者是延迟退休年龄政策调整影响最大的群体。从个人方面看，并不是所有中高龄劳动者都愿意延迟退休，法国工人大罢工就充分说明了这点。从用人单位看，并不是所有企业、单位都愿意雇用中高龄劳动者，尤其是老年人。现实中仍然存在对老年人的年龄歧视现象，企业、单位及社会公众对老年人的继续就业仍未形成友好的接纳态度。为了给老年人再就业创造一个良好的氛围，需要实施更加积极的就业政策。

鼓励高龄劳动者继续就业需要市场和行政手段相结合。一是放宽退休年龄限制，从根本上鼓励高龄劳动者继续就业，并允许其在达到退休年龄之后接受返聘继续工作。二是提高高龄劳动者的就业服务水平。政府在建设青年、中年就业服务的同时，也应大力建设老年就业服务以为高龄劳动者提供就业咨询、就业指导和就业培训，提高高龄劳动者的求职能力，消除高龄劳动者自身的就业障碍，从而一定程度上能够在广大劳动力市场里，提高高龄劳动者就业的竞争性。三是开发高龄劳动者就业岗位，如实施社会福利工作计划，为高龄劳动者提供国家机关、事业单位的辅助性岗位、社会公共服务岗位和社区工作岗位等。四是鼓励有能力、有条件、有意愿的高龄劳动者自己创业不失为促进积极就业的一项良策，可以适当借鉴日本创立的银色人力资源中心，建立起专门为老年人就业提供相关服务的机构或部门，为老年劳动者的积极就业提供最大可能的便利。

（三）构建弹性退休体系

建立弹性退休制度、构建弹性退休体系是延迟退休政策调整的发展趋势，是促进延迟退休循序渐进且顺利实施的重要手段。随着生理机能的退化和健康状况的衰退，年长的劳动人口对工作环境、工作方式、工资待遇等方面的需求相对增多，这就要求建立更加灵活的弹性退休制度，具体包括退休年龄灵活化、退休方式渐进化、退休待遇多元化和工作环境柔性化等。退休方式渐进化是指允许劳动者在继续工作的同时领取养老金。退休待遇多元化则意味着社会各种养老保险的兴起，为劳动者的晚年生活提供了更加多元的经济保障。在整个社会存在部分年龄歧视的氛围中，工作环境柔性化代表着营造一个适合高龄劳动者的工作环境和促进高龄劳动者就业的社会环境。从“一带一路”沿线国家延迟退休的实践经验来看，各国在实施延迟退休的同时，也是渐进提高退休年龄，同时在政策实施的过程中，把握一个间隔期，并在较长时间段里提高退休年龄。

参考文献

［1］https：//report. iimedia. cn/repo12 - 0/39115. html? acPlatCode = iimedia&acFrom=1061bottom.

［2］邬沧萍. 社会老年学［M］. 北京：中国人民大学出版社，1999：125.

［3］李谷成，魏诗洁，高雪. 人口老龄化、教育水平和农产品出口技术复杂度——来自中国和“一带一路”沿线国家的经验证据［J］. 华中科技

大学学报（社会科学版），2019（2）：63.

[4] 第七次全国人口普查主要数据情况，2021-5-11，http：//www.stats.gov.cn/tjsj/zxfb/202105/t20210510_ 1817176.html.

[5] 原新. 积极应对人口老龄化是新时代的国家战略［J］. 人口研究，2018（3）：4.

[6] 日本65岁及以上老年人达3617万，高龄人口占比全球第一，2020-9-21，http：//finance.sina.com.cn/roll/2020-09-21/doc-iivhuipp5526780.shtml.

[7] United Nations，Department of Economic and Social Affairs，Population Division.2015 Revision of World Population Prospects.2015-7-29，http：//esa.un.org/unpd/wpp.

[8] 2017金砖国家老龄会议在北京举行，2017-12-6，https：//baijiahao.baidu.com/s？id=1586021528017482198&wfr=spider&for=pc.

[9] 国务院关于工人退休、退职的暂行办法，1978-05-24，http：//www.npc.gov.cn/wxzl/wxzl/2000-12/07/content_ 9552.htm.

[10] 国家统计局：《第七次全国人口普查主要数据情况》，2021-05-11，http：//www.stats.gov.cn/tjsj/zxfb/202105/t20210510_ 1817176.html.

[11] 刘春燕. 日本如何探索差别化延迟退休［J］. 经济参考报，2021-03-30.

[12] 代懋，张雅. 新加坡延迟退休政策的变迁及启示［J］. 北京航空航天大学学报（社会科学版），2020（6）：47-53.

[13] 高际香. 俄罗斯延迟退休的经济与社会效应分析［J］. 欧亚经济，2019（5）：45-59.

[14] 法国国民议会最终通过提高退休年龄法案［N］. 经济参考报，2010-10-28. https：//finance.qq.com/a/20101028/000685.htm.

医疗保障篇

“一带一路”沿线国家卫生费用与医疗保障筹资改革

——以韩国为例

王国勇　李圳雨　廖紫依*

摘　要： 随着“一带一路”建设的持续推进，“一带一路”倡议已经由概念落实到行动，实质性经贸合作取得了成效，沿线国家地区民生福祉不断提升。韩国的医疗改革走在亚洲的前列，在改革过程中先后出台了多项医疗筹资体制改革、医药药品改革等措施。医疗体制改革为韩国的医疗卫生事业注入了新鲜的血液，造就了韩国全民医保的基本实现和医药分离的现象。然而，韩国的卫生费用与医疗保障筹资改革在取得成效的同时也面临卫生支出费用急剧增长、医疗卫生资源配置不合理、私营医疗机构比重过大等问题。因此，本文认为韩国的医疗保障筹资改革经验对中国的医疗体制改革具有借鉴意义，中国应通过积极统筹推进城乡基本医疗一体化发展等路径，不断促进医疗卫生事业的健康发展。

* 王国勇，贵州民族大学社会学与公共管理学院院长，教授，博士生导师，研究方向为农村社会学和政治社会学；李圳雨，女，贵州民族大学社会学与公共管理学院 2019 级社会学专业硕士研究生，研究方向为社会治理与社会政策；廖紫依，女，贵州民族大学社会学与公共管理学院 2019 级社会学专业硕士研究生，研究方向为应用社会学。

一、问题的提出

完善的医疗保障制度的构建是一个国家民生事业发展的基础，一个国家民生事业发展的好坏关键要看该国家中公民的生命健康权是否得到了较好的保障。随着世界格局多样化的发展，各国所面临的风险挑战日益严峻，慢性传染病、恐怖事件等时刻威胁着人类的生命安全。因此，积极推进国际公共卫生合作、营造和平稳定的国际生存环境、构建人类命运共同体成为大势所趋、众望所归。早在2012年的中共十八大会议中，习近平总书记就明确提出要培育人类命运共同体意识，构建人类命运共同体。次年，又提出了"一带一路"倡议，主要包括构建"新丝绸之路经济带"和"21世纪海上丝绸之路"。之后，中国又基于"一带一路"合作倡议提出了构建"健康丝路"的新理念，旨在从更具体的层面构建国际卫生交流合作平台，进一步推动构建人类命运共同体。

众所周知，"一带一路"沿线各国大多是经济卫生条件相对落后的国家，国家内部的卫生基础设施建设相对匮乏，国民医疗卫生服务资源长期不足。例如印度和巴基斯坦，其专业卫生人员数量和医院床位数量都处于"一带一路"沿线国家中的较低水平，由此带来的结果就是较高的传染性疾病死亡率。同时，印度和巴基斯坦国家政府对于本国的卫生事业投入也相对较低①。出于国家建设的需要，一个国家的医疗卫生费用投入应该与该国的经济发展水平相适应，各国应该加强"全民健康"理念，将保障国民基本生命健康放在基础性战略地位，积极探索符合本国国情的医疗保障体系建设道路，降低国民医疗负担，提高国民生活满意度。

如今除了各国面临的人口老龄化问题，"一带一路"沿线国家还存在着之前的人口基数大、慢性病、传染病等问题，这都为医疗卫生费用投入带来了巨大的压力。虽然各国政府或多或少地对本国医疗卫生保障建设拨付了资金。但是，面对国民日益增长的医疗卫生服务需求与医疗卫生资源不足之间的矛盾，国家医疗卫生保障部门早已显得力不从心，如何拓宽医疗保障筹资来源，成为各国亟须思考的重大问题。本文认为，"一带一路"沿线各国早已达成人类命运共同体意识，在全球卫生治理合作方面也有一定

---

① 王星宇，蒋海泥，程龙，郑杰，张颢，吴濛濛，王留明. 十个"一带一路"沿线国家卫生资源状况与卫生服务效果比较［J］. 医学与社会，2021（3）：17-22.

的实践经验可供分享。因此，我们可以借鉴医疗卫生保障改革施行得较好的国家，吸收其可取之处以完善中国的医疗保障体制建设。韩国的医疗保障体制改革属于“一带一路”沿线国家中做得较为出色的国家之一。因此探析韩国的卫生费用与医疗保障筹资改革机制尤其是该国的医疗保障筹资改革，会给中国的医疗保障事业发展带来新的启示。

二、文献综述

（一）“一带一路”各国卫生费用概况与医疗保障筹资改革

1. “一带一路”各国卫生费用概况

一个国家对于本国卫生费用的投入往往与本国的经济发展规划和经济发展水平相关。例如印度，虽然印度提倡构建全民免费医疗，但是印度政府将财政资金主要用于国家基础设施建设和经济发展之中，对于卫生费用的投入较低。同时，印度的私人医疗机构多于公立医疗机构且主导着整个国家的医疗卫生服务供给。因此，该国政府对于卫生费用的承担水平低于私人对于卫生费用的承担水平，这给该国的国民，尤其是处在贫困线以下的国民带来了一定的生活压力。新加坡政府的表现与印度政府相似，新加坡在公共医疗保障服务中更加强调个人和社会组织的参与，提倡一种储蓄保险型模式，即职工需每月向国家缴纳一定比例的金额，并以三种不同类型的账户存放进中央公积金以服务于国家医疗保障系统，故在新加坡的卫生费用总支出中，国民对卫生费用的承担程度更大①。受限于本国较低的经济发展水平，经济实力薄弱的发展中国家对于本国的卫生领域投入也相对较低。例如地处中亚地区的土库曼斯坦，其 2016 年的卫生总支出仅占到 GDP 的 1.23%②。虽然土耳其是医疗保障改革的后发展国家，但是如今其医疗保障服务水平和能力已经有了明显的提高，且与欧盟成员国间的差距逐渐缩小。其中最主要的原因来自政府加大了对公共卫生领域的投入，2000—2008 年，政府医疗卫生预算增长了 5%，而且以此速率保持增长状态，卫生

① 李蕾，李靖宇，刘兵，乔晗. 医疗卫生服务模式与资源配置的国际比较［J］. 管理评论，2017（3）186-196.

② 邱增辉，蒋祎，刘娅莉，彭双双，万迪. “一带一路”国家公共卫生与卫生服务现况［J］. 中国公共卫生，2020（12）：1755-1758.

总费用从2003年到2008年增长了40%[①]。俄罗斯政府对于本国的医疗卫生费用投入也作出了较大的贡献。早在苏联时期，政府就包揽了全民的基础医疗保障费用。但是，由于受到财政赤字的压力，俄罗斯政府开始探索多元主体费用共担模式，其国内卫生费用总支出包括公共和私人两部分，拓宽了医疗保障资金的来源。据世界卫生组织统计，自2000年起，俄罗斯的卫生总费用一直呈上升趋势。截至2016年，其卫生总费用占到GDP的5.27%，前期俄罗斯的私人卫生费用承担比重与政府的卫生费用承担比重相差无几。但近几年，俄罗斯的私人卫生费用承担比重逐渐高于政府的卫生承担比重，由此可以看出，私人面临着日益增长的卫生压力[②]。

2. "一带一路"沿线国家医疗保障筹资改革

医疗保障资金的筹措关乎医疗服务质量供给的好坏，对于任何国家来说，充足的医疗保障基金是实现公平医疗保障服务的基础。但是，在实际生活中，大多数国家特别是发展中国家，普遍面临着医疗保障资金不足的情况，如何拓宽医疗保障资金来源、稳定医疗保障资金供给，成为每个国家需要迫切解决的现实问题。

印度提倡的是构建全民免费医疗体系，其关注点主要在于基础医疗卫生服务的供给，公立医院可以为国民提供免费的基础医疗服务，印度的医疗保障筹资主要来源于政府税收、政府非税收收益、社会保险费。早期，印度政府在卫生领域的投入较低，大部分卫生费由私人承担，为了改善印度的医疗保障服务供给，印度政府开始加大对卫生领域的投入。例如将"卫生投入目标设定为GDP的2%—3%""卫生费用的55%用于初级卫生保健"，印度政府的卫生经费投入从2003年至今呈持续增长态势。此外，印度政府也积极倡导非政府组织参与到医疗卫生服务建设中来，整合医疗保健投资项目，拓宽筹资渠道[③]。新加坡的医疗保障资金主要来源于本国国民，形成了以个人支付为基础、政府投入为辅助的医疗保障服务体系。通过这种职工缴纳个人公积金的形式充盈了国家保健基金总量，缓解了该国

① 埃尼斯·巴瑞斯，萨利赫·莫尔拉哈里奥，卢萨巴赫丁·艾登、朱凤梅. 土耳其医改后来居上［J］. 中国卫生，2016（8）：108-109.

② 童伟，宁小花. 俄罗斯免费医疗：发展历程、效果分析、困境及未来发展方向［J］. 俄罗斯东欧中亚研究，2020（1）：156-157.

③ 陈昱方. "金砖四国" 医疗卫生体制的比较研究［D］. 华中科技大学博士学位论文，2011：37-44.

政府的医疗服务资金压力，但同时增加了企业和职工的经济压力①。

在哈萨克斯坦宣告独立之时也提出要建立全民免费医疗服务体系，但是由于缺少专业的医疗服务人员，并且国内医疗服务资源不足，政府面对巨大的财政压力，自此哈萨克斯坦政府开始进行强制医疗保险试点运行。但是，这一举措并没有得到较好的认可，许多州拒绝承担相应的任务，而且由于当时的经济环境较差，企业难以负担职工的医保费用，哈萨克斯坦的医疗保障服务收不抵支，于是哈萨克斯坦政府开始探寻新的改革道路并逐渐建构了如今的自愿医疗保险体系。自 2015 年以来，政府对于卫生医疗的支出在逐渐提升，雇主对于职工的医保费用支出也在逐渐增加，由此形成了较为合理的医疗保障筹资体系，减轻了国民的医疗卫生压力②。

越南与中国同属社会主义国家，其经济体制也经历了从计划经济向市场经济的转型，在医疗卫生体制改革方面同样遇到了许多问题。越南也想建立全民免费的医疗保障体系，所以医疗保障资金筹措问题也是该国所面临的最大问题之一。最开始越南的医疗资金主要来源于政府、当地资助，以及国际援助，在遇到经济危机之后，越南开始探索个人支付与政府扶持相结合的道路，最终形成了强制医疗保险和自愿医疗保险相结合的模式。此外，对于穷人、老人和小孩，政府给予完全免费政策，在越南的医疗保障改革中，政府不断加大对卫生事业的投入，逐渐提高全民医保覆盖率，在 2015 年实现了全面覆盖③。

在苏联时期，俄罗斯就施行全民免费医疗保障制度，政府负责全民的基础医疗保障。由于日益繁重的财政负担，俄罗斯开始探索一种以有限免费的法定强制医疗保险与自费的私人医疗保险相结合的医疗保障制度，前者的资金主要来源于联邦、地方政府、企业、团体等法人实体，后者的资金主要来源于企业和个人。此外，国家完全承担失业和无业人员的医疗保障费用。因此，在 2011 年，俄罗斯基本实现了医疗保障全民覆盖。这期间，为了增加医疗保障资金，俄罗斯政府进行税费改革，对企业征收工资总额 35.6%的社会税，大大保障了医疗卫生费用的稳定投入。之后考虑到企业的

---

① 孟祥生. 国外医疗卫生体制改革及给我们的启示［J］. 天津市经理学院学报，2012（3）：5-7.

② 王笑笑，高非，张红丽，彭博，滕百军. 哈萨克斯坦医疗卫生体制改革综述［J］. 中国卫生经济，2016（4）：94-96.

③ 孙丽娟，宫开庭. 越南医疗卫生体制发展与改革概述［J］. 中国卫生经济，2015（9）：93-95.

发展压力，俄罗斯政府又将缴费率降至28%，但是这一举措并没有对俄罗斯医疗保障资金造成太大的影响，反而促进了企业和个人依法缴费，使国家税收实现稳定增长①②。在2011年，俄罗斯直接取消统一社会税，收取缴费率为5.1%的社会保险费，将资金全部纳入强制医疗保险基金，充分保障了医疗保障资金的来源③。

面对日益突出的人口老龄化问题，澳大利亚也采取了相应的改革措施来提高本国老龄人口的健康保障服务质量。如为65岁及以上的老年人提供养老救助金，同时也为护理人员提供津贴，而这其中的大部分资金主要依靠澳大利亚联邦政府和州政府提供，个人付费占比不到20%。此外，无支付能力的老年人，可以向政府申请免费④。

（二）韩国卫生费用与医疗保障筹资改革

1. 韩国卫生费用概况

韩国属于医疗保障体制建设的后起之秀，韩国从20世纪70年代才开始进行医疗保障体制建设，医疗保险制度经历了从分散到统一的转变，到2003年实现了医疗保障全民覆盖。韩国的医疗保障服务分为两类，即在保和不在保。不在保的内容全部由私人承担，在保的内容按门诊、住院、专家挂号分别按30%—55%、20%、50%的比例自行付费。据统计，1998年私人自费比重占国家总卫生费用的近六成⑤。从总体发展来看，韩国自进行医疗保障体制建设以来，其医疗卫生费用支出就呈现出不断上涨的趋势。1975—1989年，韩国卫生费用支出占GDP的比例增长了3.36%。随着韩国国民医疗卫生需求的不断增加以及人口老龄化、医药费用上涨等问题的出现，韩国卫生费用将会继续呈增长态势⑥⑦。据统计数据显示，虽然韩国卫生费用支出占GDP的比重低于大多数国家，但是韩国卫生费用支出增长率

---

① 肖来付. 俄罗斯医疗保障制度改革的实践与思考［J］. 中国卫生资源，2016（4）：350-353.

② 许艳丽. 俄罗斯的医疗保险制度［J］. 中国医疗保险，2015（7）：68-71.

③ 童伟，宁小花. 俄罗斯免费医疗：发展历程、效果分析、困境及未来发展方向［J］. 俄罗斯东欧中亚研究，2020（1）：156-157.

④ 秦坤. 澳大利亚老年健康保障体系的特点及启示［J］. 北京行政学院学报，2012（6）：98-101.

⑤ 郭金龙，段家喜. 韩国社会医疗保险制度的特点及改革措施［J］. 红旗文稿，2007（21）：33-34.

⑥ 李国鸿，金安娜. 韩国医疗保险模式的特点与评价［J］. 国外医学（卫生经济分册），2004（1）：1-6.

⑦ 丁雯，张录法. 韩国医疗保险制度借鉴［J］. 经济视角（下），2010（9）：57-59.

相比其他国家而言，仍居于较高水平。分析韩国卫生费用支出构成可以看到，社会支出高于政府支出，在社会支出中，个人自付支出又高于共同支付支出，个人支付费用占卫生费用总支出的21%，个人保险费占卫生费用总支出的4.4%。因此，相对于其他国家来说，韩国国民的卫生医疗负担压力更大①。

2. 韩国医疗保障筹资改革概况

韩国医疗保障筹资主要来源于政府、保险公司、个人，其中政府投资比重较小。但随着医疗保障服务建设的需要，自20世纪80年代以来，政府投入的资金比例逐渐增大；随着参保范围的扩大，保险公司对于医疗保障资金的投入也不断增加；个人在韩国整个医疗保障筹资中承担着较大的比重②。韩国医疗保障制度自建立以来就一直致力于实现医疗保障全民覆盖，所以韩国采取了一种“低水平、广覆盖”的模式，即最初向国民收取较低的医保缴费，吸引国民参与医保建设，之后为了将韩国的医疗保障服务从正式部门覆盖到非正式部门，韩国政府承担了非正式部门医保缴费的50%。在2006年，韩国政府对于整个国民医保的投入比重占医保总费用的20%，其中4%来自烟草税收③。有研究者也将韩国医疗保障资金的来源分为两大类：一类是来自公共部门；另一类是患者自费。公共部门涉及政府、公司、雇主、雇员等，由于入保的雇员人数占国家总人口数的比重较大，雇员和公司缴纳的保险费成为韩国医保筹资的主要支撑。对于个体经营者而言，则根据其性别、年龄、收入等决定其缴纳的金额，而且缴纳的金额会根据每年的经济情况变化进行调整，增强了韩国医疗保障体系的共济功能④。

此外，在韩国建立医疗保障制度初期，为了更好更快地实现医疗保障全民覆盖，韩国政府在各个地区设立了医疗保险社团。虽然医疗保险社团提高了本地区民众参与医疗保障的参与度，但是医疗保险社团较为分散且大多是自主管理，不仅造成了地区间医疗保障筹资的不公平性，还增加了

---

① 景婉博. 韩国医药卫生体制改革及启示［J］. 财政科学，2017（8）：126-132.

② 谭景琛，朱孔东，牛彦. 韩国医疗卫生体制的认识与借鉴［J］. 中国卫生经济，2008（7）：79-80.

③ 孙菊. 全民覆盖视角下的韩国医疗保险制度研究［J］. 武汉大学学报（哲学社会科学版），2013（6）：83-89.

④ 姚霞. 韩国医疗保险制度的改革及对我国的启示［J］. 中国医药导报，2013（25）：165-168.

韩国医疗保障管理的成本。于是韩国开始进行医疗保险整合，统一全国保险费率[①]。韩国政府将各地区社会保险社团整合为一个整体，更名为国家医疗保险公团，并通过该公团向公司、雇主和自营业主进行资金筹集。在韩国的共付资金模式中，雇员和雇主各承担医保缴费的50%，雇员根据其月工资按一定比例的缴费率进行缴费，2010年、2012年、2016年的缴费率分别为5.33%、5.8%、6.12%[②]。

3. 文献评述

通过文献阅读，我们可以发现在"一带一路"合作国家中，"全民健康"已经逐渐成为各国的共识，并且各个国家在积极构建和完善本国的医疗保障服务体系。但是由于各国经济发展水平的差异，在医疗保障服务供给的水平和质量上仍存在着一定的差距，特别是对于人口多、医疗资源不足的国家来说，实现医疗保障全民覆盖还有很长一段路要走。面对日益增长的国家卫生费用支出，各国政府承受着一定的财政压力。所以，如何拓宽医疗保障筹资渠道、充盈国家医疗保障基金成为21世纪我们亟须思考的重大问题。因此，本文选择了韩国这个在医疗保障体制建设相对较为成功的国家进行分析研究，主要是想通过总结韩国在医疗保障体制建设中的实践经验，特别是韩国的医疗保障筹资举措，为中国乃至其他"一带一路"合作国家医疗保障筹资改革提供一定的启发和借鉴。

三、韩国卫生费用与医疗保障筹资改革现状

（一）顶层设计完善，为医疗卫生事业发展提供保障

任何一种医疗体系都是由两部分组成的：一是医疗费用的筹资，二是医疗服务的供给。这两个部分构成了一个国家的社会医疗体系。医疗卫生体制改革涉及方方面面，在任何国家都充满了挑战和风险。韩国作为"亚洲四小龙"之一，医疗卫生制度和住房保障制度是构成韩国基础生活环境相关制度的重要组成部分。政策作为地方实践逻辑指导的重要工具，在韩国医疗卫生系统发展中起着重要作用。自韩国实施并推进医疗改革以来，韩国政府将政策工具嵌入地方实践中，出台了多项医疗发展政策和法律，形成了相对比较完备的医疗发展体系。韩国医疗卫生系统的发展大致可以

---

① 杨艺，李秀华. 韩国医疗保险制度对我国的启示［J］. 医学与哲学，2016（1）：67-69.

② 丁雯，张录法. 韩国医疗保险制度借鉴［J］. 经济视角（下），2010（9）：57-59.

分为四个阶段：第一个阶段是20世纪50年代，即制度建立起步阶段；第二个阶段是20世纪60年代至80年代，即医疗系统规模的扩展期；第三个阶段是20世纪90年代，即医疗体系的探索时期；第四个阶段是2000年至今，即强化政府义务期。在20世纪50年代，尽管当时韩国的经济比较落后，依然把很大一部分资金投入国民的医疗卫生健康事业中。在制度建立的起步阶段，韩国政府出台的第一部有关医疗的法律是1951年制定的《国民医疗法》。这部分法律的出台严格规范了韩国医院、医务室、妇产院和疗养院等医疗机构的相关事项，为韩国医疗事业的发展奠定了法律基础，提供了法律保障。1953年制定的《药事法》严格规定了医药品和医疗器材的规格。同时，韩国政府根据国民的传染病情况，特别制定了《传染病预防法》，为韩国传染病的预防奠定了基础，降低了传染病风险。20世纪60年代至80年代，韩国政府不断促进医疗法律体系的完善，在这一时期，韩国的医疗机构和卫生系统得到进一步发展。韩国政府在1963年和1965年分别颁布了《医疗法施行令》和《药事法施行令》。这两部法律的出台，大大改变了韩国医疗法和药事法长期“缺场”韩国法律系统的局面，为地方政府实施医疗改革提供了政策指南。同时，在此期间韩国政府作出了以公共医疗为核心机构的重大决策，有力地推动了韩国公共医疗卫生事业的发展。经过30年的发展，韩国医疗改革进入第三个阶段。此时韩国的经济得到了极大改善，国民对医疗的需求更高，这也使得韩国医疗改革的范围更加全面。1989年，韩国开始实施全国医疗保险制度。1995年制定了《有关应急医疗之法律》，严格规定了综合类医院应有应急装备设施，促进了韩国应急医疗的发展。同时，韩国政府还探讨和制定了两大具有重要意义的决策：一是医药分工。韩国政府从2000年开始正式实施医药分工政策，医药分工深刻影响了医药界的利益和国民看病便利的问题。有学者指出，韩国的医药分工是一次艰难的协调和持续过程，是韩国医疗卫生系统中最艰难的事件①。医药分工一般指的是医生负责诊断患者病情、开处方，药剂师检验处方，并给患者配药的制度。医药分工使得医生的处方公开化，促使医生更加致力于给患者看病，能够更好地对患者负责，也使得患者有了知情权，从而减少了乱用药、用错药的现象，不断提高了医疗服务质量。二是开放医院的实

① 金钟范. 韩国社会保障制度［M］. 上海：上海人民出版社，2010：292.

施。韩国在过去的一段时间里实行的是封闭式医院运营，封闭式医院虽有其专门性的优势，但并不能发挥医学人才的专门性，会造成人才资源的浪费。因此，1993年韩国成立了“医疗保障改革委员会”，并在1994年提出要引进开放医院制度，充分发挥专门性人才的优势，促进了医疗资源的合理分配。同时，韩国政府也积极关注慢性病和大病的现实困难，特别制订了《征服癌症十年计划》，并于1996年开始实施。

进入21世纪以后，韩国政府重点强调的是政府的义务。韩国政府制定了《有关公共保健医疗之法律》和《保健医疗基本法》。这两部法律规定了韩国国民公共保健医疗的基本事项，从而提高了国民的医疗保健水平。这两部法律还特别关注了社会中弱势群体的保健医疗问题，严格规定了公共医疗机构对弱势群体要优先提供保健医疗。韩国从多方面将医疗体系的重点和难点讲清楚、弄明白并做重要部署，使得医疗政策体系有内容、有层次、有目标和有保障地促成医疗改革的发展，对韩国医疗卫生发展具有重要意义。韩国政府2021年1月的工作总结数据显示，韩国在新冠肺炎疫情期间，凭借着自身良好的医疗卫生系统和信息透明化取得了一定的成效。在应对新冠肺炎疫情危机中，韩国政府为了得到国际社会力量的高度评价和确保国民的信任，投入了大量人力和物力。截至2021年1月，韩国政府先后发放了国民紧急灾难支援金（4人家庭标准100万韩元）、紧急福利扩大(5 839亿韩元)、限时生计支援（230万名）、紧急生计支援（36万户）等民生支援福利，并取得了良好的政策效果。因此，在经济合作与发展组织（OECD）[①] 国家防疫中，韩国致死率排名第二低。韩国人口每十万人中确诊134.7名新冠肺炎患者，死亡者2.2名，致命率为1.6%（见表1）。

表1　韩国与部分OECD国家防疫情况

指标	韩国	美国	英国	日本	法国	德国
患者发生（每十万人）	134.7	6 765.9	4 649.5	228.3	4 370.1	2 330.4
致死率（%）	1.6	1.7	2.6	1.3	2.4	2.1

资料来源：《韩国卫生和社会福利部2021年工作报告》。

（二）医疗筹资方式多元化，医疗保障效果好

医疗筹资主要是指医疗服务的资金来源，参与其中的消费者如何获得

① 经济合作与发展组织（Organization for Economic Co-operation and Development）简称经合组织（OECD），是由美国、英国、法国、德国和韩国等38个市场经济国家组成的政府间国际经济组织。

疾病治疗和健康保健所需的资金。目前，在世界范围内，完全无限制的市场主导的医疗保障模式比较罕见，更多的是政府力量或多或少参与其中。自1960年朴正熙总统开始推行权威主义后，两个五年计划的实施使韩国成功跻身新兴工业国家行列。韩国的汽车、电子、纺织和美容业作为韩国的支柱性发展产业，为韩国的经济发展起到了至关重要的作用。从现有的研究来看，韩国的医疗筹资分为公共部门融资、保险公司和个人支付。有学者认为韩国的医疗资金来源主要分为三部分：一是参保单位和个人缴纳的保费，约180亿美元；二是政府财政补贴，约30亿美元；三是国家烟草收入中的专项医保补贴，约20亿美元[①]。自20世纪80年代以来，韩国政府的补贴逐渐增加，在医疗体系中则有穷人的“医疗补助计划”和对城乡个体经营者的“国民医疗保险计划”等补贴。此外，韩国在医疗改革中积极承担对公务员、教师、农民等职业群体的部分医疗费用。以韩国农村医疗为例，韩国政府针对农村地区的医疗现状，出台了多项政策。无论是经济支持、技术支持还是立法支持，韩国政府都十分重视。1977年，韩国政府针对农村低收入群体建立了相应的医疗救济制度。这项制度在很大程度上保障了农村低收入群体能够顺利看病。个人支付则更加侧重国民个人的全额支付和联合支付形式。韩国医疗筹资方式的多元化还折射出了一定的社会公平性。例如，韩国企业职工参保者中，居住在偏远农村地区的人能免除一半的保费，而低收入者能免除10%—30%的保费。这种根据不同地区群体收入以及财产情况分等级、有差异地收取费用的缴费制度，在一定程度上保障了韩国弱势群体的利益。这不仅在无形当中提高了医疗保险制度实施的高效性，还体现了一定的社会公平性。韩国政府官网显示，截至2016年底，韩国医疗保险覆盖面达到5 076.3万人，同比增长0.54%。根据公共卫生保险援助计划，韩国的国民健康保险（National Health Insurance，NHI）覆盖了97.1%的人口[②]。韩国卫生和社会福利部门在2021年的《政府工作报告》中表示，2018年韩国国民家庭医疗费支出开始逐渐减少，已经从2017年的33.7%减少到2018年的32.3%，减少了1.4%。同时，韩国与其

① 郭金龙，段家喜. 韩国社会医疗保险制度的特点及改革措施［J］. 红旗文稿，2007（21）：33-34.

② ［韩］《国民健康保险：人口覆盖率、缴费率和福利金》，韩国政府网，2021年5月30日，http：//www.mohw.go.kr/eng/hs/hs0110.jsp? PAR_ MENU_ ID=1006&MENU_ ID=100610.

他 OECD 国家相比，癌症死亡率较低。[①]。因此，韩国在医疗费用上坚持实施医疗费用和国民个人负担相结合的方式，这不仅能在一定程度上制约韩国医疗费用的过快增长，也能通过这种"共同体"的方式促进韩国医疗保障效果的提升。

（三）公立与私立医疗机构并存，提升医疗卫生服务质量

组织结构作为社会发展的重要载体，是推进社会不断向前发展的重要力量。韩国医疗卫生服务目前存在着公立医疗机构与私立医疗机构并存的市场组织与结构，这是韩国医疗卫生服务体系的一个重要特征。随着经济社会的发展，韩国医疗机构不断增加。根据韩国《保健医疗基本法》的规定，韩国的保健医疗机构由医疗机构、保健机构和药局共同组成。同时，韩国的医疗服务也有与其他国家不同的特点，在韩国的医疗机构中，私营医疗机构占据了较大比重。据统计，韩国的私营医疗机构占据了 88%的病床和 91%的专家[②]，但私营医疗机构的运营仍然需要韩国公众的经济支持。韩国的医疗机构主要分为综合医院、疗养医院、门诊院、助产院、特殊医院和诊所等（见表 2）。韩国的保健机构主要有保健所、保健支所和保健诊疗所，保健机构的设置也有着不同的标准（见表 3）。

表 2　1995—2007 年韩国医疗机构发展情况

单位：所

指标	1995 年	2005 年	2006 年	2007 年
综合医院	266	290	295	302
医院（一般医院）	398	794	850	945
医院（齿科医院）	12	123	134	151
医院（韩医医院）	69	146	142	138
疗养医院	0	177	363	593
门诊院（一般门诊院）	14 343	25 412	26 078	26 265
门诊院（齿科门诊院）	8 292	12 520	12 808	13 280
门诊院（韩医门诊院）	5 928	9 765	10 294	10 895

① ［韩］《2021 年韩国卫生和社会福利部工作报告》，第 4 页。

② 蔡江南. 医疗卫生体制改革的国际经验——世界二十国（地区）医疗卫生体制改革概览［M］. 上海：上海科学技术出版社，2016：22.

续表

指标	1995 年	2005 年	2006 年	2007 年
助产院	177	46	39	52
特殊医院（结核病医院）	4	3	3	3
特殊医院（麻风病医院）	1	1	1	1
特殊医院（精神病医院）	37	102	107	107
附属医院	246	187	172	182
合　计	29 773	49 566	51 286	52 914

资料来源：［韩］保健福利家庭部. 保健福利家庭统计年报 2008［R/OL］. 2008：181-182.

表 3　韩国保健机构的设置依据及标准

指标	设置依据	设置标准
保健所	《地区保健法》第 7 条， 《地区保健法》施行令第 7 条	市、郡、区各 1 所， 必要时可增设
保健支所	《地区保健法》第 10 条， 《地区保健法》施行令第 8 条	邑、面各 1 所， 必要时可增设
保健诊疗所	《为农渔村等保健医疗之特别措施法》第 15 条	里单位的边远地区

资料来源：［韩］保健福利家庭部. 2007 年保健福利家庭白皮书［R/OL］. 2008：500.

从表 2 中不难看出，韩国的医疗机构数量不断增加。综合医院的数量一直处于增加状态，但增长速度缓慢，2005 年比 1995 年增加了 24 所综合医院，10 年间的增长率为 9%。一般医院的数量增长较快，1995 年共 398 所，2007 年则达到了 945 所，增长了 1.37 倍。从医院类型来看，一般医院比齿科医院和韩医医院的数量多。在韩国门诊院的发展过程中一般门诊院的数量是最多的，从 1995 年到 2007 年增加了 11 922 所，可见私营医疗机构发展态势良好。此外，在韩国医疗机构发展中，疗养医院的发展十分突出，从 1995 年的 0 所发展到 2007 年的 593 所，这也说明韩国政府在进入 21 世纪后对老年群体和疗养院发展的重视。资料显示，韩国每年都会将本国大约 6% 甚至更多的国内生产总值应用到医疗卫生体系中，为韩国医疗的服务质量保驾护航。韩国政府官网资料显示，2016 年韩国的医疗卫生支出约为 125.2 万亿韩元，占国内生产总值的 7.7%，比上一年增加 10 万亿韩元，实际增长率为 7.9%[①]。截至 2018 年底，韩国医院和诊所共 67 847 家，总床位 708 372个，获得行医执照的医生人数约为 12.3 万人。2019 年，韩国保健福利支出 72.5 万亿韩元，同比增长 14.7%[②]。因此，良好的医疗卫生体系也使 2019 年韩国国民的总体寿命预期达到了 82.3 岁，在世界上排名第 11 位（见表 4）。

表 4　2019 年世界各国人均寿命排名

单位：（岁）

国　家	总体排名	总体寿命预期	女性寿命预期	男性寿命预期
日　本	1	83.7	86.8	80.5
瑞　士	2	83.4	85.3	81.3
新加坡	3	83.1	86.1	80
澳大利亚	4	82.8	84.8	80.9
西班牙	5	82.8	85.5	80.1
冰　岛	6	82.7	84.1	81.2
意大利	7	82.7	84.8	80.5
以色列	8	82.5	84.3	80.6
瑞　典	9	82.4	84	80.7
法　国	10	82.4	85.4	79.4
韩　国	11	82.3	85.5	78.8

资料来源：《2019 年世界各国人均寿命排名（世界卫生组织）》。

目前，韩国的私营医疗部门已成为该国医疗卫生体系中的重要力量。正因为韩国医疗政策体系的完备和坚持以私营为主导、公立医疗机构并存的卫生体系，所以大多数的韩国国民在本国可以享受到自身所需要的医疗保健服务。从这一层面看，韩国私立医疗机构的发展对该国卫生体系资源的合理配置起到了调整和完善的促进作用，也对韩国的医疗发展起到了推动作用。

① ［韩］《国民健康保险：人口覆盖率、缴费率和福利金》，韩国政府网，2021 年 5 月 30 日，http：//www.mohw.go.kr/eng/hs/hs0110.jsp？PAR_ MENU_ ID＝1006&MENU_ ID＝100610.

② 商务部国际贸易经济合作研究院、驻外使领馆经商机构：《对外投资合作国别（地区）指南（韩国）》，2020 年，第 13 页。

四、韩国卫生费用与医疗保障筹资改革发展困境

（一）卫生费用支出急剧增长

韩国的医疗卫生系统有着自己的独特优势，但也面临着财政支出的压力。NHI是韩国医疗卫生系统的管理机构，也是韩国政府、消费者、企业与医疗服务提供者之间互动的平台。韩国在相对短暂的时间里基本实现全民医保，也意味着作为一个“后发性”国家要付出更多的医疗卫生成本。NHI近年来的财务可持续性并不乐观。相关数据显示，1990—2005年，韩国医疗保险支出年均增长20%，医疗卫生费用增加是多方面的。首先是人口老龄化时代的到来意味着医疗卫生面临着更大的经济支出。老年人长期疗养制度、老年人健康事业和老年人公共医疗需求服务等是韩国医疗面临的困境。其次是由于“医药分离”改革带来的医师分工过细，大量使用昂贵药物和非必要的医疗设备，提高了医疗成本。韩国几乎所有的药品都可以报销，这样一来就给韩国政府的财政造成了压力。目前，韩国有两万多种药品可以直接报销，这一数据远远超过其他国家。因此，在这种政策环境中，大量生产药品的企业开始不择手段地推销药品，营销活动的策略又使得市场中的药品价格上升，这样一来韩国民众和政府都面临着财政压力。此外，在实行“医药分离”后，一些医师为了补偿自己损失的利益，采取各种手段来提高药费。这不仅加重了患者的医疗负担，也加重了医疗保险报销的负担。

（二）医疗卫生资源配置不合理

韩国的医疗改革出发点本身就带有浓厚的政治色彩。韩国的医疗改革是一种剧变的改革模式，这与渐进式改革有着明显的区别。韩国在改革过程中将医疗保险体系改革“化整为一”，即把所有的医疗保险机构合为一家，这引起了医疗人员和相关利益集团的不满。韩国的医疗改革在东亚地区虽然是成功的，但仍有不同的问题出现。在剧变式的改革中，韩国医疗筹资改革也面临着一定的集体行动困境。虽然医改对大部分人有利，但因为获益人数多则导致群体中的个人利益逐渐减少。因此，民众并没有合力支持医改。韩国医疗资源的不合理配置具体体现在医疗机构设施、报销比例、药品分配不合理等方面。最为明显的是医疗资源的不合理配置直接对韩国社会中的弱势群体造成了影响，弱势群体更需要充分的医疗资源。由

于存在着一定的城乡差异，韩国的部分农村及边远地区的老年人、儿童、妇女并没有得到该有的医疗资源。此外，韩国政府长期缺乏鼓励医学院人才扎根农村和边远地区的激励措施，造成了农村地区人才的"流失"。目前，韩国偏远的农村地区仍然缺乏医疗技术资源、医疗人才资源、经济资源和卫生资源，韩国医疗资源的配置不当已经逐渐成为医疗卫生体系面临的一大挑战。

（三）私营医疗机构比重过大

私营医疗机构是韩国医疗卫生系统的主力。在韩国，90%以上的民众会选择到私营医疗机构看病，而在韩国90%以上的医院都是私营的。可以说，韩国的医疗是高度私有化的，也正因为如此，韩国的医疗机构商业化程度较高。在商业化模式中，医疗从业人员和医疗机构更多的是追求利益最大化的原则，坚持以营利为目的，这就破坏了医疗筹资和卫生费用本身的规则。韩国实行的"医药分离"政策不仅是表面上看到的医师与药剂师的工作分工，还是政策体系下更深层次的解读，给予了医师和药剂师不同的利益空间。在药品的分类中，医生主张将韩国更多的药品纳入处方药，而药剂师则主张将更多的药品纳入非处方药，这是因为两者的分工不同。如果有更多的非处方药品，药剂师开药的种类就会增多，获利也会更多。从宏观层面来看，韩国医疗本身是在极力发展公立医疗机构的，在以市场竞争为主的私营医疗机构缺乏政府的宏观调控与政策法律制约，这会刺激私营医疗机构的扩充和膨胀，长期发展下去也会造成医疗卫生资源的不合理配置及医疗卫生体系的畸形发展，最终损害的是韩国民众自身的权益，使其面临更高的医疗卫生费用。此外，政府对卫生服务中私营医疗机构的过度依赖也容易滋生腐败现象，并造成贫富群体两极分化严重，损害社会的公平性原则。

五、结论与启示

任何一个国家的卫生费用与医疗保障筹资改革制度的形成、发展都不是在一个真空环境中进行的，而是在经济、政治、文化和社会等多维空间中进行的，是多方面因素共同作用的结果。与世界上其他国家一样，韩国的医疗改革旨在增强韩国的社会团结和社会公平，促进社会福祉的发展。医疗本身作为一种经济行为，是人类的一种消费性活动，医疗产业也隶属于医疗性产业。但医疗产业和其他的消费产业不同，它并不能持续推动一个国家的社会经济发展。相反，只有一个国家的经济水平高度繁荣才能不断地促进医疗产业的发展。因此，也可以说医疗产业的繁荣是一个国家经济水平和社会发展的重要指标之一。尽管韩国政府在医疗改革过程中做出了努力，分别在1999年推行医疗筹资体系及医保行业改革、2000年推行医疗药品改革和2001年推行医疗服务项目支付体系改革，这三大改革使得韩国医疗卫生领域存在的主要问题得到不同程度的解决，但在改革的过程中依然面临着不同的问题，这些问题从不同层面反映出当前韩国医疗卫生体系的发展困境。因此，在这一过程中，韩国的医疗事业发展仍然还有很长的路要走。

韩国作为“一带一路”沿线重要国家，自中韩两国建交以来，在贸易、投资、卫生以及人力资源等多领域开展了双边合作。中国作为韩国最大的贸易伙伴，对韩国经济发展有着不可替代的作用。当前，全球卫生治理是构建人类命运共同体的一项伟大实践，中国应积极探索韩国医疗卫生领域的合作，以医疗卫生合作加强对“一带一路”建设的重要支撑作用，促进全球医疗卫生事业的发展。韩国的卫生费用与医疗筹资保障改革从开始、发展到完善的过程也给中国医疗卫生体系建设提供了几点启示：第一，要积极统筹推进中国城乡基本医疗一体化发展。韩国由于出现过连续几年的财政赤字，加上私营医疗机构是以追求利益最大化为原则，在资源的配置中拉开了贫富差距，造成韩国社会两极化现象严重。因此，中国的医疗保险制度体系要积极打破城乡差异格局，根据各地的具体情况，统筹推进农村医疗卫生服务。要充分发挥政府的宏观调控作用，加强医疗政策体系建设，强化管理监督，突破中国新型农村合作医疗的发展局限。第二，要坚持将“全民覆盖”作为医疗事业发展的理念，实现多元化、多层次的医疗制度体系。中国要将“低水平、广覆盖”作为医疗保险制度运行的基本原则，注重提升医疗保障的公平性，充分发挥政府和其他社会组织多方联动的力量，加强在医疗立法、医疗技术支持和经济支持等方面的建设，突出公立医院的非营利性，更好地为社会中的困难群体提供医疗保障。同时，要不断丰富医疗筹资方式，减少国民的社会保险费用负担，提高个体筹资能力，确保城乡医疗高效发展。第三，要积极推进医疗服务人员“下沉”。要积极鼓励医学专业人才进入农村、服务农村，同时不断提升医疗专业体系建设，为普通专业医护工作者提供广泛的医疗培训资源，促进农村地区医疗卫生事业的发展，缩小城乡发展差距。

参考文献

[1] 王星宇，蒋海泥，程龙，等. 十个"一带一路"沿线国家卫生资源状况与卫生服务效果比较［J］. 医学与社会，2021（3）.

[2] 李蕾，李靖宇，刘兵，乔晗. 医疗卫生服务模式与资源配置的国际比较［J］. 管理评论，2017（3）：186-196.

[3] 邱增辉，蒋祎，刘娅莉，彭双双，万迪."一带一路"国家公共卫生与卫生服务现况［J］. 中国公共卫生，2020（12）.

[4] 埃尼斯·巴瑞斯，萨利赫·莫尔拉哈里奥、卢萨巴赫丁·艾登，朱凤梅. 土耳其医改后来居上［J］. 中国卫生，2016（8）.

[5] 童伟，宁小花. 俄罗斯免费医疗：发展历程、效果分析、困境及未来发展方向［J］. 俄罗斯东欧中亚研究，2020（1）.

[6] 陈昱方."金砖四国"医疗卫生体制的比较研究［D］. 华中科技大学博士学位论文，2011.

[7] 孟祥生. 国外医疗卫生体制改革及给我们的启示［J］. 天津市经理学院学报，2012（3）.

[8] 王笑笑，高非，张红丽，彭博，滕百军. 哈萨克斯坦医疗卫生体制改革综述［J］. 中国卫生经济，2016（4）.

[9] 孙丽娟，宫开庭. 越南医疗卫生体制发展与改革概述［J］. 中国卫生经济，2015（9）.

[10] 肖来付. 俄罗斯医疗保障制度改革的实践与思考［J］. 中国卫生资源，2016（4）.

[11] 许艳丽. 俄罗斯的医疗保险制度［J］. 中国医疗保险，2015（7）.

[12] 秦坤. 澳大利亚老年健康保障体系的特点及启示［J］. 北京行政学院学报，2012（6）.

[13] 郭金龙，段家喜. 韩国社会医疗保险制度的特点及改革措施［J］. 红旗文稿，2007（21）.

[14] 李国鸿，金安娜. 韩国医疗保险模式的特点与评价［J］. 国外医学

（卫生经济分册），2004（1）.
[15] 丁雯，张录法. 韩国医疗保险制度借鉴［J］. 经济视角（下），2010（9）.
[16] 景婉博. 韩国医药卫生体制改革及启示［J］. 财政科学，2017（8）.
[17] 谭景琛，朱孔东，牛彦. 韩国医疗卫生体制的认识与借鉴［J］. 中国卫生经济，2008（7）.
[18] 孙菊. 全民覆盖视角下的韩国医疗保险制度研究［J］. 武汉大学学报（哲学社会科学版），2013（6）.
[19] 姚霞. 韩国医疗保险制度的改革及对我国的启示［J］. 中国医药导报，2013（25）.
[20] 金钟范. 韩国社会保障制度［M］. 上海：上海人民出版社，2010.
[21] 蔡江南. 医疗卫生体制改革的国际经验——世界二十国（地区）医疗卫生体制改革概览［M］. 上海：上海科学技术出版社，2016.
[22] 杨艺，李秀华. 韩国医疗保险制度对我国的启示［J］. 医学与哲学，2016（1）.

“一带一路”沿线国家公共卫生支出对预期寿命的影响效应研究

王增文　陈耀锋*

摘　要：随着“一带一路”的纵深推进，沿线国家在卫生健康领域开始紧密合作。预期寿命是国民健康的重要指标，公共卫生支出常被视为改善国民健康的有效手段。基于“一带一路”沿线62个国家的面板2009—2018年数据，采用分位数回归方法评估了公共卫生支出对不同预期寿命水平国家的异质性影响。结果表明：(1)公共卫生对预期寿命的积极影响是显著的，并适用于不同寿命水平的国家；(2)公共卫生的边际预期寿命并不随着寿命的延长而下降，这主要是因为“一带一路”沿线国家的预期寿命及公共卫生支出在全球范围内处于中等水平，仍有较大的增长空间。“一带一路”沿线国家应当深化卫生健康合作，提升区域内部的整体预期寿命增长，共同构建人类命运共同体。

一、导言

2013年，习近平总书记首次提出“丝绸之路经济带”和“21世纪海上丝绸之路”的合作倡议（以下简称“一带一路”）。经过数年夯基垒台、立柱架梁的建设，共建“一带一路”已成为中国参与全球开放合作、改善全球经济治理体系、促进全球共同发展繁荣、推动构建人类命运共同体的中国方案。“一带一路”倡议以共商、共建、共享为核心要义，在政策沟通、设施联通、贸易畅通、资金融通、民心相通五个方面取得了巨大成就。截

* 王增文，武汉大学社会保障研究中心副主任，教授，博士生导师，研究方向为社会保障理论与政策；陈耀锋，武汉大学社会保障研究中心硕士，研究方向为社会保障。

至2021年4月，多达65个国家加入“一带一路”合作国家名单，共有140个国家及31个国际组织与中国签署了123份“一带一路”合作文件。

随着“一带一路”建设的纵深推进，沿线国家的合作范围扩大，层级深化，卫生健康领域成为新的合作主题。2015年，国家卫生计生委颁布《关于推进“一带一路”卫生交流合作三年实施方案（2015—2017）》（以下简称《实施方案》）。在《实施方案》的指导下，“健康丝绸之路”取得了初步成效，以多双边为基础的“一带一路”沿线国家卫生合作战略布局初步形成，41项卫生合作重大项目先后启动，“一带一路”沿线国家的卫生合作交流不断深化，合作领域日益扩展。2017年5月，中国政府与世界卫生组织签署了《关于“一带一路”卫生领域合作的执行计划》，双方将加强合作，共同促进“一带一路”沿线国家卫生事业的全面合作，全面提升“一带一路”沿线国家的卫生健康水平。“一带一路”建设工作领导小组办公室颁布的《标准联通共建“一带一路”行动计划（2018—2020年）》也明确指出强化健康服务领域标准化合作，增进民心相通是“一带一路”建设的重点任务，要切实加强口岸公共卫生体系建设领域的合作。

本文基于“一带一路”沿线62个国家2007—2016年的面板数据（巴基斯坦数据缺失，故将其剔除），使用分位数回归方法探究公共卫生支出对于人均预期寿命的影响效应，并在国家层级上采用分位数回归方法测度公共卫生支出对不同人均预期寿命分位点的具体效应，为“一带一路”沿线国家公共卫生合作提供方向性指导和经验支持。

二、卫生支出与预期寿命

人口平均预期寿命是反映一个国家和地区人口健康状况的综合性指标（Zweifel et al.，2009；邱红等，2018），表明了新出生人口的平均预期可存活年数（舒星宇等，2014），决定了一个国家或地区人力资本的存量，成为预测国民经济发展的重要指标（Dowrick et al.，2003）。由于“二战”后经济水平的快速提高和医疗技术的不断进步，20世纪60年代和70年代，人口平均预期寿命在全球范围内出现了显著的增长，预期寿命的全球分布公平性有所提升；但在80年代，尤其是90年代，不同发展水平的国家的预期寿命分布情况开始呈现分化样态（Ram，2006），全球人均预期寿命增长速度大幅放缓且全球预期寿命的不平等程度不降反升。

增加国家公共卫生支出往往被视为实现全民寿命增长的一项潜在干预措施（Obrizan & Wehby，2018）。Lichetenberg（2004）分析了美国1960—2001年关于人均预期寿命的时间序列数据，发现公共卫生支出对预期寿命有着显著的正向效应。Akkoyunlu等（2009）发现美国的人均公共卫生支出与人均预期寿命呈现出显著的正相关关系。Aísa等（2014）以29个OECD国家为样本，采用跨国固定效应多元回归方法分析其1980—2000年的数据，证实了OECD国家的公共卫生支出对人口平均预期寿命发挥着显著的正向效应。Linden等（2017）在Aísa的研究基础上将OCED国家的样本数量从29个扩大到34个，同时把时间跨度延长到1970—2012年，采用了更为准确的面板VAR模型和脉冲响应分析，再次强调了公共卫生支出与预期寿命之间的正相关关系。Arthur等（2017）基于2014年撒哈拉以南40个非洲国家的世界发展指标样本，采用了健康需求人力资本模型，并应用固定效应进行实证分析。研究结果表明，公共卫生支出显著地降低了国家的人口死亡率，从而起到了提高人均预期寿命的作用。Jaba等（2014）收集了175个国家1995—2010年的卫生系统数据，将国家按地理位置和收入水平分组，运用面板数据分析得到卫生支出与预期寿命之间存在显著的正相关，且国家效应显著，表明国家之间存在着重要的差异。

然而，由于人口特征和经济发展水平的差异性，研究卫生支出对人员平均预期寿命得到的实证结果并不一致。Thornton（2002）分析美国1990年的数据发现，国家卫生支出对降低人口死亡率的贡献率非常小，他认为卫生支出存在一段健康曲线的水平区间，即当卫生支出达到一定水平时，卫生支出的继续增长不能带来人口预期寿命的提高（Enthoven，1980）。Self等（2003）采用了1997年191个国家的数据分析发现公共卫生支出对于发达国家平均预期寿命的影响并不显著。Nezamuddin（2016）采用面板数据回归分析方法分析伊斯兰国家1995—2013年的预期寿命，研究结果表明在人均收入较低的国家，政府卫生支出与人均预期寿命呈负相关。Nixon和Ulmann（2006）指出，尽管卫生支出和医生数量对婴儿死亡率的改善作出了重大贡献，但在1980—1995年的分析期间，卫生保健支出对各国预期寿命改善的贡献相对较小。

从研究对象来看，既有文献多集中于发达国家和发展水平较高的区域性组织（如美国和经合组织），而对于"一带一路"沿线国家公共卫生支出对人均预期寿命影响效应的关注研究较少，尤其是从结构性视角国家类属的维度上来综合测度两者关系的文献更是凤毛麟角。从研究工具的运用来看，学术界多使用普通最小二乘法来测度公共卫生支出对人均预期寿命的影响效应，不同预期寿命水平的国家之间的公共卫生支出对预期寿命的影响可能具有异质性，普通的线性回归会在很大程度上高估高预期寿命国家公共卫生支出的回报率，而同时又会低估低预期寿命国家公共卫生支出的边际回报率，由此产生了较大误差。

公共卫生支出能有效地提高国民的平均寿命吗？对于健康水平不同的国家，影响机制是否存在异质性？基于这两个问题，我们采用“一带一路”沿线 62 个国家 2007—2016 年的面板数据，从结构性视角来探究公共卫生支出对于人均预期寿命的影响效应，并在国家层级上采用分位数回归方法测度公共卫生支出对不同人均预期寿命分位点的具体效应，以此来探析公共卫生支出对于异质性国家人均预期寿命的影响效应。

三、模型构建与数据来源

（一）模型构建

既有文献研究公共卫生支出对预期寿命的影响往往采用普通最小二乘法（OLS）进行分析，考察的是解释变量公共卫生支出 HE 对被解释变量预期寿命 LE 的条件期望 E（LE | HE）的影响，实际上是均值回归。而条件期望 E（LE | HE）只是刻画条件分布 LE | HE 集中趋势的一个指标，如果条件分布 LE | HE 不是对称分布的，则条件期望很难反映整个条件分布的全貌。另外，由于 OLS 最小化的目标函数为残差的二次方和（$\sum_{i=1}^{n} e_i^2$），所以容易受到极端值的影响（陈强，2014）。

本文使用分位数回归的方法进行测算，以测度在国家层级上公共卫生支出对于不同分位点预期寿命的影响效应。我们使用残差绝对值的加权平均作为最小化的目标函数，故不易受到极端值影响（Koenker & Bassett，1978；Koenker & Hallock，2001）：

$$\min\left[q\sum_{\mathrm{LE}_{it}\geqslant Q_{it}}^{n}\left|\mathrm{LE}_{it}-Q_{it}\right|+(1-q)\sum_{\mathrm{LE}_{it}<Q_{it}}^{n}\left|\mathrm{LE}_{it}-Q_{it}\right|\right] \tag{1}$$

其中，q 为介于 0 与 1 之间的分位数秩，Q 为人均预期寿命的 q 条件分位数。i 代表国家，t 代表年份，LE 代表人口平均预期寿命，HE 为人均公共卫生支出。分位数回归能够提供关于条件分布 $LE \mid HE$ 的全面信息，以便探究公共卫生支出对于不同预期寿命水平层次国家的异质性影响。

在每个分位数点上，分位数回归使用全样本的612个观测值估算公共卫生支出和其他控制变量对预期寿命的影响，而不是使用分位数的分层数据。分别取分位数点为0.1、0.25、0.5、0.75、0.9，使用1 000次重复Bootstrap估计协方差矩阵，并通过Wald tests检验不同分位数点上公共卫生支出效应是否存在差异（Hao & Naiman，2007）。

在分位数回归的基础上，我们构建模型1和模型2如下：

$$LE_{it} = Q(\alpha^q + \beta_1^q HE_{i,\ t-4} + \beta_2^q HE_{i,\ t-4}^2 + X_{i,\ t-1}\psi^q + R_i\mu^q) \tag{2}$$

$$LE_{it} = Q[\delta^q + \gamma^q \ln(HE_{i,\ t-4}) + X_{i,\ t-1}]\varepsilon^q + R_i\rho^q \tag{3}$$

我们绘制出整个研究样本的公共卫生支出与预期寿命的散点图（见图1），散点图显示出公共卫生支出对预期寿命可能存在非线性关系，因此我们在模型1中引入公共卫生支出的二次方项来捕获潜在的非线性关系，目的是测量公共卫生支出对预期寿命的影响是否存在显著的边际产出递减规律。模型2设定为半对数模型，将取自然对数后的公共卫生支出作为模型的自变量，旨在解释公共卫生支出每提高1%会对人均预期寿命产生多大的影响。取对数后的公共卫生支出与女（男）性人均预期寿命的散点图（见图2）支持了我们的半对数模型。X 代表一组包括9个控制变量的向量，其余符号的含义与公式（1）相同。需要注意的是，由于卫生支出与人均预期寿命可能存在反向因果关系，我们将公共卫生支出进行了九阶滞后，这是目前可得数据的最高阶滞后。同时，由于公共卫生支出对人均预期寿命的影响可能具有时滞性，因此对公共卫生支出进行滞后有利于反映支出对预期寿命的累积效应。为进一步减少内生性的影响，将9个控制变量进行一阶滞后处理。鉴于各地区的预期寿命存在显著差异，我们还在向量 R 中纳入了6个地区哑变量，以捕捉政治和环境背景中的主要差异，从而进一步排除了公共卫生支出对预期寿命可能产生的虚假影响。我们将“一带一路”沿线国家分为6个地区：东亚及北亚、东南亚、南亚、西亚及北非、中东欧、中亚。

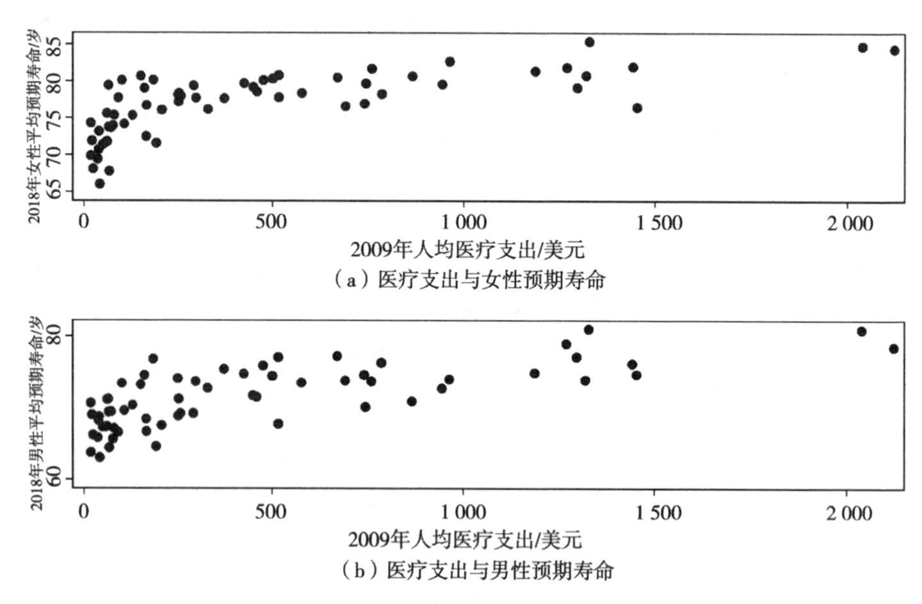

（a）医疗支出与女性预期寿命

（b）医疗支出与男性预期寿命

图1　人均医疗支出与女（男）性平均预期寿命

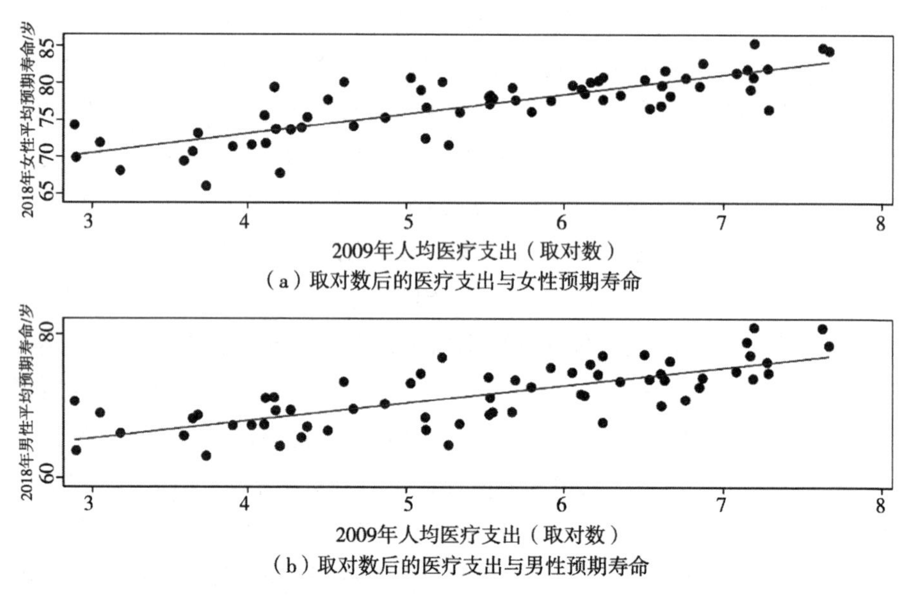

（a）取对数后的医疗支出与女性预期寿命

（b）取对数后的医疗支出与男性预期寿命

图2　取对数后的人均医疗支出与女（男）性平均预期寿命

（二）数据来源与测量

本文所使用的实证数据来源于世界银行的世界发展指标数据库（World Development Indicators Database）。数据库的数据来自得到正式认可的国际来源（通常为主权国家的统计部门），数据具有信度与效度。"一带一路"沿线国家共65个，包括东亚及北亚国家3个、东南亚国家11个、南亚国家7个、西亚及北非国家20个、中东欧国家19个、中亚国家5个，具体国家见表1。由于世界发展指标数据库中缺少巴基斯坦、黑山、叙利亚三国的数据，故将其予以剔除。我们选取了"一带一路"沿线62个国家2007—2016年的数据，剔除部分缺失值后得到一个观测值为612的样本。

表1 "一带一路"沿线65个国家分布

地区	国家	数量/个
东亚及北亚	蒙古国、俄罗斯、中国	3
东南亚	新加坡、印度尼西亚、马来西亚、泰国、越南、菲律宾、柬埔寨、缅甸、老挝、文莱、东帝汶	11
南亚	印度、巴基斯坦、斯里兰卡、孟加拉国、尼泊尔、马尔代夫、不丹	7
西亚及北非	阿联酋、科威特、土耳其、卡塔尔、阿曼、黎巴嫩、沙特阿拉伯、巴林、以色列、也门、埃及、伊朗、约旦、叙利亚、伊拉克、阿富汗、巴勒斯坦、阿塞拜疆、格鲁吉亚、亚美尼亚	20
中东欧	波兰、阿尔巴尼亚、爱沙尼亚、立陶宛、斯洛文尼亚、保加利亚、捷克、匈牙利、马其顿、塞尔维亚、罗马尼亚、斯洛伐克、克罗地亚、拉脱维亚、波黑、黑山、乌克兰、白俄罗斯、摩尔多瓦	19
中亚	哈萨克斯坦、吉尔吉斯斯坦、土库曼斯坦、塔吉克斯坦、乌兹别克斯坦	5

早期的经济学实证研究中，使用人口死亡率或平均预期寿命刻画一个国家或地区的公共卫生函数（Sarachek，1969）。本文选取国家的平均预期寿命作为因变量，人均公共卫生支出为核心自变量。因为性别分层以及健康疾病的性别差异可能会改变公共卫生支出对预期寿命的影响（Willianmson，1997），我们分别评估公共卫生支出对男性和女性的预期寿命影响效应。

由于人口的平均预期寿命受到社会经济因素的影响（Zweifel，2009），因此本文选取了9个控制变量：人均国民收入、人均官方发展援助净额、基本卫生服务普及率、基本饮用水可及人口、政府卫生支出占政府公共支出的比重、女性劳动参与率、女性人口比重、城镇人口比重、妇女人均生育数量。人均国民收入衡量的是一个国家或地区的收入水平。人均官方发展援助净额则是国际各方组织及国家对发展援助委员会成员国提供的援助额，在一定程度上也衡量着该国的发展状况。基本卫生服务普及率和基本饮用水可及人口被认为是影响预期寿命的关键因素（McCarthy & Wolf，2001；Macfarlane，Racelis & Muli-Muslime，2000）。政府卫生支出占政府公共支出的比重则反映了政府对于卫生领域的投入及重视程度。女性劳动参与率和城镇人口比重则刻画了经济发展的另一个侧面。女性人口比重和妇女人均生育数量则描绘了一个国家的性别分布和未来的人口结构变动。

四、实证分析

（一）描述性统计

表 2 显示，2007—2016 年间，“一带一路”沿线 62 个国家的女性预期寿命均值为 76.15 岁，介于 63 岁与 85.4 岁之间，而男性预期寿命均值为 70.65 岁，处于 59.68 岁和 81 岁之间。两者相比，女性预期寿命的均值远大于男性的。2000—2009 年，“一带一路”沿线 62 个国家的人均政府公共卫生支出均值为 317 美元，且各国政府的卫生支出差异较大，最小支出仅为 4 美元，而最大支出则高达 21 795 美元。9 个控制变量的数据分布差异也较大，这里不展开说明，详情见表 2。

表 2　描述性统计（N=612）

变量类型	变　量	均值	标准差	最小值	最大值
因变量	女性平均预期寿命/岁	76.15	4.46	63.00	85.40
	男性平均预期寿命/岁	70.65	4.45	59.68	81.00
	国民平均预期寿命/岁	73.33	4.23	61.55	83.15
自变量	人均医疗支出（九阶滞后）/百美元	3.17	3.94	0.04	21.79
	人均医疗支出的二次方项（九阶滞后）	25.56	59.01	0.00	475.00
控制变量	人均 GNI（一阶滞后）/百美元	107.66	134.18	4.30	808.90
	人均官方发展援助净额（一阶滞后）/美元	40.47	60.04	0.00	304.69
	基本卫生服务普及率（一阶滞后）/%	85.50	17.88	31.83	100.00
	基本饮用水可及人口（一阶滞后）/%	92.18	9.85	48.36	100.00
	政府卫生支出占政府公共支出的比重（一阶滞后）/%	8.63	3.83	1.32	22.94

续表

变量类型	变　量	均值	标准差	最小值	最大值
控制变量	女性劳动参与率（一阶滞后）/%	46.18	16.13	6.00	82.44
	女性人口比重（一阶滞后）/%	49.04	5.42	23.29	54.56
	城镇人口比重（一阶滞后）/%	57.38	21.35	16.11	100.00
	妇女人均生育数量（一阶滞后）/人	2.23	0.84	1.15	5.98
	东亚及北亚	0.05	0.22	0.00	1.00
	东南亚	0.17	0.38	0.00	1.00
	南　亚	0.11	0.32	0.00	1.00
	西亚及北非	0.29	0.45	0.00	1.00
	中东欧	0.29	0.46	0.00	1.00
	中　亚	0.08	0.27	0.00	1.00

注：“东亚、北亚”至“中亚”这6个变量为地区变量。举“东亚、北亚”为例，当一个国家地处东亚或北亚时，赋值为1，否则为0。这里引入地区变量的原因是，不同地区的预期寿命存在很大差异，这些地区变量可以捕捉政治和环境中的一些主要差异，从而进一步排除卫生支出对预期寿命可能产生的虚假影响。

（二）基准回归

我们采用稳健的普通最小二乘法测度人均政府公共卫生支出对国家人口平均预期寿命、女性平均预期寿命与男性平均预期寿命的影响效应，分别记作方程1、方程2和方程3，以此作为基准回归结果。表3显示所有模型拟合效果整体良好。比较方程结果显示，人均公共卫生支出对于预期寿命（总人口、女性和男性）的影响效应是积极的，在显著性水平为0.001的情况下，每提高100美元的人均政府公共卫生支出，人口平均预期寿命、女性平均预期寿命与男性平均预期寿命分别增加3.9个、3.1个和4.8个月，说明人均公共卫生支出对于男性预期寿命的增加效应更强，每增加100美元的人均卫生支出可给男性带来0.9个月的额外预期寿命增加。我们认为这是由于目前男性预期寿命水平远低于女性，由此带来了人均卫生支出对于男性预期寿命增加的高回报率。那么一个随之而来的问题是，对于不同预期寿命水平的国家，其卫生支出的预期寿命回报是否也具有异质性，这种异质性又是否呈现为卫生支出的边际预期寿命产出递减呢？这一问题将由我们下文中模型1和模型2的分位数回归实证结果予以回答。在基准回归中，人均国民收入、基本卫生服务普及率、政府卫生支出占政府公共支出的比重对于男女性预期寿命均有显著的促进作用；而生育率则对男女性预期寿命提升有着显著的阻碍效应。一个非常有意思的现象是女性劳动参与率、女性人口比重这两个变量与女性平均预期寿命呈正相关，说明女性人口占国民人口的比重越高，即 15 岁及以上的女性占国民人口的比重越大，女性群体的力量越大，其维护自身利益的能力越强，因此其自身的平均寿命也就越高；反之，女性的劳动参与率及女性人口比重影响了男性在社会中的相对地位，由此可能会对男性的预期寿命产生不利结果。而“一带一路”沿线国家的预期寿命地区差异也较大，各地区之间的平均预期寿命往往达到 1—4 年的差异。

表 3　人均医疗支出对预期寿命的影响（OLS 基准回归）

因变量	国民平均预期寿命/岁	女性平均预期寿命/岁	男性平均预期寿命/岁
人均医疗支出（九阶滞后）/百美元	0. 329***	0. 256***	0. 401***
	(0. 031)	(0. 033)	(0. 034)
人均 GNI（一阶滞后）/百美元	0. 004***	0. 004**	0. 003**
	(0. 001)	(0. 002)	(0. 001)
人均官方发展援助净额（一阶滞后）/美元	0. 003**	-0. 000	0. 005***
	(0. 001)	(0. 001)	(0. 002)
基本卫生服务普及率（一阶滞后）/%	0. 097***	0. 114***	0. 083***
	(0. 009)	(0. 010)	(0. 009)
基本饮用水可及人口（一阶滞后）/%	0. 023	0. 026	0. 017
	(0. 017)	(0. 018)	(0. 018)
政府卫生支出占政府公共支出的比重（一阶滞后）/%	0. 257***	0. 239***	0. 275***
	(0. 028)	(0. 029)	(0. 032)
女性劳动参与率（一阶滞后）/%	-0. 005	0. 013*	-0. 023***
	(0. 006)	(0. 007)	(0. 007)
女性人口比重（一阶滞后）/%	-0. 026	0. 055**	-0. 134***
	(0. 022)	(0. 023)	(0. 025)
城镇人口比重（一阶滞后）/%	-0. 014*	-0. 014*	-0. 010
	(0. 008)	(0. 008)	(0. 009)

续表

因变量	国民平均预期寿命/岁	女性平均预期寿命/岁	男性平均预期寿命/岁
妇女人均生育数量（一阶滞后）/个	-0.919***	-0.892***	-0.876***
	(0.195)	(0.198)	(0.215)
东亚及北亚	3.196***	4.126***	2.483***
	(0.697)	(0.561)	(0.924)
东南亚	3.691***	3.195***	4.235***
	(0.383)	(0.433)	(0.416)
南　亚	4.189***	3.148***	5.372***
	(0.498)	(0.577)	(0.538)
西亚及北非	3.456***	3.242***	3.611***
	(0.378)	(0.409)	(0.418)
中东欧	2.531***	3.205***	2.044***
	(0.436)	(0.458)	(0.484)
中亚（参照组）	.	.	.
	.	.	.
常数项	60.466***	57.248***	64.805***
	(1.937)	(1.886)	(2.236)
观测值	612	612	612
adj. R^2	0.830	0.831	0.791

注：①***、**、*分别表示 $P<0.001$、$P<0.01$、$P<0.05$；②括号内的数据为标准误差。

说明：这些地区变量的系数，代表的含义是当其他控制变量相同的情况下，处于某一地区相较于中亚（参照组）的预期寿命的差异。举"东亚、北亚"为例，在其他条件相同的情况下，处于东亚、北亚的国家相较于中亚的国家，其国民平均预期寿命要高3.196岁。

（三）模型1的分位数回归——公共卫生支出的边际预期寿命产出

前文的基准回归初步发现人均公共卫生支出对于平均预期寿命的正向效应。为进一步探究这种正向效应是否适用于不同预期寿命水平的国家，我们采用分位数回归进行测度，此过程，本文提供了5个具有代表性的分位数（0.1，0.25，0.5，0.75，0.9）估计结果。模型1的测度结果见表4与表5。

表 4　模型 1 的分位数回归（女性）

女性平均预期寿命/岁	QR_ 10	QR_ 25	QR_ 50	QR_ 75	QR_ 90
人均医疗支出（九阶滞后）/百美元	0. 316***	0. 247**	0. 179*	0. 315*	0. 413***
	(0. 086)	(0. 101)	(0. 100)	(0. 160)	(0. 098)
人均医疗支出的二次方项（九阶滞后）	-0. 003	-0. 000	0. 003	-0. 006	-0. 003
	(0. 004)	(0. 005)	(0. 005)	(0. 008)	(0. 005)
人均 GNI（一阶滞后）/百美元	0. 001	0. 002	0. 009***	0. 007**	-0. 005***
	(0. 001)	(0. 002)	(0. 002)	(0. 003)	(0. 002)
人均官方发展援助净额（一阶滞后）/美元	-0. 003**	-0. 003*	0. 000	-0. 000	0. 001
	(0. 002)	(0. 002)	(0. 002)	(0. 003)	(0. 002)
基本卫生服务普及率（一阶滞后）/%	0. 082***	0. 085***	0. 127***	0. 132***	0. 124***
	(0. 009)	(0. 011)	(0. 011)	(0. 017)	(0. 010)
基本饮用水可及人口（一阶滞后）/%	0. 106***	0. 048**	0. 015	0. 082***	-0. 008
	(0. 016)	(0. 019)	(0. 019)	(0. 030)	(0. 018)
政府卫生支出占政府公共支出的比重（一阶滞后）/%	0. 253***	0. 277***	0. 195***	0. 145**	0. 092***
	(0. 031)	(0. 036)	(0. 036)	(0. 057)	(0. 035)
女性劳动参与率（一阶滞后）/%	0. 004	0. 037***	0. 016*	0. 017	0. 047***
	(0. 007)	(0. 009)	(0. 009)	(0. 014)	(0. 008)
女性人口比重（一阶滞后）/%	-0. 024	0. 038	0. 127***	0. 101**	-0. 038
	(0. 023)	(0. 027)	(0. 027)	(0. 043)	(0. 026)
城镇人口比重（一阶滞后）/%	-0. 023***	-0. 015	-0. 019*	-0. 021	0. 017*
	(0. 009)	(0. 010)	(0. 010)	(0. 016)	(0. 010)
妇女人均生育数量（一阶滞后）/%	-0. 471**	-0. 599***	-0. 807***	-0. 021	-1. 764***
	(0. 188)	(0. 221)	(0. 219)	(0. 350)	(0. 213)
东亚及北亚	5. 682***	3. 696***	5. 521***	5. 564***	2. 083***
	(0. 561)	(0. 660)	(0. 653)	(1. 044)	(0. 636)
东南亚	3. 910***	2. 533***	3. 374***	3. 938***	3. 100***
	(0. 408)	(0. 480)	(0. 475)	(0. 759)	(0. 462)
南　亚	2. 663***	2. 063***	3. 291***	5. 186***	4. 480***
	(0. 527)	(0. 621)	(0. 614)	(0. 982)	(0. 598)
西亚及北非	3. 790***	4. 057***	3. 019***	3. 222***	2. 844***
	(0. 412)	(0. 485)	(0. 480)	(0. 767)	(0. 467)

续表

女性平均预期寿命/岁	QR_ 10	QR_ 25	QR_ 50	QR_ 75	QR_ 90
中东欧	5.480***	3.990***	3.156***	3.503***	1.843***
	(0.439)	(0.517)	(0.511)	(0.817)	(0.498)
中亚（参照组）	.	.	.	.	.
	.	.	.	.	.
常数项	53.244***	55.367***	53.602***	47.723***	67.309***
	(1.937)	(2.280)	(2.256)	(3.605)	(2.196)
观测值	612	612	612	612	612

注：①***、**、*分别表示 $P<0.001$、$P<0.01$、$P<0.05$；②括号内的数据为标准误差。

说明：这些地区变量的系数，代表的含义是当其他控制变量相同的情况下，处于某一地区相较于中亚（参照组）的预期寿命的差异。举“东亚、北亚”为例，在其他条件相同的情况下，处于东亚、北亚的国家相较于中亚的国家，其 QR-10 要高 5.682。

表 5　模型 1 的分位数回归（男性）

男性平均预期寿命/岁	QR_ 10	QR_ 25	QR_ 50	QR_ 75	QR_ 90
人均医疗支出（九阶滞后）/百美元	0.534***	0.550***	0.451***	0.360***	0.271**
	(0.135)	(0.128)	(0.114)	(0.103)	(0.130)
人均医疗支出的二次方项（九阶滞后）	-0.013*	-0.007	-0.005	0.008	0.026***
	(0.007)	(0.007)	(0.006)	(0.005)	(0.007)
人均 GNI（一阶滞后）/百美元	0.006**	0.006***	0.001	0.002	0.000
	(0.002)	(0.002)	(0.002)	(0.002)	(0.002)
人均官方发展援助净额（一阶滞后）/美元	0.003	0.003	0.003	0.007***	0.017***
	(0.002)	(0.002)	(0.002)	(0.002)	(0.002)
基本卫生服务普及率（一阶滞后）/%	0.067***	0.087***	0.094***	0.071***	0.071***
	(0.014)	(0.014)	(0.012)	(0.011)	(0.014)
基本饮用水可及人口（一阶滞后）/%	0.090***	0.000	-0.004	-0.001	-0.025
	(0.025)	(0.024)	(0.021)	(0.019)	(0.024)
政府卫生支出占政府公共支出的比重（一阶滞后）/%	0.301***	0.310***	0.238***	0.181***	0.112**
	(0.048)	(0.046)	(0.041)	(0.037)	(0.046)
女性劳动参与率（一阶滞后）/%	-0.010	-0.023**	-0.025**	-0.035***	-0.039***
	(0.012)	(0.011)	(0.010)	(0.009)	(0.011)

续表

男性平均预期寿命/岁	QR_ 10	QR_ 25	QR_ 50	QR_ 75	QR_ 90
女性人口比重（一阶滞后）/%	-0.119***	-0.019	-0.152***	-0.150***	-0.228***
	(0.036)	(0.034)	(0.030)	(0.027)	(0.035)
城镇人口比重（一阶滞后）/%	-0.020	-0.019	-0.017	0.000	0.008
	(0.014)	(0.013)	(0.011)	(0.010)	(0.013)
妇女人均生育数量（一阶滞后）	0.271	-0.731***	-1.354***	-1.702***	-2.444***
	(0.296)	(0.279)	(0.249)	(0.225)	(0.284)
东亚及北亚	2.180**	0.065	2.023***	4.480***	3.724***
	(0.882)	(0.834)	(0.742)	(0.671)	(0.848)
东南亚	5.882***	5.166***	4.399***	3.122***	2.419***
	(0.641)	(0.606)	(0.540)	(0.488)	(0.617)
南　亚	6.754***	6.903***	4.307***	3.887***	3.244***
	(0.830)	(0.784)	(0.698)	(0.631)	(0.798)
西亚及北非	5.589***	4.854***	3.371***	1.760***	1.423**
	(0.649)	(0.613)	(0.546)	(0.493)	(0.624)
中东欧	4.491***	2.192***	1.547***	0.523	0.326
	(0.691)	(0.653)	(0.581)	(0.526)	(0.664)
中亚（参照组）	.	.	.	.	.
	.	.	.	.	.
常数项	51.413***	57.643***	69.300***	73.568***	82.655***
	(3.047)	(2.880)	(2.564)	(2.318)	(2.930)
观测值	612	612	612	612	612

注：①***、**、*分别表示 $P<0.001$、$P<0.01$、$P<0.05$；②括号内的数据为标准误差。

说明：这些地区变量的系数，代表的含义是当其他控制变量相同的情况下，处于某一地区相较于中亚（参照组）的预期寿命的差异。举“东亚、北亚”为例，在其他条件相同的情况下，处于东亚、北亚的国家相较于中亚的国家，其 QR-10 要高 2.180。

（1）人均公共卫生支出的偏回归系数在各分位数点上均显著为正，表明不论国家的预期寿命水平高低，人均政府公共卫生支出每提高 100 美元，女性和男性的预期寿命均会增加，公共卫生支出对人均预期寿命的正向效应具有普遍性。尽管这种正向效应具有普遍性，但不同分位数点上的公共卫生支出对预期寿命的促进效应强度有所差异。对于女性而言，预期寿命高分位数上的回归系数更大，而对于男性而言，预期寿命低分位数点上的回归系数更大。这可能与男女性的预期寿命水平不同有关。"一带一路"沿线国家的男性预期寿命水平较低，其预期寿命增长潜力较大，同样的卫生支出增加能更强烈地刺激低预期寿命国家的男性预期寿命产出；而"一带一路"沿线国家的女性预期寿命水平已然达到了一定的水平，这时，单纯的卫生支出增加已经无法产生较大的预期寿命增加，在预期寿命较高的国家中女性预期寿命产出更高的原因可能是这些国家的卫生医疗体系运转得更为合理，所以在相同的投入下有更多的健康产出。

（2）人均卫生支出的二次方项在女性预期寿命的各分位数点上均不显著，而在男性寿命各分位数点上也基本不显著。这反映了我们所设想的人均卫生支出的预期寿命边际递减规律并不存在。随着人均卫生支出的增加，其边际预期寿命并不下降。

（3）其他控制变量。

①取对数的人均 GNI 对于中低预期寿命国家的男性预期寿命和中高预期寿命国家的女性预期寿命发挥了正向影响。鉴于"一带一路"沿线国家的男性预期寿命远低于女性预期寿命的客观现实，我们可以得到这样的推论：在一国的预期寿命水平较低时，国民收入的提高能够提升预期寿命水平，这可能是由于人均国民收入增加带来了生活环境及生活质量的改善；而随着预期寿命的不断提升，国民收入的继续增加并不一定带来预期寿命的增加，因此一个国家如何调整国民收入结构，使得国民收入能够发挥国民健康生产的作用显得至关重要。总而言之，预期寿命水平较低的前期，国民收入的增加可能通过改善生活质量的方式起到增加国民预期寿命的作用，而随着预期寿命水平的提高，国民收入数量上的增加不再有效，此时要注重国民收入结构上的调整，使其能助推国民健康产出。

②基本卫生服务普及率对男女性的各分位数点上的预期寿命均有正向促进作用，且通过 0.001 的显著性水平检验，佐证了改善卫生条件对于预期寿命提高的重要性（McCarthy & Wolf，1999）。

③政府卫生支出占政府公共支出比重在男女性预期寿命水平的各分位数上均显著为正，这说明政府卫生支出占政府公共支出的比重越大，国民预期寿命越高，也表明了政府对于卫生健康领域的关注度越高，其国内的健康产出效果就越好。

④女性劳动参与率、女性人口比重、地区变量的分位数结果整体上符

合前文的基准回归模型，此处不再赘述。

（四）模型2的分位数回归——半对数模型

由于“一带一路”沿线各国发展水平的差异，各国公共卫生支出的基准数额相差较大，用绝对的公共支出数额来衡量公共卫生支出可能有所偏颇。因此，我们使用半对数模型进一步测度公共卫生支出每增加1%对其国民预期寿命的影响，具体结果见表6与表7。Waldtests检验结果显示，不同分位点女性和男性预期寿命的公共卫生支出系数存在显著差异，且通过了0.05的显著性水平检验。观测表6与表7的回归结果，我们发现：不管是男性预期寿命还是女性预期寿命的回归结果，取对数后公共卫生支出的偏回归系数在各分位数点均为正数并通过0.001的显著性水平检验，表明公共卫生支出对预期寿命的正向效应具有其普遍性。值得注意的是，取对数后的公共卫生支出在高分位数上的偏回归系数更大，这表明公共卫生支出增加1%对高预期寿命水平国家的预期寿命提升效果更大。这与Obrizan和Wehby（2018）发现全球范围内公共卫生支出的边际回报随预期寿命的提高而下降的规律似乎是矛盾的。我们认为这种矛盾的分歧可能是因为“一带一路”沿线国家的预期寿命及卫生支出在全球范围内均属于中等水平（分别见图3和图4）。这表明“一带一路”沿线国家远未达到预期寿命和卫生支出的“天花板”，仍具有相当大的增长潜力。这也是“一带一路”沿线国家公共卫生支出边际回报并未出现下降的原因。

表6　模型2分位数回归（女性）

女性平均预期寿命/岁	QR_10	QR_25	QR_50	QR_75	QR_90
人均医疗支出（九阶滞后）/取对数	1.127***	1.114***	1.353***	1.768***	2.031***
	(0.168)	(0.290)	(0.270)	(0.346)	(0.287)
人均GNI（一阶滞后）/取对数	0.682***	0.477*	1.273***	0.643*	-0.038
	(0.164)	(0.283)	(0.264)	(0.338)	(0.281)
人均官方发展援助净额（一阶滞后）/取对数	-0.066	-0.116	0.058	0.006	0.179**
	(0.043)	(0.073)	(0.068)	(0.088)	(0.073)
基本卫生服务普及率（一阶滞后）/%	0.061***	0.063***	0.079***	0.131***	0.121***
	(0.007)	(0.013)	(0.012)	(0.015)	(0.012)
基本饮用水可及人口（一阶滞后）/%	0.074***	0.058***	0.026	0.021	0.058***
	(0.012)	(0.020)	(0.019)	(0.024)	(0.020)

续表

女性平均预期寿命/岁	QR_ 10	QR_ 25	QR_ 50	QR_ 75	QR_ 90
政府卫生支出占政府公共支出的比重（一阶滞后）/%	0.209***	0.242***	0.170***	0.109**	0.025
	(0.022)	(0.038)	(0.035)	(0.045)	(0.037)
女性劳动参与率（一阶滞后）/%	-0.001	0.037***	0.022***	0.020*	0.043***
	(0.005)	(0.009)	(0.008)	(0.011)	(0.009)
女性人口比重（一阶滞后）/%	0.049***	0.039	0.114***	0.041	0.021
	(0.015)	(0.025)	(0.023)	(0.030)	(0.025)
城镇人口比重（一阶滞后）/%	-0.032***	-0.024**	-0.025**	-0.012	-0.015
	(0.006)	(0.011)	(0.010)	(0.013)	(0.011)
妇女人均生育数量（一阶滞后）	-0.483***	-0.661***	-0.789***	-0.495*	-1.207***
	(0.133)	(0.229)	(0.214)	(0.274)	(0.227)
东亚及北亚	5.067***	2.176***	3.150***	4.184***	3.377***
	(0.418)	(0.721)	(0.672)	(0.862)	(0.715)
东南亚	3.486***	1.254**	1.871***	3.479***	3.698***
	(0.306)	(0.527)	(0.492)	(0.630)	(0.523)
南　亚	2.599***	1.178*	1.586**	4.672***	4.417***
	(0.392)	(0.675)	(0.630)	(0.807)	(0.670)
西亚及北非	4.253***	3.154***	1.723***	2.189***	4.022***
	(0.304)	(0.524)	(0.489)	(0.627)	(0.520)
中东欧	5.516***	3.144***	1.384***	2.107***	2.278***
	(0.330)	(0.570)	(0.531)	(0.681)	(0.565)
中亚（参照组）	.	.	.	.	.
	.	.	.	.	.
常数项	52.671***	56.140***	53.753***	55.057***	57.718***
	(1.362)	(2.349)	(2.191)	(2.809)	(2.331)
观测值	612	612	612	612	612

注：①***、**、*分别表示 $P<0.001$、$P<0.01$、$P<0.05$；②括号内的数值为标准误差。

说明：这些地区变量的系数，代表的含义是当其他控制变量相同的情况下，处于某一地区相较于中亚（参照组）的预期寿命的差异。举“东亚、北亚”为例，在其他条件相同的情况下，处于东亚、北亚的国家相较于中亚的国家，其 QR-10 要高 5.067。

表 7　模型 2 的分位数回归（男性）

男性平均预期寿命/岁	QR_ 10	QR_ 25	QR_ 50	QR_ 75	QR_ 90
人均医疗支出（九阶滞后）/取对数	1.710***	2.589***	1.910***	2.669***	3.282***
	(0.309)	(0.391)	(0.244)	(0.340)	(0.569)
人均 GNI（一阶滞后）/取对数	1.522***	0.825**	0.247	0.861***	0.553
	(0.302)	(0.382)	(0.238)	(0.332)	(0.556)
人均官方发展援助净额（一阶滞后）/取对数	0.339***	0.050	0.109*	0.290***	0.406***
	(0.078)	(0.099)	(0.062)	(0.086)	(0.144)
基本卫生服务普及率（一阶滞后）/%	0.017	0.048***	0.081***	0.026*	0.035
	(0.013)	(0.017)	(0.011)	(0.015)	(0.025)
基本饮用水可及人口（一阶滞后）/%	0.077***	0.024	-0.007	0.011	0.061
	(0.022)	(0.027)	(0.017)	(0.024)	(0.040)
政府卫生支出占政府公共支出的比重（一阶滞后）/%	0.239***	0.266***	0.223***	0.196***	0.061
	(0.040)	(0.051)	(0.032)	(0.044)	(0.074)
女性劳动参与率（一阶滞后）/%	-0.006	-0.010	-0.020***	-0.030***	-0.007
	(0.009)	(0.012)	(0.007)	(0.010)	(0.017)
女性人口比重（一阶滞后）/%	-0.130***	-0.063*	-0.173***	-0.122***	-0.055
	(0.027)	(0.034)	(0.021)	(0.030)	(0.049)
城镇人口比重（一阶滞后）/%	-0.008	-0.029**	-0.020**	-0.019	0.001
	(0.011)	(0.014)	(0.009)	(0.012)	(0.021)
妇女人均生育数量（一阶滞后）	0.165	-0.459	-1.291***	-1.509***	-1.002**
	(0.244)	(0.310)	(0.193)	(0.269)	(0.450)
东亚及北亚	0.977	-0.930	1.385**	3.758***	2.963**
	(0.768)	(0.974)	(0.607)	(0.847)	(1.416)
东南亚	5.720***	4.946***	3.550***	2.205***	0.561
	(0.562)	(0.712)	(0.444)	(0.619)	(1.035)
南　亚	6.655***	6.237***	3.755***	2.612***	1.897
	(0.720)	(0.913)	(0.568)	(0.793)	(1.327)
西亚及北非	5.244***	4.892***	2.664***	0.806	0.657
	(0.559)	(0.708)	(0.441)	(0.615)	(1.030)
中东欧	3.931***	2.033***	0.989**	-1.054	-1.719
	(0.607)	(0.770)	(0.480)	(0.669)	(1.119)

续表

男性平均预期寿命/岁	QR_ 10	QR_ 25	QR_ 50	QR_ 75	QR_ 90
中亚（参照组）	.	.	.	.	.
	.	.	.	.	.
常数项	50.922***	56.926***	70.511***	71.070***	62.414***
	(2.505)	(3.175)	(1.977)	(2.759)	(4.615)
观测值	612	612	612	612	612

注：①***、**、*分别表示 $P<0.001$、$P<0.01$、$P<0.05$；②括号内的数值为标准误差。

说明：这些地区变量的系数，代表的含义是当其他控制变量相同的情况下，处于某一地区相较于中亚（参照组）的预期寿命的差异。举"东亚、北亚"为例，在其他条件相同的情况下，处于东亚、北亚的国家相较于中亚的国家，其 QR-10 要高 0.977。

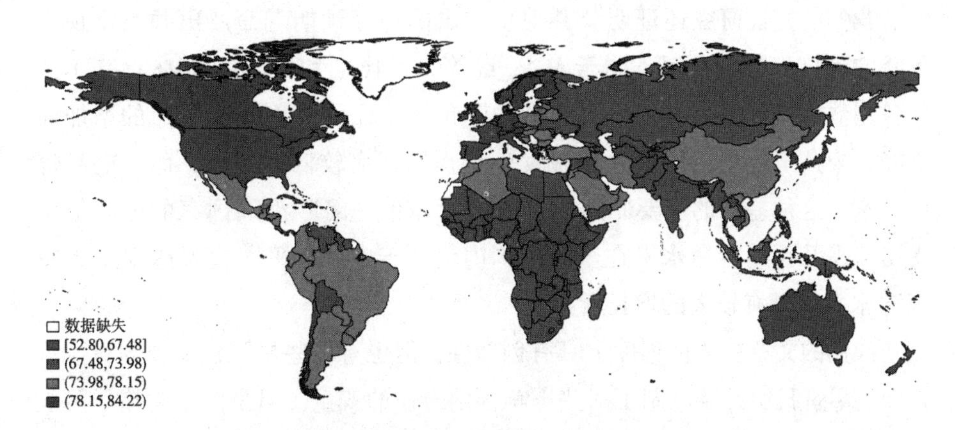

图 3 全球预期寿命分布（2018 年）

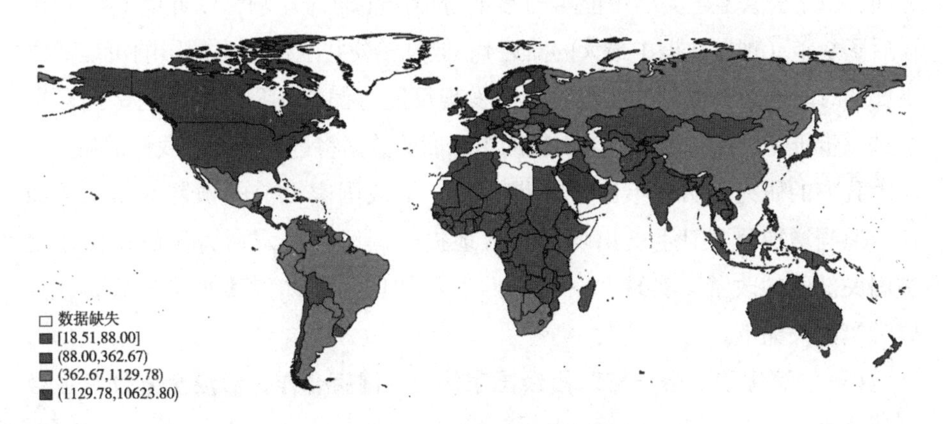

图 4 全球卫生支出分布（2018 年）

五、结论与政策建议

随着卫生合作成为“一带一路”倡议的新主题，进一步深化卫生合作成为“一带一路”沿线国家的共识。自“一带一路”国际合作论坛成立以来，已签署了56项促进“一带一路”卫生合作的协议。改善“一带一路”整体健康状况是卫生合作的主要主张。本文使用分位数回归方法分析不同预期寿命国家之间公共卫生支出对预期寿命的异质性影响，为“一带一路”沿线国家公共卫生合作提供了方向性指导和经验支持。我们的实证研究表明，公共卫生支出对“一带一路”沿线国家的预期寿命有着普遍性的正向影响。这一发现与Aísa等（2014）根据经合组织国家的研究得出的结论相似。我们的实证研究还证明公共卫生支出的边际预期寿命产出并未呈现出下降的趋势。这一发现不同于Maksym等（2016）和Rana（2018）基于全球各国数据揭示的公共卫生支出的边际预期寿命将随着预期寿命的增加而下降，公共卫生支出的最大回报发生在预期寿命较低的国家，而不是高寿命国家。这种差异的主要原因在于目前“一带一路”沿线国家的公共卫生支出水平及预期寿命水平在全球范围内仍处于中等水平，远未达到“天花板”水平，具有较大的增长潜力。

我们的文章在某种程度上具有创新性，但也有一些局限性需要讨论。一方面，尽管我们已经控制了一些影响预期寿命的变量，但是由于省略了可能与预期寿命相关的变量，例如人力资本，我们的结果仍可能存在偏差。另一方面，由于公共卫生支出可能会对预期寿命产生时滞影响，因此我们将PHE滞后了9年（现有数据中最大的滞后）。但是，公共卫生支出的影响可能需要更长的时间才能出现，这使得我们的发现可能有偏差。我们会将这些问题留待进一步研究，我们相信未来出现的更全面的数据将进一步拓延我们的研究。

我们的研究表明，不论“一带一路”沿线国家目前的预期寿命水平如何，适当增加公共卫生支出均可有效地提升国民预期寿命，从而积极地促进国民健康的改善，实现“一带一路”沿线国家整体健康水平的改善，具体政策建议如下。

（一）深化“一带一路”沿线国家的卫生健康合作，形成全方位卫生合作新格局

卫生健康一直以来都是各国政府重点关注的民生问题。提高国民健康

水平，促进国家卫生健康事业的发展，必须立足于"国内+国际"两个基本点。从国内的因素来说，合理分配国家资源，适当地提高公共卫生支出，优化国内的公共卫生服务，能有效地促进国民健康水平的提升。从国际的层面考量，随着"一带一路"建设的纵深推进，沿线国家间的人员往来日益频繁，传染病暴发和传播等风险日益增大，任何国家都无法置身事外，深入地推进"一带一路"沿线国家的卫生交流合作显得必要且必需。目前，"一带一路"的卫生健康领域合作仍处于起步阶段，卫生合作领域分散、合作形式单一且合作内容延续性不强（汪瑶等，2018）。"一带一路"沿线国家应当以多双边合作机制为基础，推动卫生合作的深化发展，形成全方位的卫生合作格局，加强卫生健康各领域的合作，推动基础卫生设施、卫生信息网络等长期重大项目的实施。

（二）提升"一带一路"区域的卫生健康公平性，共同构建人类命运共同体

基于现实层面的实然考虑，低预期寿命国家的经济发展程度往往较低，因而面临着公共卫生支出不足，且筹资困难的实际困难。"一带一路"沿线国家之间的卫生合作也应当加强对发展程度较低的国家的卫生援助，从而提升"一带一路"区域的卫生健康公平性。在以美国为主导的全球健康治理体系呈现出健康不公平日趋扩大的背景下（王琪如等，2018），中国作为"一带一路"建设的发起国、倡议国和主导国，应当重新定位其全球卫生治理的角色和地位，通过公共卫生资金和公共卫生服务的国际援助，提升"一带一路"区域的健康公平性，深入参与全球卫生健康治理，真正推进"人类命运共同体"的构建。目前，中国对"一带一路"沿线国家的卫生援助主要以派遣医疗队为主，中国政府可设立专门的"一带一路"卫生援助基金，以"基金+服务"为主线，促进沿线国家卫生事业的发展，增强"一带一路"沿线国家人民的获得感，打造"一带一路"利益共同体、责任共同体，促进人类命运共同体的真正形成。

参考文献

[1] Aísa, R., Clemente, J., & Pueyo, F. (2014).The influence of (public) health expenditure on longevity [J]. *International Journal of Public*

Health, 59 (5), 867–875.

[2] Akkoyunlu, S., Lichtenberg, F.R., Siliverstovs, B., & Zweifel, P. (2009). Spurious correlation in estimation of the health production function: a note.

[3] Arthur, E., & Oaikhenan, H.E. (2017).The effects of health expenditure on health outcomes in Sub-saharan Africa (SSA) [J]. *African Development Review*, 29 (3), 524–536.

[4] Auster, R., Leveson, I., & Sarachek, D. (1969). The production of health, an exploratory study [J]. *Journal of Human Resources*, 411–436.

[5] Baltagi, B.H., Moscone, F., & Tosetti, E. (2012). Medical technology and the production of health care [J]. *Empirical Economics*, 42 (2), 395–411.

[6] Dowrick, S., Dunlop, Y., & Quiggin, J. (2003). Social indicators and comparisons of living standards [J]. *Journal of Development Economics*, 70 (2), 501–529.

[7] Enthoven, A.C. (1980). Health plan: The only practical solution to the soaring cost of medical care.

[8] Hao, L., Naiman, D.Q., & Naiman, D.Q. (2007). Quantile regression (No.149).Sage.

[9] Jaba, E., Balan, C.B., & Robu, I.B. (2014).The relationship between life expectancy at birth and health expenditures estimated by a cross–country and time–series analysis [J]. *Procedia Economics and Finance*, 15, 108–114.

[10] Koenker, R., & Bassett Jr., G. (1978). Regression quantiles [J]. *Econometrica: Journal of the Econometric Society*, 33–50.

[11] Koenker, R., & Hallock, K. F. (2001). Quantile regression [J]. *Journal of Economic Perspectives*, 15 (4), 143–156.

[12] Linden, M., & Ray, D. (2017). Life expectancy effects of public and private health expenditures in OECD countries 1970–2012: Panel time series approach [J]. *Economic Analysis and Policy*, 56, 101–113.

[13] Macfarlane, S., Racelis, M., & Muli–Muslime, F. (2000). Public health in developing countries [J]. *The Lancet*, 356 (9232), 841–846.

[14] Makiyan, S.N., Taherpour, E., & Zangiabadi, P. (2016). Health Ex-

penditure & Life - expectancy in Islamic Countries: A Panel Data Approach.

[15] McCarthy, F.D., & Wolf, H.C. (2001). Comparative life expectancy in Africa. World Bank Policy Research Working Paper, (2668).

[16] Obrizan, M., & Wehby, G.L. (2018). Health expenditures and global inequalities in longevity [J]. *World Development*, 101, 28-36.

[17] Ram, R. (2006). State of the "life span revolution" between 1980 and 2000 [J]. *Journal of Development Economics*, 80 (2), 518-526.

[18] Self, S., & Grabowski, R. (2003). How effective is public health expenditure in improving overall health? A cross - country analysis [J]. *Applied Economics*, 35 (7), 835-845.

[19] Thornton, J. (2002). Estimating a health production function for the US: some new evidence [J]. *Applied Economics*, 34 (1), 59-62.

[20] Williamson, J. B., & Boehmer, U. (1997). Female life expectancy, gender stratification, health status, and level of economic development: A cross-national study of less developed countries [J]. *Social Science & Medicine*, 45 (2), 305-317.

[21] Zweifel, P., Breyer, F., & Kifmann, M. Health economics [M]. London: Oxford University Press, 1997.

[22] 陈强. 高级计量经济学及 Stata 应用（第二版）[M]. 北京：高等教育出版社，2014.

[23] 邱红，李晶华，于丽莎，于涤，侯筑林. 人口平均预期寿命及疾病影响因素分析 [J]. 人口学刊，2018（6）.

[24] 舒星宇，温勇，宗占红，周建芳. 对我国人口平均预期寿命的间接估算及评价——基于第六次全国人口普查数据 [J]. 人口学刊，2014（5）.

[25] 汪瑶，王文杰，傅昌，梁晓晖，毛宗福. 中国与"一带一路"沿线国家卫生合作研究及启示 [J]. 中国卫生政策研究，2018（10）.

[26] 王琪如，谭晓东."一带一路"背景下中国全球健康治理的角色定位 [J]. 公共卫生与预防医学，2018（5）.

“一带一路”沿线国家医疗保障管理体制比较

黄秋风[*]

摘　要：“他山之石，可以攻玉。”系统剖析“一带一路”不同国家医疗保障管理体制的模式、特征和现状，比较不同国家医疗保障管理体制在治理理念、治理模式和医疗保障项目制度设计方面的异同，为中国医疗保障管理制度的改革和运作提供经验借鉴，有效地提升中国医疗保障的管理水平。本文系统介绍了新加坡、俄罗斯、以色列、泰国、土耳其、菲律宾和波兰国家医疗保障管理体制的模式、治理理念和医疗保障项目制度设计。

借鉴国内外学者的研究观点，围绕国家医疗保障管理体制模式，本文系统地介绍了新加坡、俄罗斯、以色列、泰国、土耳其、菲律宾和波兰国家医疗保障管理体制的模式、治理理念和医疗保障项目制度设计。受政治体制、经济发展水平、人口特征和民主化程度等因素影响，各个国家在医疗保障管理体制的各项具体内容，如医疗参保对象、筹资方式、基金管理、医疗服务规定、医疗服务项目、药品管理制度上存在相似之处，又表现出自身的特性。

一、“一带一路”沿线国家医疗保障管理体制

（一）新加坡医疗保障管理体制

新加坡医疗保障是以政府为主导，多元主体共同参与的整体性治理模式。卫生部和人力部负责医疗体系政策的制定和监督，中央公积金局负责医保经办管理工作（施文凯、聂玉亮、张小娟，2020）。基于“政事分开，

* 黄秋风，女，华侨大学政治与公共管理学院副教授，主要从事组织行为学研究。

管办分离"的模式，公立医疗机构采用企业集团化运营方式，集团所有权和经营权分离，进一步厘清了政府与公立医院的关系。全国范围内按照东、西两大区域设置国家卫生保障集团、新加坡医疗服务集团和国立大学医疗系统，同时鼓励私人和社会团体开办医疗机构，推动医疗服务供给者多元化建设。新加坡社会保障制度亦做到了立法先行，其有力的法律保障是《中央公积金法》。

新加坡构建了全方位和多层次医疗保障体系。为有效应对人口老龄化趋势以及提供更好的医疗保障，2015 年，新加坡建立涵盖所有新加坡公民和永久居民的"3M 计划"。这一计划包括"全民储蓄计划"、"终身健保计划"和"保健基金计划"。"3M 计划"再辅之以增值健休双全计划、乐龄健保计划/乐龄健保补充计划等其他配套保障，简称"S+3M"制度。至此，新加坡为国民构建了全方位和多层次的医疗保障体系。

建立个人储蓄账户制度是新加坡典型的医疗保险服务模式（傅媛媛、程沛然，2018），基于"费用共同负担，提倡自我保障"的基本原则，政府要求个体必须对自己的健康和养老负责。1983 年，新加坡在全国范围内强制实行医保基金储蓄计划，其账户由中央公积金负责运营管理。在账户基金筹集上，企业与个人按照工资的一定比例缴纳，且个人缴纳的费率因投保人投保年限的不同而有所差异（傅媛媛、程沛然，2018）。个人账户基金主要用于住院费和昂贵的门诊费。个人账户亦是储蓄账户，能产生利息，是资产的组成部分，同时存在家庭共济作用，个体可以使用自己的账户支付直系亲属的医疗费用，或者在个体去世后，其个人账户的保健储蓄可以为其受益人继承，体现出互助共济性（赵雪松等，2020）。

因贫困居民或弱势群体医疗储蓄和医疗保障账户中的资金有限，为保证他们的医疗需求，新加坡医疗基金为此提供了财政资源。为申请额外的政府补贴，个人必须接受收入调查，同时考虑个人收入及家庭成员（即子女、配偶或其他共同居住的亲属）的收入。这个过程将决定个人是否有资格获得进一步的经济援助。个人只有在耗尽个人医疗储蓄账户资金并达到医疗保障（个人保险）的上限后才有可能获得医疗基金的财政支持。由于控制严格，政府医疗卫生的支出总额受到管制，有利于新加坡医疗资源的合理配置。整体而言，新加坡医疗保障管理体系被世界卫生组织评价为亚洲最有效的医疗卫生管理系统。

（二）俄罗斯医疗保障管理体制

20世纪末，俄罗斯逐步改革了苏联时期的国家医疗保障制度，主要表现在四个方面：筹资方式，由预算拨款制度向预算拨款制度与保险制度相结合的方式转变；管理体制，由集中管理向引入市场竞争机制转变；责任主体，由国家单一管理主体向企业、个人和政府多元化管理主体转变；医疗费用，由一切免费到有限免费形式转变（童伟、宁小花，2020）。《俄罗斯宪法》《俄罗斯联邦公民医疗保险法》《关于建立联邦和地方强制性医疗保险基金会的规定》《俄罗斯联邦公民强制性医疗保险法》《国家社会救助法》《俄罗斯联邦税法典》《俄罗斯联邦强制医疗保险法》等法律制度的相继出台，使俄罗斯联邦构建了成熟的医疗卫生服务体系。目前，卫生与社会发展部是俄罗斯医疗卫生体制中立法和执行监督的重要机构。

俄罗斯医疗保障管理体制由强制医疗保险基金会、医疗保险公司、医疗保障行政机构三个部分组成，分别从征收、支付和监管职能三方面进行分工和协作（童伟、宁小花，2020）。地方的强制医疗保险基金是独立的统筹运营单位，由公共、私人医疗保险公司或地方强制医疗保险基金会的分支机构负责管理（关博，2014）。同时，医疗保险公司负责受理各项医疗保险业务，并向医疗机构购买医疗服务。

2010年，俄罗斯通过了《俄罗斯联邦强制医疗保险法》。这部法律的出台基本建立了国家强制医疗保障制度的框架。在保费制度方面，实行强制固定保费，推行国家预算拨款与强制医疗保险相结合。俄罗斯改革了以往的无限免费医疗服务供给制度，形成了免费的法定强制医疗保险和自费的私人医疗保险相结合的医疗保障制度。在实践中，俄罗斯有三条（非相互排斥的）获得医疗保障的途径：雇主筹资的综合医疗保健，个体现金支付，个体自愿健康保险（VHI）。20世纪90年代，俄罗斯出现了针对少数有能力支付医疗保险的个体私人医疗保险制度，作为强制性医疗保险制度的补充，雇主支付的强制性医疗保险（MHI）目前依然是俄罗斯医疗体系的重要部分。一小部分俄罗斯人可以通过他们的雇主（雇主获得税收优惠）或直接购买VHI计划。强制性医疗保险规定了一套最低限度的免费卫生医疗服务项目，而VHI项目扩大了服务范围，提供了更多的高质量医疗保健服务。

俄罗斯推行医药分离制度，患者可以在医院享受到免费的基本医疗服务，如急诊、门诊和住院，但是必须自费购买所需药品。由于国内制造业不发达，进口药品占比较高，药品成本占家庭卫生成本支出的比重较高。为此，俄罗斯为特殊的弱势群体或福利保障对象（如老人、儿童或退伍军人等）提供基本药物目录中一定比例的药品费用报销。同时，俄罗斯进行了药品价格管制，对目录中的药品实行最高限价。

2011 年起，俄罗斯引入市场竞争机制，将部分国有医疗保健机构私有化，鼓励创建私人医疗服务机构，发展私人医疗服务系统，构建了公私结合的多层次医疗服务体系，即社区诊所、专科医院、综合医院以及私人医院多主体的医疗机构。目前，现行的强制医疗保险制度的效能受到质疑，私人在卫生保健上的支出占比 40%—50%，这一比例相对较高。新冠肺炎疫情的暴发进一步暴露出了俄罗斯医疗融资体系的薄弱环节。民众希望未来的医疗制度改革以完全自愿的制度取代强制性制度，发展全面的药品保障制度，同时更明确地扩大自愿性保险服务的范围。

（三）以色列医疗保障管理体制

在世界各国的公共卫生绩效排名中，以色列的各项指标排名均靠前。以色列医疗系统效能较高的原因包括卫生医疗机构之间规范化的竞争、严格监管医院床位供应、完善的各级医疗保健服务以及应用广泛的电子健康服务系统。2015 年，以色列人均寿命达 82. 5 岁，世界排名第八，远高于世界平均水平的 71. 4 岁。以色列人的健康水平可与其他发达国家相媲美，尽管国家医疗保健的开支占其国内生产总值的比重不到 8%，且医疗保健的开支近 40%由私人供资，但以色列相继通过了《国家保险法》《社会福利法》《安排法》《国民健康保险法》等法律，一系列法律制度为国家医疗保障体系的运行提供了法律依据。以色列医保管理体制实行管办分离，卫生部主要负责法规的制定以及监督执行，履行全国医保服务的行政职能。政府授权国家医疗保险公司和卫生部共同制定统一的医保政策，并由国家医疗保险公司统一管理全国基本医疗保险基金，国家基本医保服务委托给 4 家疾病基金机构（许飞琼，2017）。所有公民可以从 4 家相互竞争的非营利性医疗机构中选择政府规定的一揽子医疗福利，医疗服务包括住院、康复、急救、家庭医疗护理、预防保健服务等在内的大部分医疗项目（王永芳，2016）。以色列贯彻全民医疗的理念，医保人群覆盖面广泛，不仅包括所有国民，还涵盖了短期入境的游客。

以色列医保资金主要有三大来源：参保人不同比例的缴费、政府财政预算以及4家非营利性医疗机构的直接收入。在以色列，几乎所有的疾病医疗项目均可以报销（自费比例不超过10%），且这些项目的支付体现了预防为主和人本主义的理念，其支付方式是由参保人所在的疾病基金机构按单病种付费方式直接支付给就诊医院，以激励医院提高服务动机和质量。以色列构建了多层级、分工明确的诊疗制度，并设立了严格的转诊制度，其将医疗服务分为初级保健服务、综合医院诊疗服务、急救医疗服务与康复医疗服务4类（许飞琼，2017）。为全面满足国人的医保需求，以色列鼓励商业医疗保险的发展，借此补充国家基本医保服务存在的缺口，如整形手术或牙科服务等。同时，借助信息管理系统，监管医生的职业行为，利用全国医保电子信息系统，审查和监督执业医师滥用或开“大处方”的行径。

与其他发达国家医疗体系的建设相似，以色列重视家庭医生的培养和管理。训练有素、能够提供良好基础医疗服务的家庭医生满足了居民的基层医疗服务需求。以色列对家庭医生的行医资格、家庭医生的职业培训以及激励方式均出台了明确的制度规定。以色列医疗保障管理制度目前面临的主要挑战之一是日益依赖私人筹资，这可能对公平和效率产生有害影响。

（四）泰国医疗保障管理体制

2002年，泰国通过了《全民医疗保障法》。这为国家医疗保障制度建设奠定了法律基础。法案中规定，国家医疗保障委员会和国家医疗保障办公室负责全国医疗保障项目的战略决策、日常管理以及政策实施，并按地区划分为13个地方性医疗管理区。国家医疗保障委员会的成员由选举产生，包括政府人员、社会人员（如妇女、老人、工人、贫困者等群体的代表）、医疗专家成员（周喜梅、姚婕，2018）。随着2001年全民覆盖计划（UCS）的实施，泰国成为首批实现医疗保障全民覆盖的中低收入国家之一。

泰国的医疗保障项目可分为三类：福利医疗保障、强制医疗保障和自愿医疗保障。在正式部门就业人数比例相对较低的情况下，如何实现全民覆盖是医疗保障管理的主要问题之一。基础医疗制度改革中提出的“30泰铢医疗计划”被认为是泰国医疗保障制度中的重要组成部分。该计划于2001年制订并实施，立意在于减轻泰国家庭的医疗负担，使最大范围内的泰国公民以较低的医疗成本获取基本的卫生保健服务。这一项目主要是面向国家非公务员和非企业职工的大部分普通民众（周喜梅、姚婕，2018），扩大了原有医保项目关注的人群，如政府公务员、政府离退休人员及其公务员家属和企业员工等，为小规模企业员工、自由职业者、无社保缴费能力的贫困弱势人群提供了公费医疗保障服务，实现了全民医疗保障的目标。

“30泰铢医疗计划”的项目资金主要来源于国家财政的专项预算和拨款，项目亦接受社会慈善捐赠资金。项目参保人员与就近的医疗机构签订医疗服务合同，患者只需在每次接受医疗服务时支付全国统一标准的30泰铢的医疗费用，便可获得范围较广泛的基本卫生健康保健服务，比如身体检查、疾病诊断、医疗救护等常规项目（《全民健康保障法》对具体的项目做了明确规定），且国家药品目录中的基本用药无须患者埋单。参与保障服务的医疗机构由政府性质的公立医疗机构、公立医院以及与政府签订合作协议的私人医疗机构组成。参保人员接受医疗服务后，政府采取门诊“按人头付费”和住院“按病种付费”的方式对医疗机构进行补助。泰国还出台了《国家药品基本目录》，对目录中的药品实行国家定点生产、定点供应，在保障药品质量的同时，严控药品价格。泰国人口70%在农村，为更好地服务于泰国偏远地区和农村的参保群体，泰国鼓励社区志愿者和家庭医生积极参与“30泰铢医疗计划”项目，并对其主动性和积极性进行制度激励。

除了“30泰铢医疗计划”项目，泰国的医疗保障制度体系还包括公务员医疗服务体系、企业职工强制性社会保障项目、低收入人群救助制度和健康卡制度（付江珊、冯小溪、王磊，2020）。公务员医疗服务体系是由泰国财政部统一管理，以一般税收为筹资方式建立的，对泰国公务员、国有企业员工及其家属提供免费医疗服务的项目。企业职工强制性社会保障项目是由企业正式员工、雇主和政府共同出资的为员工提供的医疗保障项目。低收入人群救助制度是由国家财政负担的，面向符合国家贫困标准的低收入群体、残疾人和退伍军人提供免费医疗服务的项目。健康卡制度是政府推出的居民自愿性的补充医疗保障项目，以家庭为购买单位，辅之以政府补助的医疗保障项目。

（五）土耳其医疗保障管理体制

土耳其全民医疗保障制度的改革走过了一段漫长的历史。1945年，土耳其建立的医疗保障制度主要惠及蓝领群体；1960年，土耳其提出5年发展计划，其中包括实施全民医疗保障制度；1982年，土耳其设立管理机构监管全民医疗保障制度的落实并提供医疗服务；1987 年，土耳其通过了《基本医疗法案》，但法案未得到有效落实，穷人和失业群体仍被排斥在全民医疗保障制度之外；1992 年，土耳其实行“绿色卡”医疗保障项目，惠及国内低收入群体，但因国库财力有限，只能提供低水平的医疗服务；1990—2002 年，土耳其经济非持续性发展，国内通胀率较高，失业率不断攀升，土耳其全民医疗保障服务处于停滞状态；2002 年，新政党赢得国内政治领导权，进行社会和政治改革，在医疗保障领域实施“医疗转型计划”（HTP）[①] 改革，其“全民医疗保险”的原则得到了有效落实（Atun，2015）。

在土耳其医疗保障系统中，社会保险基金、工会和医生协会（其中最重要的是土耳其医疗协会）缺乏自主权。2003 年改革之前，为退休公务员设立的退休基金和为工人和其他个体经营者设立的社会保障项目是自上而下创建的，没有任何社会行动者参与。2003 年改革之前，政府是医疗体系的主要参与者，决定了融资方式、医疗机构管理模式和人员的福利薪酬。企业主体，如土耳其医学协会，几乎被排除在医疗管理决策之外，在政府筹资和提供保健服务方面只发挥了很小的作用。此外，社会保险基金的运作和管理不断受到政府的政治干预（Wendt，Agrtan & Kaminska，2013）。

自 2003 年改革以来，《卫生保健方案》进入实施阶段，土耳其对医疗保障的融资、医疗服务提供和监管方式进行了相应的改革。2005 年，土耳其将 SSK 医院和公共机构经营的其他卫生机构移交给卫生部，将所有公共基金合并到社会保障机构（SGK）之下，建立了单一的支付制度，对初级保健系统进行了重大重组。卫生部的职责被重新定义，突出其规划和管理职能，而非提供服务的职能。

2003 年改革后，土耳其医疗保障系统的融资表现出了集中化和严格受国家监管。2006 年，《社会保障制度行政统一法》和《社会保障与国民卫生保险法》（俗称《5510 法》）颁布后，土耳其建立了单一支付系统，确保所有参保公民能获得平等的医疗卫生保健服务。关于筹资的一般标准，例如缴款率和服务及药品的支付，在立法中有了明确规定。在初级保健系统中，改革引入了家庭医生模式，医生的报酬从工资改为以人头为基础的新付费

① HTP：Health Transformation Programme 的简称，项目开始于 2003 年。

方式，该方式全面考虑医生服务的病人人数和医生的行医资质。

（六）菲律宾医疗保障管理体制

菲律宾全民医疗保障（NHIP 项目）管理制度的实施可以追溯至 1995 年，当时为了实现全民医疗覆盖目标，菲律宾政府成立了菲律宾医疗保险公司（Phil Health）来管理和发展社会医疗保险项目。这一项目是对 1969 年提出的只针对正式部门员工的医疗保险计划的补充（Obermann，et al.，2006）。

菲律宾全民医疗保障项目将受益者进一步扩大到 5 类人群：针对政府和私营部门正式就业的员工，其医疗保障项目的保费由雇主和雇员共同分担；地方社会福利发展办公室主管的贫困人群医疗保障方案，保费由卫生保健机构、地方政府机构或慈善捐助基金支付；退休人员的终身医疗计划；海外菲律宾工人医疗保障计划，保费来自参保人员缴纳的费用；未享受到其他 4 项计划之一的个人医疗支付计划，如个体户和农民，保费来自参保人员缴纳的费用。各类型医疗保障项目的保费汇集到由 PhilHealth 统一管理的基金中，且独立于其他由税收资助的政府卫生预算项目。

2012 年，政府引入了烟草和酒的“罪恶税”，为全民医疗保障的融资提供了额外的渠道。菲律宾的 NHIP 项目可视为社会医疗保险和以税收为基础共同筹资的医疗保障项目。因为全民医疗保障计划的预算主要由成员缴纳的保险费（占 2009 年医疗保险计划总收入的 93%）和政府对所资助方案的部分税收补贴（7%）组成。因此，它不是一个保费全部来自参保人员的“纯粹”的社会医疗保险项目（Kutzin，et al.，2009）。

NHIP 项目主要为住院病人提供医疗保障福利。NHIP 项目基本上按服务收费的原则报销医疗费用，包括食宿、实验室检查、手术室费和医药费等医疗服务项目。每个福利上限根据疾病的严重程度和医院的分类（级别）来决定，比如病情越严重，接受医疗服务的医院水平越高，福利上限就越高。但是，医院医生的服务收费是基于自定的收费标准，PhilHealth 未对医院和医生的收费标准施加控制。因此，当医疗费用高于 PhilHealth 明确的福利上限时，患者须自行支付费用的差额。项目面临着逆向选择风险，即太多高健康风险的人群使用 NHIP 会加重项目的财政压力。

2017 年 9 月，菲律宾众议院通过了 5784 号《菲律宾全民医保法案》。该法案进一步推动了菲律宾全民医疗保障的覆盖率，法案中规定所有菲律宾人将自动登记保险项目，从而有权享受国家医疗保障计划的福利。该法案涵盖了广泛的卫生保健内容，如治理（包括卫生技术评估）、监管、人力资源管理、医院的卫生服务提供和收入管理以及卫生信息系统建设（Obermann，Jowett & Kwon，2018）。

（七）波兰医疗保障管理体制

1989年后，波兰的医疗保障系统通常被称为社会保障项目（Marrée & Groenewegen，1997）。"二战"后的几十年里，作为计划经济的一个组成部分，波兰实施全民免费医疗制度。1989年后，波兰进行民主制度和市场经济改革，医疗保障制度亦相应地进行改革。1991年，波兰通过了《医疗保障法案》，启动了医疗保障管理的私有化进程，并正式实行了需求者与供给者分离。法案规定，医疗保障组织机构可以由中央政府和地方政府，以及非营利性和营利性的私人机构来建立，并进一步推动门诊医疗机构的私有化进程。1997年，波兰通过了《全民医疗保险法》，法案中引入社会保险计划，进一步促进了初级保健、牙科和康复服务的发展。

企业合作伙伴（行业工会、专业协会和商会，以及后来的社会医疗保险基金）在医疗管理制度的改革和治理中未能发挥有效作用。专业商会于20世纪90年代初重新成立，并被赋予重要的职能，如颁发许可证和监督管理，但由于内部不同行业的利益分歧，其效能未得到发挥。雇主组织是私营医疗服务提供者的代表，而工会几乎只存在于公共部门。管理大多数公共医疗机构的地方政府不愿实行集体民主协商方式（Mrozowicki，2001）。政府不愿让企业合作伙伴参与决策（Kaminska & Kahancova，2011）。

1990年，波兰医疗保障资金主要来源于财政部的预算拨款。在1997—1999年的改革中，波兰政府将医疗保健的财政管理职能转移到新成立的独立医疗保险基金。基金受民法规范（Exter，2001）。由于基金理事会的成员是由地方政府任命的，所以这些基金机构迅速政治化。2003年，这些保险基金被国家卫生基金（NFZ）取代，并受卫生部控制（Sitek，2008）。国家卫生联盟主席由总理根据卫生部长的建议任命，委员会成员的任命也是如此。因此，波兰医疗保障体系的国有管理模式依然占主导。

1997年，波兰社会卫生保险项目的缴款率定为应纳税收入的7.5%，中央预算负责某些社会群体的缴款，包括失业人员和不缴纳所得税的农民。在1997—1999年的改革中，保险基金（后来的国家卫生基金）通过与服务提供者签订服务合同，医疗机构为病人提供保健服务，保险基金进行费用支付。中央和地方政府的预算继续资助公共保健、所有保健服务的基本费用、二级保健以及药品费用(Kuszewski & Gericke, 2005)。在1997—1999年改革中，波兰将家庭医生引入初级保健，采纳了按人数付费方式（基于病人名单的人均支付）(Kuszewski & Gericke, 2005)。

1997年，波兰通过了《全民医疗保险法》。法案中笼统地描述了公民享有公共医疗保健服务的权利。至2009年，福利方案以及医疗标准和程序仍未有明确规定。结果是地方保障基金和国家卫生基金在有关医疗服务提供者的决策中拥有较高的地位，并根据不明确的标准分配了医疗保障资金(Cichocka, 2005)。2009年，波兰将确定一揽子福利的任务交给了卫生部长，卫生部长面向卫生技术评估机构（2005年由卫生部任命的咨询机构）、国家医疗顾问（由卫生部任命）和国家医疗顾问委员会（由卫生部控制）进行决策咨询并作出决定。

二、"一带一路"沿线国家医疗保障管理体制比较

(一)"一带一路"沿线国家医疗保障管理体制的共性

首先，各国医疗保障管理体制建设的核心目标一致，即通过高覆盖、低价位的全民医保项目，最大限度地保障国民健康福祉。目前，实现全民健康覆盖（UHC）已成为世界各国的重要卫生政策目标，特别是在低收入国家和中等收入国家，全民健康覆盖的理念，即每个国民能得到高质量的卫生医疗保健而不遭受经济困难已得到广泛认可。为此，各国普遍实施并推动全民社会医疗保险项目，无论是强制性还是自愿性方式，尽可能覆盖传统医疗保障项目排斥的特殊人群，比如失业人群、残疾人、贫困人群、退伍军人、农民、妇女和儿童等。为保证全民健康覆盖目标的实现，各国均提出了相应的保险项目，如新加坡的"3M"计划、俄罗斯的多层次综合医疗保险项目、泰国的"30泰铢医疗计划"、土耳其实施的医疗转型计划、菲律宾的全民医疗保障（NHIP项目)、波兰的社会保障项目。这些医疗保障项目从项目的立意、项目受益人群、项目资金筹集方式以及参保人的获得维度来剖析，均体现了国家医疗保障制度建设的根本目标，即最大限度地保障国民健康福祉。

其次，各国医疗保障制度建设中均不断完善医疗保障管理的法制化。立法先行，为国家医疗保障制度提供法律保障是各国在医疗管理体制建设

中的共识。新加坡出台了《中央公积金法》；波兰通过了《全民医疗保险法》；俄罗斯通过了《俄罗斯联邦公民医疗保险法》《关于建立联邦和地方强制性医疗保险基金会的规定》《俄罗斯联邦公民强制性医疗保险法》《国家社会救助法》《俄罗斯联邦税法典》等法律，完善各项医疗体系的法律保障制度；以色列为构建科学全面的医疗保障体系，相继通过了《国家保险法》《社会福利法》《安排法》《国民健康保险法》等法律；泰国通过了《全民医疗保障法》，为全民覆盖计划的实施提供法律依据；土耳其通过了《卫生保健方案》，保障了其在医疗融资、医疗服务提供和监管方式上的改革。

最后，医疗保障制度的运行遵循公平和效率原则。公平原则体现了不同人群的医疗保险项目筹资与医疗服务的设计有针对性。在追求全民覆盖目标的同时，各国也针对国内不同阶层、不同经济状况、不同职业类型的国民制定了不同类型的医疗保障项目。如泰国针对贫困人群和农民提出的“30泰铢医疗计划”；菲律宾全民医疗保障项目将受益者进一步扩大到5类人群，并对不同人群的医疗保障项目进行相应设计；土耳其实行“绿色卡”医疗保障项目，项目受益对象是国内的低收入群体等。这些针对特殊人群制定的医疗保障项目，保费由国家和地方政府或私人捐助者支付，国家同时提供优质的基础医疗服务以减轻居民的医疗保障负担。效率原则体现在各医疗机构、医疗资源的利用和激励上。各国普遍建立分级诊疗制度，并制定有效的战略和措施，以确保居民公平地获得优质的保健服务。另外，鼓励私营医院发展，激励私营医院向城市穷人和农村人口提供基本保健服务，加强对私营医疗服务价格和质量的监管。各国鼓励家庭医生或农村公共卫生人员服务社区和偏远山村，对其进行物质和精神激励，使其获得更多的社会承认和更大的成就目标。

（二）“一带一路”沿线国家医疗保障管理体制差异比较

首先，国家医疗保障管理体制治理模式存在差异。具体表现在：医疗管理体制在整个行政管理体系中的定位，医疗保障行政管理主体的设置，与其他行政部门的关系，以及不同层级政府在医疗保障管理上的权责分配。新加坡医疗保障体制是以政府为主导、多元主体共同参与的整体性治理模式，基于管办分离模式，其中公立医疗机构采用企业集团化运营模式，进一步厘清了政府与公立医院的关系；泰国国家医疗保障委员会和国家医疗保障办公室负责全国医疗保障项目的战略决策、日常管理以及政策实施，并按地区划分为13个地方性医疗管理区；土耳其非政府的企业行动者在医疗保健部门的治理中缺少话语权；俄罗斯和波兰的医疗保健体系遵循国有管理模式。

其次，在推行管理改革的同时，各国相继引入了市场激励机制，重新定义了国家和市场在医疗保障领域的角色，但各国国家、社会行动者和私人行动者在系统治理中各自的角色存在差异。俄罗斯、波兰和土耳其医疗保障制度的改革维持了国家强大的监管、预算和管理权力，企业和市场其他主体的参与非常有限，企业行动者在制定改革方面几乎没有任何影响，因为这两个国家的政府继续将它们排除在决策过程之外，也没有将自我监管的要素纳入新的治理模式，虽然两个国家都引入了单一付款人制度以及购买—供应商分离制度。单一支付方（波兰的NFZ和土耳其的SGK）只是名义上的“自我监管”，因为它们的董事是由中央政治当局任命的，企业行动者在其管理中的作用非常有限。但像新加坡和以色列，国家在医疗融资等方面的监管有所增加，但企业行为者和其他市场主体在医疗保障制度的运行中也发挥了重大作用，在颁发许可证，认证和监督专业医疗行为，福利方案、融资或医生薪酬制度的监管上影响较大。

再次，各国对外国人的健康保险模式各不相同。迄今为止，国际上还没有统一实施的保护外国人的共同保险模式。每一种保险模式在其覆盖范围和实施方面通常都是独特的。有些国家，如以色列和新加坡，其全民保险项目覆盖外国工人和外国游客。新加坡实施的这一计划只覆盖本国公民和拥有有效身份的外国工人。新加坡的健康保险计划规定雇主承担其外籍工人所需治疗费用的全部责任。新加坡政府机构在监督外国工人入境、出境和在新加坡就业方面发挥了有效作用。新加坡的医疗法律、政策和法规符合该国的医疗优先事项。外国工人只在新加坡工作一段时间，他们不存在成为非法工人的问题，因为一旦许可证到期，他们便不能留在新加坡。显然，新加坡为外国工人管理卫生服务的成功模式应该被效仿。各国应学习新加坡加强对外国工人的公共卫生保护，并预防和弥补因外国工人保健问题造成的巨大损失。与之相反，由于菲律宾海外劳工人数占比较高，其全民保险项目也系统地制定了在海外工作的本国公民的健康保险模式。

最后，各国医药管理制度存在差异。各国在推行政策实现全民覆盖时，必须评估药物使用的质量和公平性，扩大医疗保险覆盖范围，使药物惠及全体人口，同时改变支付系统和增加当地制造业。各国在这些医药管理的实践上有所不同。首先，各国规定的医保药物目录有所不同；其次，医药费的支付方式存在差异，有些国家（如以色列、新加坡）的医疗保障法案规定，门诊费、住院费和医药费可以由医疗保障基金统一支付，使参保对象都能获得药品，增加初级保健中的药品供应。与其他国家的管理实践不同，泰国的“30泰铢医疗计划”项目中，其门诊费、住院费、实验室检查费与医药费实行分开管理，由患者自行支付药品费用。因此，泰国的全民覆盖计划似乎没有增加用于治疗通常在二级或三级保健环境中治疗的疾病的药物使用，也没有增加非专利药的市场渗透。

参考文献

[1] 陈平钰，刘国恩，官海静，等. 新加坡药品采购供应模式研究及对我国的政策建议［J］. 中国卫生经济，2017（9）：91-93.

[2] 傅媛媛，程沛然. 新加坡和我国医疗保险个人账户基金支付的比较差异分析［J］. 中国初级卫生保健，2018（1）：9-11.

[3] 付江珊，冯小溪，王磊. 泰国医疗保障制度对我国新型农村合作医疗制度的启示［J］. 辽宁行政学院学报，2020（4）：95-98.

[4] 关博. 俄罗斯医保制度改革及对我国的启示［J］. 北京劳动保障职业学院学报，2014（4）：8-11.

[5] 孙杨杰，邓剑伟. 新加坡社区医疗卫生服务的经验及其启示［J］. 福建行政学院学报，2015（2）：34-38.

[6] 施文凯，聂玉亮，张小娟. 整体性治理视角下的新加坡医疗保险治理体系及对我国的启示［J］. 中国卫生政策研究，2020（4）：14-20.

[7] 童伟，宁小花. 俄罗斯免费医疗：发展历程、效果分析、困境及未来发展方向［J］. 俄罗斯东欧中亚研究，2020（1）：69-96.

[8] 王敏. 新加坡“终身健保计划”对我国大病医疗保险的启示［J］. 中国财政，2019（22）：24-27.

[9] 王永芳. 以色列医疗体系研究［D］. 西北大学硕士学位论文，2016.

[10] 许飞琼. 以色列的医疗保险制度及对中国的启示［J］. 中国医疗保险，

2017（9）：68-71.

[11] 赵雪松，陈童，里扎·阿德列提别克，邵蓉. 新加坡保健储蓄计划对完善我国城镇职工医保个人账户的启示［J］. 卫生软科学，2020（12）：91-96.

[12] 周喜梅，姚婕. 泰国30泰铢医疗计划发展现状及其启示［J］. 广西大学学报（哲学社会科学版），2018（6）：66-72.

[13] Atun，Rifat. Transforming Turkey's Health System—Lessons for Universal Coverage.［J］. *New England Journal of Medicine*，2015，373（14）：1285-1293.

[14] Beveridge on the Silk Road：coordinating funding sources to create a universal health financing system in Kyrgyzstan［J］. *Bulletin of the World Health Organization*，2009：549-54.

[15] Cichocka，E.. Reformasystemuopiekizdrowotnej. Glownezalozenia. In L. Kolarska-Bobinska（Ed.），Czteryreformy. Od koncepcji do realizacji（pp. 139- 144）.2005，Warszawa：InstytutSprawPublicznych.

[16] Exter，A.P. den. Legal reforms of the Polish health care system in view of accessing the European Union［J］. *European Journal of Health Law*，2001，8（1）：5-25.

[17] Kaminska，M.E.，& Kahancova，M. Emigration and labour shortages：an opportunity for trade unions in the New Member States?［J］. *European Journal of Industrial Relations*，2011，17（2）：189-203.

[18] Konrad，O，Matthew，J.，Soonman K . The role of national health insurance for achieving UHC in the Philippines：a mixed methods analysis［J］. *Global Health Action*，2018，11（1）：148-163.

[19] Kuszewski，K.，& Gericke，C.. Health systems in transition：Poland［R/OL］. Copenha- gen：WHO Regional Office for Europe on behalf of the European Observatory on Health Systems and Policies，2005.

[20] Kutzin J，Ibraimova A，Jakab M，O'Dougherty S. 2009. Bismarck meets Beveridge on the Silk Road：coordinating funding sources to create a universal health financing system in Kyrgyzstan［N］. Bulletin of the World Health Organization 87：549-554.

[21] Marrée, J., & Groenewegen, P.P.Back to Bismarck: Eastern European health care systems in transition.1997, Aldershot: Avebury.

[22] Mrozowicki, A., Poland: Industrial relations in the health care sector [EB/OL]. 2011, http://www.eurofound.europa.eu/eiro/studies/tn1008022s/pl10080 29q.htm.

[23] Obermann, K., Jowett, M. R., Alcantara, M. O., Banzon E. P., Bodart, C..Social health insurance in a developing country: the case of the Philippines [J]. *Social Science & Medicine*, 2006, 62: 77-85.

[24] Sitek, M.Politics and institutions in the reforms of health care in the Czech Republic, Hungary and Poland [J]. *Polish Sociological Review*, 2008, 1 (161): 39-53.

[25] Wendt, C, Agartan, T. I., Kaminska, M E .Social health insurance without corporate actors: Changes in self-regulation in Germany, Poland and Turkey [J]. *Social Science & Medicine*, 2013, 86 (5): 88-95.

就业保障篇

“一带一路”沿线国家就业扶持政策

——以马来西亚为例

张夜墨*

摘　要：马来西亚是“一带一路”沿线东盟国家中最具代表性的，也是构建人类命运共同体中最为重要的一环。无论是在双边经贸、社会保障、民间互动还是基础设施建设上，都与中国结成了互信互惠的良好外交合作关系。同时，马来西亚也是在“一带一路”建设中与中国合作最多、受益最多的国家之一。本文通过对马来西亚国家、人口、劳动力、就业等情况的梳理，对经济与就业扶持政策的演变进行了分析与评价，同时结合当下新冠肺炎疫情的大背景，全面论证了马来西亚就业扶持政策中的可执行性与限制性。从而得出，缺少战略性高科技新兴产业投资、种族倾向和劳动力技术水平、创造力偏低是制约马来西亚就业扶持政策的瓶颈。

一、导言

马来西亚是“一带一路”沿线的重要国家之一。国家人口以马来族、华族和印度族为主。该国已将其经济结构从农业转变为以制造业和服务业

---

* 张夜墨，哲学博士，华侨大学政治与公共管理学院讲师，研究方向为：环境政策、土地政策、国际关系。

为基础。与经济结构变化相对应的是劳动力市场的变化，马来西亚当下对劳动力的需求与过去农业占主导地位的与劳动力需求的性质有很大不同。劳动密集型生产方式虽然在马来西亚独立后的几年里是合适的，但是现在这种生产方式已不再适用。由于马来西亚劳动力费用低、丰富、灵活，曾经是外国直接投资的首选目的地。然而在当今时代，这种性质的劳动力已被越南、中国和印度尼西亚取代。马来西亚失去了以廉价劳动力为其经济来源的优势地位，使得该地区的经济结构有所变化，并进一步增加了劳动力供应压力。由于在就业方面缺乏以知识为基础的高技能、有创造性的劳动力和马来西亚当局在制定相关政策上带有一定的种族倾向性，该国整体的就业情况和薪资水平一直走低，陷入中等收入陷阱。2020 年，新冠肺炎疫情暴发后，联邦政府出台了大量就业扶持政策，但收效甚微。本文整理了该国相关的经济与就业扶持政策，并给予深入分析评价，对马来西亚在就业扶持政策上的执行性和限制性方面进行了论述，最后提出了展望。

二、马来西亚国家、人口与社会经济发展概况

（一）国家与人口概况

马来西亚联邦国土总面积约 330 345 平方千米，由 13 个州和 3 个联邦直辖区组成，被南中国海分隔成两个地区，即马来西亚半岛和位于世界第三大岛婆罗洲北部的东马来西亚。马来西亚半岛与泰国共享陆地边界，与新加坡、越南、印度尼西亚和菲律宾共享海上边界。全国人口约 3 260 万，其中马来人占 61. 98%，华人占 20. 64%，印度人占 6. 21%，原住民占 11%。在区域战略方面，地处东南亚的中心位置，两大洲、两大洋相交的十字路口，扼守连接太平洋和印度洋的水上重要通道——马六甲海峡，是陆上东盟和海上东盟的重要节点；宗教方面，伊斯兰教是马来西亚国教，与众多的穆斯林国家和中国西北的回族地区在信仰、文化和生活习惯方面有着天然联系；在金融环境方面，政治稳定，经济繁荣，法制健全，基础设施发达。可以说，马来西亚在“一带一路”建设中处于极其重要的位置。

尽管马来西亚的人口增长率相对较高，但由于迅速扩张的经济、城市化和妇女劳动力参与率相对较低，马来西亚仍是一个劳动力缺乏的国家，在国计民生的诸多经济领域严重依赖外籍劳工。目前共有 296 万—326 万名外来务工人员，其中有 123 万—146 万名非正常情况下的外来务工人员从事各

行业工作，特别是所谓的"3D"［脏（Dirty）、险（Dangerous）、难（Difficult）］工作，服务业约1/3的工人和农业中约25%的工人是外籍劳工。由于外籍劳工的数量庞大，引起的社会问题颇多。截至2019年9月，马来西亚正式雇用的外来务工人员占该国劳动力数量的20%。

（二）社会经济发展概况

马来西亚是相对开放的以国家利益为导向的新兴工业化市场经济体。联邦政府通过宏观经济计划，在国家的经济活动中起到指引作用，但其重要性逐渐下降。马来西亚创造了亚洲最佳的经济纪录，从1958年至2006年，国内生产总值（GDP）平均每年增长6.5%。2007年，马来西亚购买力平价全球第29位，成为东南亚第三大经济体。2007—2010年，维持5%—7%的增长率。2020年，世界银行组织预估国内生产总值为9 004亿美元，人均国内生产总值是10 192美元。

自1957年独立以来，马来西亚成功地实现了经济多元化。从最初依赖原材料（橡胶和锡）出口的经济转变为东南亚最强大、最多样化和增长最快的、拥有强大的制造业和服务业的东盟第四大经济体。该国初级生产行业仍然保有较大优势，是世界上橡胶和棕榈油的主要生产国，出口大量石油和天然气等大宗商品，并且是世界上最大的商业硬木来源之一。然而，马来西亚越来越强调以出口为导向的制造业来推动其经济增长。凭借相对廉价但受过良好教育的劳动力、发达的基础设施、政治稳定和被低估的货币等优势，马来西亚吸引了大量外国投资，尤其是来自日本和中国台湾地区的投资。

自20世纪70年代初以来，政府一直倡导社会和经济重组战略，最初称为《新经济政策》（NEP），后来称为《国家发展政策》（NDP），旨在经济增长和经济增长目标之间取得平衡，进行财富的再分配。马来西亚经济长期以来一直由该国的华人和南亚少数民族主导。新经济政策和新民主党的目标是为马来人和其他土著群体提供更多的经济与就业机会，并发展他们的管理和创业技能。官方经济政策也鼓励私营部门在重组过程中发挥更大的作用。该政策的一个主要组成部分是许多公共部门活动的私有化，包括国家铁路、航空公司、汽车制造商、电信和电力公司。

2010年至今，马来西亚全国贸易与GDP的比例平均超过130%。贸易和投资的开放性有助于创造就业和增加收入，马来西亚约40%的工作岗位与出口相关。1997—1998年亚洲金融危机后，马来西亚经济一直处于上升阶段，自2010年以来年平均增长5.4%，预计到2024年可实现从中上等收入经济体向高收入经济体的转变。作为一个中上等收入国家，马来西亚既是低收入和中等收入国家发展的贡献者，也是其迈向高收入和发达国家地位的全球经验的受益者。

三、马来西亚经济和就业政策演变与评价

1970—2020年，马来西亚相继颁布了多项缓解社会矛盾、提升国家经济和促进就业等方面的相应政策。1957年马来西亚独立后，经济一直以农业为主，没有成型的工业、制造业和服务业。马来人一直处于弱势地位。为了缩小各种族之间的差距，1970年《新经济政策》（NEP）推出。这是一项为期20年的长期政策。随后，1991年《国家发展政策》（NDP）取代了《新经济政策》。而后，《国家愿景政策》（NVP）于2001年颁布，它是一个长达30年的长期愿景。马来西亚国家经济发展与就业计划见图1。

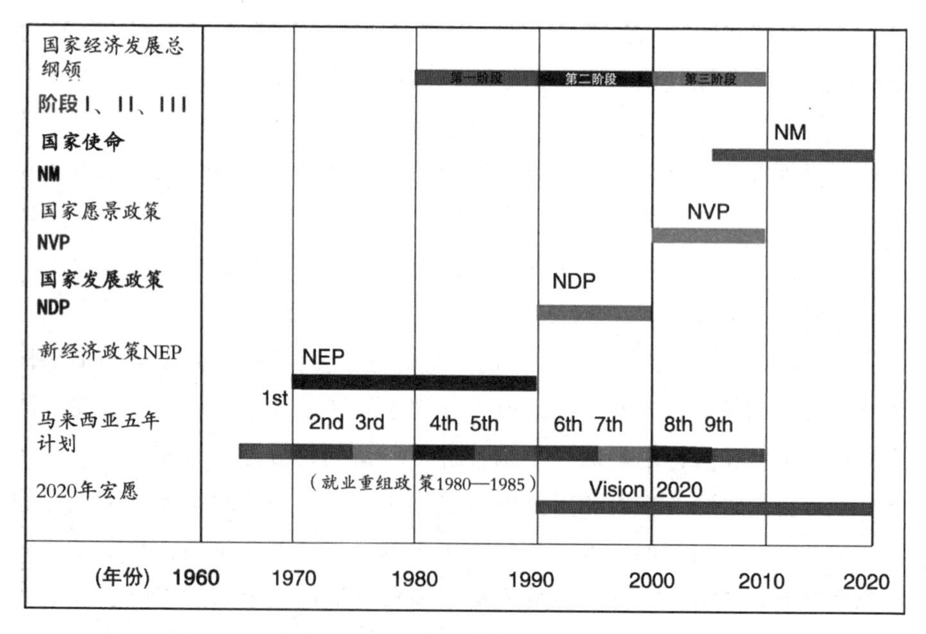

图1 马来西亚国家经济发展与就业计划（1960—2020）

（一）马来西亚《新经济政策》（NEP）

1969年的"五一三事件"① 发生后，次年，时任马来西亚首相的敦拉萨领导的国家行动委员会（NOC）制定了《新经济政策》（New Economic Policy/Dasar Ekonomi Baru）。该政策是一项社会再造和平权行动计划，旨在改变马来人和其他种族之间的社会和经济鸿沟，具体目标之一就是就业重组，在非农业部门增加马来人代表，从而消除贫困、增加就业，以至消除国家经济失调现象。这项极具种族色彩的政策始于《第二个马来西亚计划》（1971—1975年），一直持续到《第五个马来西亚计划》（1986—1990年）。《新经济政策》在1990年撤销后，由《国家发展政策》（National Development Policy）取代。

在政策实行的20年后，马来人手中的财富比例从1970年的4%上升到1997年的20%左右。国家的整体财富也有所增长，人均国内生产总值从1970年的1 142林吉特上升到1997年的12 102林吉特。在同一时期，整体人口的绝对贫困率从50%下降到6.8%，就业率表面上有所上涨。

1970—1980年，虽然在《新经济政策》的实行过程中就业和生产结构有所变化，但是在马来西亚半岛上的就业依然存在着种族不平等现象。在农业方面，各种族就业比例几乎没有变化。具体来说，马来人从1970年的67%变为1980年的66%，稍微有所下降；华人依旧占比20%左右；印度人从11.5%上升至13%；其他种族由1%下降到0.9%。另外，在服务业与制造业方面，马来人的就业比例蚕食了华人的就业岗位，印度人没有变化。总体来看，《新经济政策》看似起到了一定的作用，实则是拆东墙补西墙。

（二）马来西亚《国家发展政策》（NDP）

《国家发展政策》是马来西亚时任首相马哈蒂尔于1991年提出的一项经济政策，其目标是实现经济增长，增加就业岗位，同时确保社会各阶层能获得应得的利益。该政策于1991年通过，于2001年由《国家愿景政策》（NVP）接替。

《国家发展政策》在1990年取代了《新经济政策》，但仍然是推行针对马来人采取平权行动的《新经济政策》。根据政府数据，马来人在经济中的份额虽然要大得多，但并未接近30%的目标。在对《新经济政策》的审查

① 1969年5月13日爆发于马来半岛的一场马来人针对华人的血腥种族冲突事件。

中，政府发现尽管收入不平等有所减少，但与整体马来企业所有权相关的一些重要目标并未实现。马哈蒂尔和东姑拉杜拉曼都表示担心马来人在经济上仍然过于依赖华人。该政策被认为主要是平衡社会经济与就业的不平等，最终实现国家均衡发展，但马来人优先依然存在。

（三）马来西亚《国家愿景政策》（NVP）

《国家愿景政策》是《国家发展政策》的延伸，属于第八和第九马来西亚计划。这是一项为期30年的政策，于2001年颁布，以实现马来西亚的第三展望计划（OPP3），即旨在缩短地区经济发展不平衡的距离，持续消除贫穷与重组社会，最终建立一个进步与富裕的马来西亚民族。此外，它还在2020年愿景的第二阶段继续加强马来西亚向完全发达国家的转变。这项政策是为了帮助马来西亚经济面对全球化和自由化以及技术快速发展的挑战，特别是对于信息技术的挑战和通信技术。此外，NVP旨在通过提高全要素生产率和发展知识经济来强化人力资源发展和经济韧性。

但NVP所提出的国家愿景，并不是基于积累的民族智慧、文化和价值观，也不是基于人民的需求；相反，它植根于西方资本主义发展意识形态的狭隘视野，认为人类本质上是经济生物。在口头上追求环境可持续发展和培养一个宽容、更有爱心的社会的同时，NVP的主要目标是工业化、经济增长、提高劳动力水平和创造财富。不明智的资源配置和过度依赖对外贸易和投资使经济变得脆弱。

四、马来西亚劳动力与就业概况

1996—2020年，马来西亚失业率大体处于3%—3.5%之间。截至2021年3月，马来西亚全国就业人口1 533万，失业人口75.3万，失业率4.9%。由于受新冠肺炎疫情影响，2020年5月达到历史峰值5.3%。

（一）马来西亚劳动力薪资现状分析

政府支出的下降以及公共和私人投资的减少已经使2019年马来西亚的经济增长率降至4.3%。由于新冠肺炎疫情大流行，2020年马来西亚的经济增长率已大幅逆转至5.6%。尽管如此，国际货币基金组织2021年4月的预测显示，受大流行后全球经济复苏的影响，2021年马来西亚的经济增长率将强劲反弹至6.5%，2022年将稳定在6%。然而，新冠肺炎疫情大流行对马来西亚，尤其是弱势家庭产生了重大的经济影响。马来西亚政府在2020

年7月修订了国家贫困线后，5.6%的马来西亚家庭目前生活在绝对贫困中。联邦政府专注于解决人口中最贫困的40%（"底层40"）的福祉。与其他东亚国家相比，虽然马来西亚的收入不平等程度严重，但正在逐渐下降。虽然在过去10年的大部分时间里，底层40%的人的收入增长超过了前60%的人，但收入群体之间的绝对差距却在扩大，导致人们普遍认为穷人被抛在后面。在取消广泛的补贴后，政府逐渐采取更有针对性的措施来支持贫困和弱势群体，主要是向低收入家庭提供现金转移。

马来西亚的近期经济前景将比平时更依赖于政府维持私营部门活动的措施，因为新冠肺炎疫情的冲击降低了出口导向型增长，而且财政空间枯竭限制了公共投资导向型扩张。从长远来看，随着马来西亚与高收入经济体的接轨，增量增长将更少依赖于要素积累，而更多地依赖于提高生产力以维持更高的潜在增长。虽然意义重大，但马来西亚在过去25年的生产力增长一直低于几个全球和区域比较国。为解决关键结构性制约因素而进行的改革努力对于支持和维持马来西亚的发展道路至关重要。

根据世界银行的人力资本指数，马来西亚在157个国家和地区中排名第55位。为了充分发挥其劳动力潜力并实现该国高收入和发达国家地位的愿望，马来西亚需要在教育、健康和营养以及社会保护成果方面取得进一步进展。关键优先领域包括提高学校教育质量以改善学习成果、重新考虑营养干预措施以减少儿童发育迟缓，以及为家庭在人力资本形成方面的投资提供足够的社会福利保护。

（二）经济与劳动力前景分析

2018年，马来西亚人口约90%为公民，其余为外籍劳工和非法移民，人口年增长率为1.3%。就年龄结构来看，19岁以下人口约占35%，而65岁及以上人口约占7%；预计到2030年，65岁及以上人口约占10%，也就是进入了老龄化阶段。短时间内马来西亚并不能成为发达国家，但是面对未富先老的挑战，马来西亚没有切实可行的政策。如果继续发展下去，马来西亚将失去经济活力，社会福利经费支出暴涨，公共领域的投入加大，联邦财政可能会面临亏空。

2018年，马来西亚的劳动力总数约为1 532万人，其中约1 480万人就业，失业率约为3.4%。与国际水平相比，3.4%的失业率不算太高。在过去几年中，马来西亚的劳动力增长了约2.8%，同时创造的就业机会也增加了大约2%——约30万人。因此，3.4%的失业率没有太大变化。在2015—2017年，每年有超过30 000个职位被裁，合计68.4%的劳动力参与率。值得注意的是，尽管普及了教育，劳动力的水平正在提高，到2018年只有60.6%的人为中等技术工人，平均月收入为1 716林吉特；高技术工人占27.3%，平均月收入3 908林吉特；低技能工人工资占12.1%，平均月收入约为1 200林吉特。这突出表明，大多数马来西亚雇员的技能水平和收入很低。在今天的马来西亚，月平均收入不到2 000林吉特，在农村和小城镇可以维持一般的生活水平，但住在雪兰莪州和吉隆坡等高水平生活地区则难以维持体面的生活。

在统计部门的报告中，人们普遍注意到私营和公共部门的工资每年都在增长，例如在2018年，私营和公共部门分别增长了6.0%和4.5%。但矛盾的是，大多数劳动者并没有感受到生活的真正改善。即使实行了最低工资，情况也没有多大变化。主要原因是马来西亚的物价自2007年以来节节上升，而官方的消费物价指数（CPI）并没有反映出这种情况，因此，尽管官方宣称通货膨胀率通常低于3%，人们还是觉得物价一直在上涨。

在更深的层面上，马来西亚自1997—1998年开始的去工业化已经导致大多数人，尤其是新一代，进入了服务业这个劳动密集型产业。除少数情况外，大多数服务不适于自动化或提高生产率。在不容易提高生产率的情况下，提高最低工资当然会产生一种传导效应，即劳动力成本转移给消费者。

在发达国家，工资在国民总收入中约占50%的主要原因之一是其70%或更多的劳动力在服务部门。这些人的服务业需要大量的劳动力，如餐饮和住宿，但这很难实现自动化，其结果是劳动力成本很高。劳动力成本高于生产力的后果是价格上涨。目前，马来西亚的就业人口中有62%在服务业，而制造业仅占17%左右。这个难题的关键是——是否存在足够的高附加值的新兴服务业，而不是简单地将劳动力转移到这些服务业。这还涉及劳动力流动的一个因素，即劳动力是横向转移到不同部门，而不是纵向转移至更高的水平。最低工资并不能从根本上解决问题。这种水平转移与垂直转移有很大的不同。只有突破高低的局面，才能有所突破，否则可以预见，个人收入水平不容易有重大突破和最低工资无法根治。相比马来西亚的邻国新加坡，没有最低工资制度却充满竞争力，甚至吸引了许多国家的劳动力去新加坡寻找出路，其中马来西亚人是主力军。因此，实用知识和高级技能才是关键。

另外，一些人认为廉价的外籍劳工是马来西亚工资水平低的主要原因。虽然这是一部分事实，但它不是完整的。首先，马来西亚新一代的就业偏好并不青睐蓝领工人的工作，特别是重体力活、危险工作、风吹日晒的脏活。其次，自20世纪90年代以来马来西亚一直实行低薪竞争政策。最后，马来西亚是一个高度依赖国际贸易和市场的国家。如果它不能将技术水平提升到更高，将会失去劳动力密集型行业。从实践的角度来看，马来西亚最现实可行的出路在于改革对劳动力的教育和培训制度。

五、马来西亚就业扶持政策分析与评价

（一）马来西亚就业扶持政策现状

就目前马来西亚的情况，政府很少投入大量的资金进行就业指导与培训或者创造新型产业。相比较而言，政府大多对在马来西亚境内工作的外籍劳工做文章。2015年，政府以减少当地企业对外籍劳工依赖为由，宣布次年政府将根据行业调整现有的外籍工人人头税，预计雇用外国工人的成本将比雇用本地员工高出30%。很多中小型企业指责当局的做法是本末倒置，只会加重企业的负担，却无法增加当地民众的就业机会。如果想鼓励企业雇用当地人而不是雇用外籍劳工，就应该设法提高当地工人的生产力，并创造一个有利的商业环境，使他们能够提高工资和福利，而非通过额外增加聘请外籍劳工费用让业者“请不起”外籍劳工。

无独有偶，2018年1月1日，马来西亚人力资源部发表文告，提高外籍劳工签证费用政策正式生效，所有雇主必须承担新外籍劳工以及续签临时就业访问准证（PLKS）的征费费用，该文件由雇主在获准雇用外籍劳工之前签署。同时也适用于在政策生效之前已经转交征费的雇主，即使PLKS在2017年仍然有效。该部表示：“将对不遵守有关外国工人征税法律、法规和政策的雇主采取严厉措施。”文件规定如下。

（1）马来西亚半岛移民局针对制造业、建筑业和服务业发布的外籍劳工税率固定为1 850林吉特，而农业和牧业部门为640林吉特。

（2）家庭第一个外籍女佣人的征费固定为410林吉特，第二个为590林吉特，而第三个和以后的则为590林吉特。

（3）沙巴州和砂拉越州制造业的征费定为 1 010 林吉特，服务业为 1 490林吉特，农业和牧业为 410 林吉特。

（4）关于家庭佣人，第一个佣人的征费固定为 410 林吉特，第二个及以上则为 590 林吉特。

该部表示，这项政策是一项旨在改善第 11 个马来西亚计划中概述的外国工人管理系统的举措。其他举措包括到 2020 年，将外国工人的就业率限制在该国总就业率的 15%，并通过改进外国工人征税制度来规范低技能外国工人的入境。

参与的雇主组织包括马来西亚雇主联合会、马来西亚制造商联合会、马来西亚全国工商会、马来西亚中小企业协会、马来西亚日本贸易和工业联合会、马来西亚中华总商会、马来西亚联合印度工商会、马来西亚建筑大师协会和马来西亚橡胶制品制造商协会。

（二）新冠肺炎疫情期间马来西亚的就业扶持政策

2020 年 3 月 18 日，由于新冠肺炎疫情（COVID-19）在马来西亚的暴发，当局宣布封国并启动行动管制令（Moment Control Order）。行动管制令分为三级强度：第一等级为行动管制令；第二等级为有条件行动管制令；第三等级为复苏期行动管制令。强度逐渐递减。

1. 行动管制令（PKP/MCO）（2020 年 3 月 18 日至 2020 年 5 月 3 日）

第一阶段：2020 年 3 月 18 日至 2020 年 3 月 31 日；

第二阶段：2020 年 4 月 1 日至 2020 年 4 月 14 日；

第三阶段：2020 年 4 月 15 日至 2020 年 4 月 28 日；

第四阶段：2020 年 4 月 29 日至 2020 年 5 月 3 日。

2. 有条件行动管制令（PKPB/CMCO）（2020 年 5 月 4 日至 2020 年 6 月 9 日）

第一阶段：2020 年 5 月 4 日至 2020 年 5 月 12 日；

第二阶段：2020 年 5 月 13 日至 2020 年 6 月 9 日。

3. 复苏期行动管制令（PKPP/RMCO）（2020 年 6 月 10 日至 2021 年 3 月 31 日）

第一阶段：2020 年 6 月 10 日至 2020 年 8 月 31 日；

第二阶段：2020 年 9 月 1 日至 2020 年 12 月 31 日；

第三阶段：2021 年 1 月 1 日至 2021 年 2 月 18 日；

第四阶段：2021年2月19日至2021年3月31日。

在2020年5月1日，马来西亚政府开始出台新政策并发放中小微型企业纾困金，以帮助企业渡过难关并降低失业率。具体政策如下。

政策1：工资补贴计划（RM53亿）2020年6月至9月。
受惠群组：270万名雇员。
政策目的：鼓励雇员就职并减低雇主裁员率。
政策内容：延长3个月原有的工资补贴计划并更新了申请条件，即雇主可实行减少员工每周的工作日并允许减薪（最多30%），雇主可为无薪休假的雇员申请工资补贴，但仅限于被禁止的旅游业或在管制令期间完全停止运作的企业，同时工资补贴将归雇员所有。

政策2：国家就业平台网站升级（长期计划）。
受惠群组：5万名失业者。
政策目的：提供失业者求职机会。
政策内容：Perkeso将升级求职平台，Perkeso将与私人招聘网站配合运作。

政策3：企业招聘和培训援助计划（RM15亿）2020年6月至12月。
受惠群组：30万名求职者。
政策内容：提供企业援助金以聘请雇。
离校生和毕业生可获长达6个月的每月RM600的津贴　40岁以下：可获长达6个月的每月RM800的津贴　40岁或以上：可获长达6个月的每月RM1 000的津贴培训，每位雇员的RM4 000津贴将扩大至给予那些被裁撤但未涵盖于EIS的人士。

政策4：学习和提升技能计划（RM20亿）2020年6月中至12月。
受惠群组：20万名青年与失业者。
政策目的：通过技能提升以增强失业者的就业能力。
政策内容：提高青年的就业能力，尤其是离校生和应届毕业生拨款RM2亿，5 000万的一对一配对基金用于人力资源发展部优化政府的培训设施，例如MARA、社区学院、IKBN和ILP，提供高达RM3 500的培训津贴以支持证券业发展公司计划，放宽RTW计划的条件，提高失业工人的技能，实行公私合作技能提升计划，提供深造津贴以鼓励学习当地大学的短期课程。

政策5：零工经济社会保护与技巧（RM7500万）2020年8月起。
受惠群组：3万名零工经济雇员。
政策目的：促进零工经济并提供社会保障系统。
政策内容：提供高达RM5 000万的补助金给予零工经济雇员。需有成交高达RM162的EIS和每年高达RM250的EPF。为MDEC提供RM2 500万的全球在线劳动力计划，以培训马来西亚人从服务国际客户中获得收入。

政策6：弹性的工作时间安排奖励（RM8 亿）2020 年 6 月起。
受惠群组：居家工作的雇员。
政策目的：鼓励居家工作。
政策内容：实施有弹性工作时间的雇主可获税收减免（2020 年 7 月 1 日起生效），即从雇主那里收到手机、笔记本和平板电脑的雇员可获高达 RM5 000 的税务减免（2020 年 7 月 1 日起生效），个人购买手机、笔记本和平板电脑，可获高达 RM2 500 的特别个人税务减免（2020 年 6 月 1 日起生效）SOCSO 方面居家办公时意外受伤可向 SOCSO 索赔。

政策7：育儿津贴（RM2 亿）2020 年 6 月起。
受惠群组：约 8 000 所育儿中心，5 000 名居家与10 000名新的早期教育业者。
政策目的：提供有工作的父母育儿津贴。
政策内容：补贴在职父母计划，从即日起至 2020 年 8 月，每户可使用 RM800 的电子育儿服务电子券，2020 和 2021 课税年托儿服务的费用税收减免将提高至 RM3 000，鼓励托儿中心遵守新的规定，有注册的托儿中心可获一次性发放高达 RM5 000 的补助金（截至 2020 年 12 月 31 日），提供培训新的相关教育业者津贴。

政策8：MY30 公共交通津贴（RM2 亿）2020 年 6 月中至 12 月。
受惠群组：20 万名使用公共交通的马来西亚人民。
政策目的：减少交通费用的负担。
政策内容：推出每月 RM30 无限使用月票用于铁路交通（地铁、轻轨、单轨）、BRT、RapidKL 公共巴士和捷运接驳车。

政策9：弱势群体社会援助（RM1.08 亿）2020 年 6 月。
受惠群组：残障人士、单亲妈妈、相关的非政府组织（NGO）。
政策目的：提供弱势群体社会协助。
政策内容：提供一次性 RM300 的援助金于 19 万名残障人士、15 万名单亲妈妈和 2 000 名义工，为支持弱势群体的相关注册非政府组织提供赠款，鼓励 GLC 采纳一个社区并将实施一项社会经济发展项目。

政策10：低收入群组医药福利（RM5 000 万）即时生效。
受惠群组：40 岁或以上的 B40 群组。
政策目的：提供低收入群组医药福利。
政策内容：政府将拨款 RM1 亿于 B40 群组以提供 4 项福利，即健康检查，医疗器材辅助，癌症治疗奖励，医药运输补贴。

政策11：互联网流量福利（RM30 亿）2020 年 6 月至 12 月。
受惠群组：所有民众。
政策目的：提供免费互联网用量以支持线上学习。
政策内容：提供每日 8am—6pm 间免费 1Gb 互联网流量 [仅限教育、生产（视频会议程序）和新闻业者]，提供免费并无限制使用政府 COVID-19 应用程序和卫生部等相关网站。

政策12：中小型企业融资计划（RM20亿）2020年6月。
受惠群组：受经济影响的商家。
政策目的：协助中小型企业。
政策内容：银行将提供额外RM20亿的贷款配套，利息为3.5%，2020年6月开放，每个中小企业可申请最高RM50万贷款。

注：RM为马来西亚货币林吉特的符号，1林吉特≈1.6元人民币。

马来西亚政府在2020年3月新冠肺炎疫情暴发后开启了最为严格的行动管制令（MCO），而后除生活生产必要企业或者部门继续工作外，其余任何形式的公司、个人、学校、商店等都将关闭，员工居家工作。这一时期，中小微型企业运转困难，降薪解聘是通常的做法。马来西亚当局在3个月后陆续颁布了12项纾困和扶持就业等政策，给予不同年龄段、不同行业领域和不同身份的人民补助或减免税费。

（三）就业扶持政策的执行、局限与展望

综观马来西亚的经济与就业政策，从产业调整到优化结构，从内部产业配置到依赖国际贸易，无一不带有保守主义特色与种族倾向。在执行方面，针对的是一个不成熟或者说是一个错误的目标。虽然说"就业"的主角是劳动力，也是当局最终想解决的目标，但就业是政策—产业—技术—劳动力综合作用的结果。马来西亚劳动力缺乏成熟的技能和知识，在产业方面又较为单一，加之外籍劳工分走了一部分更适合本国人的较低水平的工作，马来西亚的就业市场可谓内外交困。

马来西亚当局一直奉行"马来人至上"的原则，在多个领域施行"固打制"①，如大学入学、政府公务员录用、公司股份、买房、贷款等生活中的各个领域。这使得华人和印度人在教育、工作和生活中处于劣势。渐渐地呈现出一种怪相：政府公务员99%为马来人，公司职员及小商业者多为华人和印度人。另外，马来西亚国际化产业不多，即使有一些跨国工厂里面也大多是外籍劳工。

近几年，中国的"一带一路"倡议和"人类命运共同体"给马来西亚带去了包括基础设施建设、工业生产、国际贸易、房地产和电子信息等产业，给马来西亚创造了数以万计的工作岗位与投资机会。这是中国兑现给

① 固打制是英文"Quota"（配额）的音译，指种族比例在特定领域中实施配额的制度，主要倾向马来人及原住民。

世界的承诺，也是实现"人类命运共同体"，同呼吸共命运的见证。马来西亚政府应摒弃保守主义与种族主义，加大产业升级的步伐。在"一带一路"倡议的国际大趋势下，加强劳动力技能培训，制定更合理的产业布局与招商引资政策。只有这样，就业扶持政策才能发挥出应有的效果，人民才能真正富裕。

参考文献

[1] 黄志敏. 马来西亚橡胶生产、研究、开发情况 [J]. 中国橡胶，2002 (5)：27-28.

[2] 郁振山. 马来西亚的职业安全健康总体规划 [J]. 现代职业安全，2020 (4)：88-89.

[3] 胡沈明. 超越信息：马来西亚华人媒介使用模式研究 [J]. 对外传播，2020 (1)：49-52.

[4] 黄锦荣，黄玉琪. 新经济政策，族群关系均衡与马来西亚华商：以定量宏观经济模型为重检视角 [J]. 华人研究国际学报，2018 (9).

[5] 姚珠铃. 马来西亚外劳现状分析 [J]. 东南亚，2007 (1)：26-31.

[6] 郭晓星. 中国与丝绸之路经济带沿线 23 国货币合作研究 [D]. 陕西师范大学硕士学位论文，2019.

[7] 陈宁. 东南亚劳动力的跨国流动 [J]. 东南亚，1998 (2).

[8] Bopulas B. Forecasting the Gross Domestic Product (GDP) of Malaysia [D]. University Malaysia Sarawak，2011.

[9] Bin Ibrahim M. Impact of the global crisis on Malaysia's financial system [J]. *Bank of Israel Rony Hizkiyahu*，2010，267.

[10] The World Bank Group：World Development indicators Database，2020.

[11] Heng，P. K.. Chinese Responses to Malay Hegemony in Peninsular Malaysia 1957-96 (Mediating Identities in a Changing Malaysia)，*OAI*，1996 (3).

[12] Trading Economics：Malaysia Unemployment Rate，2016-2021.

[13] Chong，C. H.，Tan，W. X.，Ting Z. J.，et al.. The driving factors of energy-related CO2 emission growth in Malaysia：The LMDI decomposition method based on energy allocation analysis [J]. *Renewable and*

Sustainable Energy Reviews, 2019, 115: 109356.

[14] Karim, W., Haque, A., Anis, Z., et al.. The movement control order (mco) for covid-19 crisis and its impact on tourism and hospitality sector in malaysia [J]. *International Tourism and Hospitality Journal*, 2020, 3 (2): 1-7.

[15] Taufik, N.F.A., Shamsudin, M.. Current Trend in the Services Sector in Malaysia [J]. *Journal of Postgraduate Current Business Research*, 2021, 6 (1): 7-7.

[16] Solarin, S.A.. Microfinance Services and Poverty Reduction in Sarawak, Malaysia [J]. *International Journal of Economics and Financial Issues*, 2021, 11 (2): 52.

[17] hler, H., Negre, M., Smets, L., et al.. Putting your money where your mouth is: geographic targeting of World Bank projects to the bottom 40 percent [J]. 2017.

[18] Baharin, R., Syah Aji, R.H., Yussof, I., et al.. Impact of human resource investment on labor productivity in Indonesia [J]. *Iranian Journal of Management Studies*, 2020, 13 (1): 139-164.

[19] Salleh, N.M., Ab Rahman B.Malaysia [M] //The Future of Work in Asia and Beyond, .Routledge, 2020: 131-148.

[20] Miah, M. M.. The impact of employee job satisfaction toward organizational performance: A study of private sector employees in Kuching, East Malaysia [J]. *International Journal of Scientific and Research Publications*, 2018, 8 (12): 270-278.

[21] Othman, B., Harun, A., Taha, M.Y., et al.. The Relationship Between Umrah Service Quality Dimensions and Umrah Customer Loyalty: A Study on the Umrah Travelling Industry in Malaysia [J]. *Journal of Critical Reviews*, 2020, 7 (13): 2131-2142.

[22] Wei, A.J., Murugasu A., Wei, C.Y.. Low-Skilled Foreign Workers' Distortions to the Economy [EB/OL]. Kuala Lumpur: Bank Negara Malaysia Retrieved from https: //amlcft.bnm.gov.my/files/publication/ar/en/2017/cp01001_ box.pdf, 2018.

[23] Wai, Fun Choong, Hashim Mohd Amir Shazwan, and Toudehdehghan Abdolreza. "Foreign workers reduction in Malaysian construction industry," *Inti Journal*, 2.8 (2018).

"一带一路"沿线国家的工伤保险及其立法*

韩　艳**

摘　要：在"一带一路"建设中尤其是在基础设施建设等项目合作中，由工作直接或间接引起的事故和职业伤害无法避免。因此，"一带一路"沿线国家一定要建立健全工伤保险制度。新加坡从独立后就开始探索工伤保险建设，并于1985年颁布实施《工人赔偿法》。新加坡的工伤保险实行雇主责任补偿制，其制度模式是私人经营、强制性管理，政府主要承担法律与规章制度的制定及相应的监管工作。韩国政府于1963年颁布了《产业灾害保险法》，1994年又对《产业灾害保险法》进行了全面修订并于次年公布实施。韩国政府在工伤保险中的责任主要是提供工伤保险的资金保障。

一、引言

"一带一路"是"丝绸之路经济带"和"21世纪海上丝绸之路"的统称。2013年9—10月，习近平在出访中亚和东南亚国家期间，先后提出了共建"丝绸之路经济带"和"21世纪海上丝绸之路"的倡议，受到了国际社会的高度关注。① "一带一路"倡议强调各国要打造互利共赢的"利益共同体"和共同发展繁荣的"命运共同体"，努力实现区域基础设施更加完善，投资贸易便利水平进一步提升，经济联系更加紧密，政治互信更加深化，人文交流更加广泛深入。② 自"一带一路"倡议提出以来，中国和"一

---

* 本文受到华侨大学中央高校基本科研业务费资助项目（18SKGC-QG1）资助。

** 韩艳，女，华侨大学政治与公共管理学院讲师，研究方向为公共服务和社会保障。

① 《推动共建丝绸之路经济带和21世纪海上丝绸之路的愿景与行动》，新华网，2015年3月28日，http：//www. xinhuanet. com/world/2015-03/28/c_ 1114793986. htm.

② 刘祥. "一带一路"倡议下中国企业"走出去"［M］. 北京：中国经济出版社，2018：5.

带一路”沿线国家积极开展经济贸易合作。截至2021年1月30日，中国共与171个国家和国际组织签署了205份共建“一带一路”合作文件，在基础设施、项目合作、贸易投资等方面取得了超预期的进展和成果。[①] 但与此同时，我们要认识到“一带一路”沿线国家多是新兴市场国家和不发达国家，经济基础薄弱、政治局势动荡、民族宗教林立、种族冲突不断，给“一带一路”建设带来诸多政治、经济、法律、违约等风险，[②] 尤其在基础建设等项目合作中，由工作直接或间接引起的事故和职业伤害即工伤无法避免。

工伤会给劳动者、企业和社会以及“一带一路”建设带来很多问题。对于遭遇工伤的劳动者而言，工伤使得劳动者负伤、致残、染上职业病直至死亡，其后果必然导致劳动收入的中断、减少甚至失去，给劳动者本人和家属带来极大的伤害；对于企业而言，由于职工不能参加生产活动，影响了企业经济活动的正常进行。更为严重的是，企业还要为劳动力的修复支付医疗费用和护理费用。如果伤亡事故严重，企业则有可能因无力承担巨额的费用而破产；对于社会而言，如果工伤职工或其家属的基本生活得不到保障，就会影响社会的稳定和发展；对于“一带一路”建设而言，工伤如果不能得到妥善解决，就会影响项目的建设进度、和谐劳动关系建设乃至中国与“一带一路”合作国家之间的关系。因此，在“一带一路”建设中一定要树立风险意识，建立风险保障管理机制，加强建立健全务工人员的工伤保险制度，为“一带一路”建设相关人员的安全保驾护航。

现代意义上的工伤保险，也称“职业伤害保险”，是指劳动者由于工作原因在生产经营活动中所发生的或在规定的某些特殊情况下遭受意外伤害，或因接触粉尘、放射线、有毒有害物质等职业危害因素引起职业病后，由国家或社会给负伤、致残者以及死亡者生前供养的亲属提供必要的物质补偿的一项社会保险制度。[③]

工伤保险作为社会保险体系中的起始险种，是社会化大生产即现代工业的直接产物。[④] 世界上最早实行工伤保险的是德国。德国首相俾斯麦于

① 《我国已签署共建“一带一路”合作文件205份》，中国商务部网站，2021月1月30日，https：//www.yidaiyilu.gov.cn/xwzx/gnxw/163241.htm.

② 周延礼.“一带一路”倡议下的保险业服务研究［M］.上海：人民出版社，2018：7.

③ 张旭升，刘桂梅，米双红.社会保险［M］.上海：复旦大学出版社，2007：121.

④ 张旭升，刘桂梅，米双红.社会保险［M］.上海：复旦大学出版社，2007：121.

1884年批准实施《工人灾害赔偿法》。[①] 随后英国颁布了《雇主责任法》，法国于1889年、美国于1908年、日本于1911年、苏联于1912年将职业伤害赔偿原则写进本国的法规中[②]，形成了早期的工伤赔偿，即雇主责任保险，这是工伤社会保险的初期阶段。在国际劳工组织的倡导和推动下，在第二次世界大战前后，工伤社会保险制度得到了很大发展。到20世纪90年代初期，世界上有155个国家或地区建立了工伤保险制度，占163个已经建立社会保险制度的国家或地区的95%，其普及率比养老保险还要高。[③]

新加坡和韩国是中国的重要邻国和经济合作伙伴，是"一带一路"建设的重要合作国，在经济、贸易、文化、社会等方面和中国有广泛的合作与交流。两国在经济上表现卓越，都是"亚洲四小龙"国家，也都成功跨越了"中等收入陷阱"。经济上的优异表现离不开工伤保险制度的保驾护航，因此，本文选择介绍新加坡和韩国的工伤保险及其立法。

二、新加坡的工伤保险及其立法

新加坡是中国重要的邻国。中新建交以来，两国在经贸、文化、社会等方面进行了广泛合作和交流。2015年11月6日，中国银行与新加坡工商联合总会签署了《中国银行—新加坡工商联合总会"一带一路"全球战略合作协议》，新加坡正式成为中国"一带一路"建设的成员国之一。[④]

新加坡面积为724.4平方千米，人口约570万。[⑤] 新加坡于1965年8月9日脱离马来西亚，成立新加坡共和国；同年9月成为联合国成员，10月加入英联邦。[⑥] 自20世纪60年代以来，新加坡国内生产总值飞速增长。2020年新加坡的国内生产总值达到3 500亿美元，人均国内生产总值为6.2万美元，是亚洲排名最高的国家。新加坡政府统一修建公共租屋，居民住房拥有率达91%，人均寿命83.2岁，识字率97.5%（15岁以上），每万人拥有

---

① 林义. 社会保险［M］. 北京：中国金融出版社，1998：257.

② 林义. 社会保险［M］. 北京：中国金融出版社，1998：257.

③ 王君南，陈微波. 劳动关系与社会保险［M］. 济南：山东人民出版社，2004：395.

④《"一带一路"国际合作高峰论坛成果清单（全文）》，中国一带一路网，2017年5月16日，https：//www.yidaiyilu.gov.cn/xwzx/gnxw/13690.htm.

⑤《新加坡国家概况》，中华人民共和国外交部网站，2021年6月15日。

⑥《新加坡》，中国一带一路网，2021年6月17日，https：//www.yidaiyilu.gov.cn/gbjg/gbgk/10005.htm.

24名医生，每千人拥有私车110辆。[①] 新加坡不仅是全球最富裕的国家之一，且多次被评为世界宜居国家，这不仅仅是因为新加坡经济发达，还和新加坡优美的环境和良好的社会保障政策有关系。

新加坡的社会保障制度呈现明显的“自助型”特征，是一种以自助为主、以促进经济发展为目标的社会保障形式。新加坡的社会保障费用主要由雇主和雇员承担（公共福利和文化设施除外），政府基本上不为社会保障制度提供资助。实行这种社会保障制度的国家数量不多，主要为新加坡、马来西亚、印度尼西亚等国家。新加坡的工伤保险制度是其社会保障制度的重要组成部分。新加坡建立工伤保险制度的原因和其他国家一样，都是为了给遭遇工伤事故的员工提供收入补偿、医疗待遇或为受其供养的遗属提供相应的收入待遇以维持其基本的生活。[②]

（一）新加坡工伤保险制度的建立和发展

18—19世纪，新加坡是马来柔佛王国的一部分。1819年，英国人史丹福·莱佛士抵达新加坡，与柔佛苏丹订约，开始在新加坡设立贸易站。1824年，新加坡沦为英国殖民地。1959年新加坡实现自治，但英国保留了国防、外交、修改宪法、宣布紧急状态等权力。[③] 1965年10月，新加坡加入英联邦。由于新加坡长期为英国的殖民地，因此，英国“二战”后建立的社会福利制度对新加坡产生了很大影响。

早在1953年12月，新加坡殖民当局就颁布了公积金法令，3年后成立了中央公积金局，正式推行中央公积金制度。但是，当时的中央公积金制度只是一种简单的养老储蓄计划，为雇员退休后或不能继续工作时提供一定的经济保障。1965年8月9日，新加坡独立以后，随着社会经济的迅速发展，新加坡不断改革中央公积金制度，使中央公积金逐步发展成为囊括医疗、住房、养老等的综合性社会保障制度。

在中央公积金中有一部分是“特别账户”，规定由于某些状况而终身残疾、精神不健全的人员可以提取全部公积金存款作为养老金，[④] 这事实上可

① 《新加坡》，中国一带一路网，2021年6月17日，https：//www.yidaiyilu.gov.cn/gbjg/gbgk/10005.htm.

② 冯英，康蕊. 外国的工伤保险［M］. 北京：中国社会出版社，2009：136.

③ 《新加坡》，中国一带一路网，2021年6月17日，https：//www.yidaiyilu.gov.cn/gbjg/gbgk/10005.htm.

④ 冯英，康蕊. 外国的工伤保险［M］. 北京：中国社会出版社，2009：137.

以作为工伤保险的一个补充项目，是新加坡工伤保险发展的雏形。随着社会保障制度的发展和工伤保险需求的增加，新加坡政府于1985年颁布实施了《工人赔偿法》，对工伤保险的覆盖范围、补偿程序、补偿金额等做了规定。2020年9月，新加坡颁布实施了新的《工伤赔偿法案》，对工伤范围、赔偿项目、赔偿金额等进行了调整。①

（二）新加坡工伤保险的管理机构

新加坡实施的是工伤保险雇主责任制，因此工伤保险的具体申请、支付、补偿主要是由雇主负责。新加坡工伤保险的管理机构是新加坡人力部（Ministry of Manpower）。新加坡工伤保险的制度模式是私人、政府强制性管理。新加坡的人力部在工伤保险的管理中具有重大作用，主要从事三方面的工作：一是制定、完善相关的工伤保险制度和法律；二是对雇主履行工伤保险的监督和处罚；三是建立半官方性质的法定机构，由这类机构对保险基金进行运营和管理。新加坡政府部门积极介入工伤保险管理活动，但不包办，主要发挥雇主、雇员和保险公司的作用。这样既充分发挥了个人与市场的作用，又凸显了政府的宏观管理效能，对其他国家工伤保险的管理和运行具有较强的借鉴意义。

（三）新加坡工伤保险的覆盖范围

新加坡的法律规定，雇主要为任何从事体力工作的员工或月收入在2 600美元或以下的非体力劳动员工购买工伤赔偿保险（Work Injury Compensation Insurance）。从2021年1月1日起，所有的工伤补偿保险政策必须由指定的保险公司传达，并且必须符合新加坡人力部的强制性条款。② 具体来讲，如果你是雇主，你必须为以下雇员购买工伤补偿保险：一是所有从事体力劳动的员工，无论工资水平如何；二是所有从事非体力劳动、月薪在2 600美元或以下的员工，不包括任何加班费、奖金、年度工资补贴、生产力激励金和任何津贴。雇主必须为本地和外国员工提供工伤补偿保险，否则纳为犯罪行为，可处以最高10 000美元的罚款或最高12个月的监禁。对于上述必须为其提供工伤补偿保险的其他员工，雇主可以灵活决定是否

---

① Changes to Work Injury Compensation Act in 2020，2021年6月17日，https：//www.mom.gov.sg/workplace-safety-and-health/work-injury-compensation/changes-to-wica-in-2020.

② Work injury compensation insurance，2021年6月17日，https：//www.mom.gov.sg/workplace-safety-and-health/work-injury-compensation/work-injury-compensation-insurance.

为他们购买保险。但是，如果这些员工提出有效的索赔，雇主必须赔偿他们，无论他们是否投保。①

以下人群不在新加坡工伤保险的覆盖范围：一是独立承包商（如自由职业者）；二是家庭用工；三是新加坡政府的军警人员（如新加坡武装部队、新加坡民防部队、新加坡警察部队）。

（四）新加坡工伤保险对工伤的界定

新加坡的法律规定，员工在任职期间履行职责时遭受意外人身伤害时，有资格根据《工伤补偿法案》提出索赔。除此之外，以下特殊情形，员工也可以根据《工伤补偿法案》获得补偿：一是员工被指派到国外工作时遇到事故；二是乘坐由雇主或代表其雇主运营的非公共交通工具上班途中遇到事故；三是感染职业病；四是在工作中接触生物或化学制剂导致疾病。如果工伤造成雇员死亡，死者的家属也可以代表雇员提出索赔。

《工伤补偿法案》规定，以下情形雇员不能申请工伤补偿：乘坐不属于雇主的交通工具去上班的途中遭遇事故；故意伤害自己；故意使现有的伤害更加严重；饮酒或服用未经医生允许的处方药时造成的伤害。

相对来说，新加坡对于工伤的界定与其他国家相比范围略窄，例如在德国和中国，只要在上下班途中发生的事故都算是工伤，与所乘坐的交通工具是否属于雇主无关。

（五）新加坡工伤补偿的待遇标准

根据最新的法律，当雇员遭遇工伤时，雇员可以申请以下三类补偿：因休病假、住院假而损失的收入；医疗费用；短期、永久丧失工作能力或死亡的补贴。

1. 因休病假、住院假而损失的收入②

新加坡注册医生提供的病假或住院假可以用来申请因休病假、住院假而损失的收入。

职工由于遭受工伤伤害，不能参加正常生产劳动的，在14天内按原工资照发；需要住院治疗的，可享受60天原工资照发的伤病待遇。超过上述

① Work injury compensation insurance，2021年6月17日，https：//www.mom.gov.sg/workplace-safety-and-health/work-injury-compensation/work-injury-compensation-insurance.

② How to Claim Work Injury Compensation for Work Accidents，2021年4月1日，https：//singaporelegaladvice.com/law-articles/how-to-obtain-work-injury-compensation-for-workplace-accidents/.

时间后，按照本人工资的2/3发给工伤津贴。法律规定工伤职工的医疗期最长为1年。

如果没有现成的可靠证据来计算员工的平均月收入，人力部可以根据员工基本工资的倍数来计算工资。此外，不休病假或住院假而轻装上阵的员工也有权要求赔偿任何收入损失。

2. 医疗费用

对于医疗费用，新加坡的人力部已经列出了可以在其网站上索赔的项目。然而，为了这些项目的索赔，所接受的治疗必须由新加坡注册的医生进行。可以在相关网站上查询治疗医生是否在新加坡注册了以下项目：医疗费用（如会诊和治疗费、假肢）、中医治疗、物理治疗、脊医治疗。如果员工认为雇主的医生没有客观地评估他们的伤势，他们可以向人力部申请让另一名医生评估他们的伤势。

在新加坡，工伤医疗费用和其他项目一样，也是由雇主来负责支付的。工伤补偿实施细则明确规定了每项费用的具体支付封顶线。

3. 短期、永久丧失工作能力或死亡的补贴

从2020年1月起，工伤事故一次性补偿标准发生改变。部分丧失劳动能力者的最高补偿额为45 000美元，或补偿1年期以内的医疗费用。

永久丧失工作能力的最低补偿额的计算公式为：97 000美元×致残程度（%）；最高补偿额为：289 000美元×致残程度（%）。

死亡的最低补偿额为76 000美元，最高补偿额为225 000美元。

如果永久丧失工作能力的比例为100%，则赔偿金额将增加25%。

（六）新加坡工伤保险的补偿程序

1. 对于暂时丧失工作能力的情况

对于不会使员工永久丧失行为能力的伤害，申请补偿的程序相当简单。只需尽快向雇主报告事故，并申请工伤带来的收入损失以及治疗费用。具体来讲包括四个步骤。

首先，工伤发生后立即寻求医疗救助，并立即通知雇主。如果不立马通知雇主，雇主可能会质疑工伤是否发生在工作期间。为了维护自己的利益，雇员也可以向人力部报告工伤事件，以便在发生任何争议时提供帮助。如果因工伤导致员工要享受医疗假或做更轻松的工作，雇主也将被要求向人力部报告该事件。

其次，雇员将原来的用药咨询（medical consultation）交给雇主，以申请医疗假工资。雇主还应为自己记录保留用药咨询的影印件。雇员将原始的医疗账单转给雇主，雇主应直接支付医院或诊所费用。如果受伤的雇员先垫付，雇主必须偿还。如果雇主不支付雇员的医疗账单或收入损失，或者雇员严重受伤，雇主没有通知人力部病情，遭受工伤的雇员应该通知人力部。

2. 对于永久丧失工作能力的情况

对于导致员工永久丧失工作能力的伤害，补偿申请过程要复杂一些。具体如下。

首先，尽快向雇主报告受伤情况。雇主应该支付受伤员工的病假工资和医疗费用。

其次，雇主向人力部报告事故。一旦雇主将事故通知人力部或保险公司，将自动开始对严重或致命伤害案件进行索赔处理。官员将收到索赔处理表，要求提供有关事故和官员平均月收入的更多详细信息。如果雇员不想提出索赔，必须在两周内提交撤销申请。

如果遭受工伤的雇员想提出索赔，则使用人力部的电子邮件系统提交申请书的扫描副本，或将其邮寄至人力部的服务中心。

再次，受伤员工需要到医疗鉴定中心进行医疗评估，以评估员工丧失工作能力的程度。

受伤员工必须参加所有医疗预约以进行医疗评估，否则索赔可能会被暂停。受伤员工可以向任何医院或医疗机构寻求治疗。但是，雇员的公司可能会要求雇员接受公司批准的医院或医疗机构的治疗或评估。

最后，员工将收到评估通知，告知员工、雇主和雇主的保险公司赔偿金额。如果没有人对评估有异议，雇主或雇主的保险公司必须在评估通知发出之日起 21 天内签发员工的赔偿支票。如果有人有异议，必须在评估通知发出 14 天内填写并提交附在评估通知上的异议表。

三、韩国的工伤保险及其立法①

2015 年 10 月 31 日，在中华人民共和国国务院总理李克强和韩国总统

① 冯英，康蕊. 外国的工伤保险［M］. 北京：中国社会出版社，2009：110-111.

朴槿惠见证下，中韩双方签署了《关于在"丝绸之路经济带"和"21世纪海上丝绸之路"建设以及欧亚倡议方面开展合作的谅解备忘录》，以及其他一系列文件。[①]

中韩两国同为世界重要经济体，互为重要的投资经贸合作伙伴。中国是韩国第一大贸易伙伴、第二大海外投资对象国，韩国是中国第三大贸易伙伴和外资来源国。两国建交20多年来，在政治、经济、文化各个领域开展了广泛而深入的合作，在推动两国经济社会快速发展的同时，为本地区乃至世界稳定繁荣注入了正能量和新动力。[②]

韩国位于亚洲大陆东北部的朝鲜半岛南半部，面积为10.329万平方千米，人口约5 200万。20世纪60年代，韩国经济开始起步。70年代以来，韩国经济持续高速增长，人均国内生产总值从1962年的87美元增至1996年的10 548美元，创造了"汉江奇迹"。1996年加入经济合作与发展组织（OECD），同年成为世界贸易组织（WTO）创始国之一。1997年亚洲金融危机后，韩国经济进入中速增长期。2020年韩国的国内生产总值为1.63万亿美元，人均国内生产总值为3.18万美元。[③]

韩国经济上的卓越表现离不开社会保障制度的保驾护航。韩国的社会保障制度包括养老、失业、医疗、产业灾害和疾病等多个项目。在体制上，韩国的社会保险实行的是多头管理的方式。其中，工伤保险和失业保险统一由劳工部管理。

（一）韩国工伤保险制度的产生和发展

韩国的社会保险计划主要由国家养老金、健康保险、就业保险和工伤保险构成。工伤保险（Work Injury Insurance）作为韩国最先实施的社会保险之一，为构建国家社会安全网发挥了重要作用。韩国的工伤保险是给因职业和工作而造成负伤、疾病、死亡等情况的职工提供医疗服务和生活保障的社会保险制度。韩国的工伤保险有利于保障工人的合法权益，帮助工人维持基本的、稳定的工作生活。韩国的工伤保险制度是在《产业灾害保

---

① 《"一带一路"倡议和韩国"欧亚倡议"有机对接 双方签署合作谅解备忘录》，中国一带一路网，2015年11月3日，https：//www.yidaiyilu.gov.cn/xwzx/bwdt/77053.htm.

② 《"一带一路"倡议和韩国"欧亚倡议"有机对接 双方签署合作谅解备忘录》，中国一带一路网，2015年11月3日，https：//www.yidaiyilu.gov.cn/xwzx/bwdt/77053.htm.

③ 《韩国》，中国一带一路网，2021年6月17日，https：//www.yidaiyilu.gov.cn/gbjg/gbgk/891.htm.

险法》的基础上形成和发展起来的。韩国政府于1963年颁布了《产业灾害保险法》，并于1964年7月起正式实施。随着时间的推移，韩国的《产业灾害保险法》在覆盖范围、保险金及其支付方面不断完善。2001年，韩国政府对工伤保险法进行了调整，采取了扩大工伤保险覆盖率、执行工伤事故雇员无责原则、丰富工伤补偿种类和提高工伤补偿标准等应对措施。[①] 根据工伤情形的不同，韩国的工伤保险补偿可划分为七大类，分别为医疗补偿、收入补偿、残疾津贴、护理津贴、遗属津贴、丧葬费援助和长期养老金赔偿。除了医疗救助，其他大多是现金补偿。

（二）韩国工伤保险的管理部门

同其他国家一样，韩国的工伤保险费由企业缴纳，雇员没有缴费的义务。当前韩国工伤保险的主管部门是韩国的雇用劳动部（Ministry of Employment and Labor）。雇用劳动部下设劳动保险局、产业灾害保险补偿评议委员会及45个地方劳动官署。劳动保险局负责工伤保险政策的制定和实施，产业灾害保险补偿评议委员会主要对与保险计划有关的重大问题进行磋商，下属的45个地方劳动官署负责深入地方的具体工作。

为了保证开展保险项目所必需的收入来源，并与保险待遇水平相适应，韩国劳动部建立了产业灾害保险补偿基金。基金主要用于支付保险费用、偿还贷款及利息、向勤劳福利公社缴费、按工业安全和卫生法的规定划拨产业灾害事故预防基金、促进工伤职工的福利以及其他保险项目的管理和基金运作的费用支出。[②]

韩国政府在产业灾害保险中的责任具体包括两个方面：一是提供实施保险计划所需要的费用，并列入该年度财政预算；二是视该年度财政预算状况为保险计划提供部分经费。

（三）韩国工伤保险的覆盖范围

韩国的《工伤保险法》在颁布之初旨在为64个矿产、制造业工厂的80 000名工人提供工伤保险。《工伤保险法》实行之初，规定工厂必须雇用500名以上工人才能参加工伤保险。随着时间的推移，矿产、制造业的工厂参加工伤保险的雇用工人数量要求降低，工伤保险的覆盖范围扩大。到2000年7月，这类工厂雇用工人数量达到1人即可参加工伤保险。工伤保

① 胡世前. 韩国的工伤保险制度［J］. 中国劳动，2015（5）.
② 冯英，康蕊. 外国的工伤保险［M］. 北京：中国社会出版社，2009：114.

险建立之初，规定采矿业、制造业的工厂必须为员工购买产业灾害保险。1981年工伤保险覆盖范围扩大到员工人数在16人以上的电、气、煤产业，用水、卫生、管道设施业，建筑业，服务业等多个行业。1987年又扩大到雇员为5人以上的企业。到1993年，除部分行业外，5人以上的企业、约700万名工人已经全部加入工伤保险体系，约占韩国全部就业者的36%。[①]

但以下不属于韩国工伤保险的覆盖范围：一是自由职业者；二是总金额少于20 000 000韩元的建筑公司，农业、渔业、狩猎业和员工数量少于5人的家庭护理服务公司，由其他法律涵盖的其他类型的商业或行业，没有雇用任何1名正式员工、全部雇用弹性工作制员工的公司。

（四）韩国工伤保险的待遇给付

韩国的工伤保险待遇种类繁多，主要包括医疗待遇、停工收入补偿、伤残补偿津贴、丧葬费津贴、护理津贴、遗属待遇、特别伤残待遇等。

1. 医疗待遇

员工因工负伤，在勤劳福力公社所属的产业灾害医疗机构或所确定的保险定点医疗机构治疗的费用可获得全额报销。如因某些原因，不能在上述定点医疗机构医治的，由保险基金支付非定点医疗机构所花费的费用。产业灾害保险基金可报销的费用有：诊断费，药品费，医疗处置材料费，假肢和其他康复设备费用，治疗、手术和其他医疗照料费用，住院费，护理费，交通费，劳工部规章确定的其他费用等。[②] 工伤保险刚建立时，只有长于9天的治疗才可以申请工伤保险的医疗待遇，1971年缩减到7天，1982年则缩减到3天。

2. 停工收入补偿

员工因为遭受工伤要接受治疗而不能像往常一样工作，可以申请工伤保险的停工收入补偿。1964年，停工收入补偿为工资的60%，1989年此比例增加到70%。当前，停工期间受保人每日可领取平均工资的70%，但治疗期在3天以内的不予支付。

3. 伤残补偿津贴

伤残津贴一般为一次性伤残补偿津贴。1964年，伤残补偿津贴为1 000天的工资。1971年、1977年和1982年，分别对一次性伤残补偿津贴进行了

---

① 冯英，康蕊. 外国的工伤保险［M］. 北京：中国社会出版社，2009：111.

② 冯英，康蕊. 外国的工伤保险［M］. 北京：中国社会出版社，2009：112.

调整。1999年以后，除了领取一次性伤残补偿津贴，受保人还可以选择领取养老金，具体选择哪种由受保人自己决定。韩国将工人致残程度分为14个等级：1—7级可享受年金待遇，标准为平均日工资的329—138天，也可以享受一次性处理，待遇标准为1 474—616天；8—14级享受一次性伤残补助待遇，标准为495—55天。

4. 丧葬费补贴

受保人因产业灾害死亡的，从1989年起，一次性支付120天平均日工资的丧葬费。1999年开始设置丧葬费补贴的最高额和最低额。

5. 护理津贴

从2000年起开始设置护理津贴，发放给严重失去劳动能力的员工。此津贴仅发放给残疾程度为1—2级的员工。全天的护理津贴为24 775韩元/天，半天的护理津贴为16 516韩元/天。

6. 遗属待遇①

受保人因产业灾害死亡的，其遗属可领取遗属补偿年金或者一次性遗属补偿金，受益人可在上述补偿金中自行选择。一次性遗属补偿待遇为1 300天平均日工资。接受遗属补偿年金的受益人若失去资格条件，又没有其他符合条件的受益人，则其已经领取的数额少于1 300天平均日工资数额的，其差额一次性支付给失去资格条件的受益人。如果雇员由于雇主的故意或者过失造成职业事故而死亡，其受益人可以申请特别遗属年金以取代民法所规定的伤害补偿。总统令规定，特别遗属年金可以与产业灾害保险规定的遗属年金同时给付。

7. 特别伤残待遇②

如果工人发生工伤事故，是雇主故意或忽视保险机构的规章制度造成的，并且符合总统令规定的伤残等级的受保人，可以申请特别伤残待遇以代替民法中规定的伤害补偿。也就是说，此时，投保人可同时获得由总统令规定的特别伤残待遇以及产业灾害保险规定的伤残待遇。但是，雇员和雇主就特别伤残补偿待遇达成了自主协议的除外。如果受益人获得特别伤残年金，那么，他将不得再申请民法或者其他法规规定的伤害补偿。由勤劳福力公社支付特别伤残待遇时，其费用按总统令的规定由雇主全额上缴

① 冯英，康蕊. 外国的工伤保险［M］. 北京：中国社会出版社，2009：113.
② 冯英，康蕊. 外国的工伤保险［M］. 北京：中国社会出版社，2009：113.

勤劳福力公社。

（五）韩国工伤保险的特点

经过近60年的发展与完善，与其他国家相比，韩国的工伤保险制度呈现出补偿标准高、补偿项目多元化等特点。和韩国同时期的其他社会保险项目相比，韩国的工伤保险制度也显示出不同。

首先，雇主向政府保险基金支付保费，员工不用缴纳，虽然大部分的保费会以较低工资的形式用在雇员身上。在韩国，相当比例（约85%）的保费是根据经验进行评级的；因此不同公司的评级结果不同。剩下比例（约15%）的保费根据固定利率设置，此部分保费所有企业相同。

其次，韩国的工伤保险是一个“无过错”制度。只要是因工作而受伤或得病，不论雇员是否有过错，都有权获得工伤补偿。韩国工伤保险的资金主要来自雇主支付的保费和管理资产，部分运营成本由政府预算提供，雇员不用承担费用。劳动部为企业计算明年及后年要缴纳的保费金额，且根据过去3年的保险费率决定不同企业的保险费率。一旦保费费率确定，每家公司必须按照确定的费率缴纳保费。

最后，动态调整工伤保险补偿标准。工伤保险制度是为了给因公受伤或死亡的劳动者提供基本生活保障和经济补偿，以实现风险共摊和社会共济。韩国政府每年会根据上一年度的物价变动指数和全国就业人口平均工资水平变化对工伤补偿标准进行调整，①以保证工伤补偿标准能切实保障受伤员工的基本生活水平。

参考文献

［1］冯英，康蕊. 外国的工伤保险［M］. 北京：中国社会出版社，2009.

［2］林义. 社会保险［M］. 北京：中国金融出版社，1998.

［3］刘祥.“一带一路”倡议下中国企业“走出去”［M］. 北京：中国经济出版社，2018.

［4］孙树菡. 工伤保险［M］. 北京：中国劳动社会保障出版社，2007.

［5］孙树菡，王岩. 劳动者职业伤害法律保障［M］. 北京：法律出版

① 胡世前. 韩国的工伤保险制度［J］. 中国劳动，2015（2）.

社，2006.

［6］王君南，陈微波. 劳动关系与社会保险［M］. 济南：山东人民出版社，2004.

［7］于欣华. 工伤保险法论［M］. 北京：中国民主法制出版社，2011.

［8］赵永生. 国际视野下我国工伤预防机制创新研究［M］. 北京：中国言实出版社，2014.

［9］赵祖平，杨洪晓. “一带一路”国家劳动关系［M］. 北京：中国工人出版社，2020.

［10］褚福灵. “一带一路”国家劳动力成本与劳动保障水平研究报告（2016—2018）［M］. 天津：天津人民出版社，2019.

［11］张旭升，刘桂梅，米双红. 社会保险［M］. 上海：复旦大学出版社，2007.

［12］周延礼. “一带一路”倡议下的保险业服务研究［M］. 北京：人民出版社，2018.

［13］ISSA Academy Workshop：Prevention of Occupational Risks［J/OL］. https：//ww1.issa.int/ac-prev-2019b.2019-04-23.

［14］Proactive Leading Indicators：A Guide to Measure and Manage Safety，Health and Wellbeing at Work［J/OL］. https：//ww1.issa.int/proactive-leading-indicators-launch.2020-08-27.

［15］Statistics and databases［J/OL］. https：//www.ilo.org/global/statistics-and-databases/lang—en/index.htm.2020-05-24.

社会救助篇

"一带一路"沿线国家的社会救助方式与贫困治理

田北海　武　斌[*]

摘　要："一带一路"沿线国家中，大部分属于中等收入国家，普遍存在一定的贫困问题，沿线国家在长期的贫困治理和社会救助中，采取了不尽相同的应对政策和手段，形成了具有一定区域特色、国家特点的贫困治理经验，但也面临着内外部发展不稳定、贫困人口识别管理不完善、项目设计执行杂乱、社会救助实际水平偏低等问题，启示我们要进一步完善社会救助体系，提升社会救助的资助水平，拔高贫困识别理念，提升贫困认定精准性。

在中国"一带一路"建设的背景下，中国同"一带一路"沿线国家建立了良好的伙伴关系，贸易往来与文化交流不断增加。"一带一路"沿线国

* 田北海，华中农业大学文法学院院长，农村社会建设与管理研究中心副主任，农村减贫与发展研究中心主任，教授，博士生导师，研究方向为福利社会学、农村社会学、社会发展与社会政策，tianbeihai@ mail.hzau.edu.cn。武斌，华中农业大学文法学院博士研究生，研究方向为农村社会保障。

项目来源：中央高校基本科研业务费专项资金资助项目"'后2020'时期农村相对贫困问题及其治理研究目"（项目批准号：2662020WFPY003）。

家包括东北亚、东南亚、南亚、中亚、西亚及北非、中东欧多个地区的国家，其人口占到了世界人口的60%以上，贫困问题是影响沿线国家发展的重要因素之一。2020年底，中国成功实现了现行标准下贫困人口的全面脱贫，成功完成了消灭绝对贫困的重大任务，然而如何维护现有的脱贫成果，避免返贫，并进一步治理相对贫困，仍然是中国需要长期面对的问题。“一带一路”沿线国家在长期的贫困治理和社会救助中，积累了大量的实践经验，可以为中国稳固贫困治理成效、提升社会救助成效提供有益的借鉴。因此，本文将对“一带一路”沿线部分国家的社会救助方式和有益的贫困治理经验进行梳理，并进一步分析“一带一路”沿线国家现行的社会救助和贫困治理方式存在的问题和短板，最后进一步探讨其对中国“后2020”时期稳定脱贫成效、加强相对贫困治理的启示。

一、“一带一路”沿线国家的贫困现状

根据世界银行的相关数据以及对贫困线的划定，“一带一路”沿线国家中，大部分属于中等低收入国家或低收入国家，普遍存在相对严重的贫困问题，且沿线的不同地区之间、国家之间存在着较大的差异。从区域分布来说，“一带一路”沿线的贫困国家主要集中在南亚、北非地区。世界银行将1.9美元每人每日的标准（2011年购买力平价）作为绝对贫困的衡量标准，对世界不同国家和地区的贫困发生状况进行了统计，并在此基础上补充了新的统计标准，表中针对中等低收入水平国家、中等高收入水平国家设立了3.2美元每人每日（2011年购买力平价）和5.5美元每人每日（2011年购买力平价）的相对贫困标准。从“一带一路”沿线国家的整体情况来看，大部分地区和国家仍在各自收入水平对应的贫困线标准下存在着一定比例的贫困人口，不少国家尚未完全解决赤贫人口的脱贫问题，具体的贫困状况见表1。

表1 "一带一路"沿线部分国家的贫困率

地区	国家	收入水平	绝对贫困率（1.9美元/人·日）%			相对贫困率（3.2美元/人·日）%			相对贫困率（5.5美元/人·日）%		
			2016年	2017年	2018年	2016年	2017年	2018年	2016年	2017年	2018年
东北亚	蒙古国	中等低收入	0.5	—	0.5	6.5	—	5.2	30.6	—	27.6
	俄罗斯	中等高收入	0.0	0.0	0.0	0.4	0.4	0.4	4.1	3.8	3.7
东南亚	泰国	中等高收入	0.0	0.0	0.0	0.6	0.4	0.5	8.2	7.6	8.4
	越南	中等低收入	1.9	—	1.9	8.1	—	6.8	28.2	—	23.1
	印度尼西亚	中等高收入	5.2	4.5	3.6	28.6	24.6	21.5	59.7	55.8	53.2
西亚及北非	伊朗	中等高收入	0.4	0.4	0.5	3.0	3.9	3.1	13.7	13.2	14.0
	土耳其	中等高收入	0.2	0.1	—	1.6	1.5	1.4	2.3	2.1	1.9
	埃及	中等低收入	—	3.8	—	—	28.9	—	—	72.6	—
南亚	斯里兰卡	中等低收入	0.9	—	—	10.8	—	—	41.7	—	—
	孟加拉国	中等低收入	14.5	—	—	52.5	—	—	84.3	—	—
	不丹	中等低收入	—	1.5	—	—	12.2	—	—	38.9	—
中亚	哈萨克斯坦	中等高收入	0.0	0.0	0.0	0.6	0.3	0.2	9.6	6.5	4.6
	塔吉克斯坦	中等低收入	1	1.1	0.6	14.1	14.7	10.9	61.4	60.5	54.8
中东欧	乌克兰	中等低收入	0.0	0.0	0.0	0.4	0.3	0.4	5.6	4.6	3.4
	波兰	高收入	0.2	0.3	0.2	0.5	0.6	0.4	1.6	1.3	1.1
	塞尔维亚	中等高收入	6.4	5.4	—	10.9	8.9	—	22	19.3	—
	阿尔巴尼亚	中等高收入	0.9	1.3	—	9.4	8.2	—	34.2	33.8	—

在东北亚地区，整体上沿线国家的贫困率在2016—2018年间有着一定程度的下降，以中国、俄罗斯为代表的国家现阶段已经完全消灭了绝对贫困问题，但蒙古国在2018年依然存在一定比例的绝对贫困人口，以3.2美元每人每日的相对贫困线为标准来看，蒙古国在2016—2018年间相对贫困率从6.5%下降到5.2%。此外，在5.5美元每人每日的相对贫困线为标准下，俄罗斯的相对贫困率仅从2016年的4.1%下降至2018年的3.7%，相对贫困人口比例的下降速度相对较慢。

在东南亚地区，依靠旅游业、出口导向的农业等产业的兴旺，不少国家获得了快速的发展，但依然存在贫困问题，以泰国为例，虽然已经解决了绝对贫困人口问题，但作为中等高收入国家依然存在不小比例的相对贫困问题，以5.5美元每人每日的贫困标准来看，泰国从2016年的8.2%下降至2017年的7.6%，但在2018年反弹回了8.4%，相对贫困的治理存在着一定程度上的反复和不稳定问题。而印度尼西亚虽然收入水平已经达到中等高收入国家行列，但在2018年依然存在3.6%的绝对贫困人口，相对贫困率虽然呈现出逐年下降的趋势，但以5.5美元每人每日的相对贫困线标准来看，2018年的相对贫困率依然高达53.2%，根据世界银行统计其在2018年的基尼系数为0.378，接近0.4，可见存在着一定的贫富差距较大的问题。越南长期饱受毒品问题、边境问题等不稳定因素的影响，贫困问题也相对突出，作为中等低收入国家，也尚未摆脱绝对贫困问题，2018年的绝对贫困人口尚有1.9%，3.2美元每人每日标准下的相对贫困人口比例也达到了6.8%。

在西亚北非地区虽然部分国家得利于丰富的石油资源获得了大量经济财富，但同时也深受战争、宗教问题、恐怖主义等毒害，在贫困治理上也存在一定的困难。伊朗、土耳其在5.5美元每人每日的中等高收入国家相对贫困线标准下，2018年的相对贫困率分别为14.0%和1.9%，但可以发现伊朗在2018年依然存在0.5%的绝对贫困人口，并且在2016—2018年出现了相对贫困率先降后升的情况。2017年的埃及在1.9美元每人每日的绝对贫困线标准下仍有3.8%的绝对贫困人口，在3.2美元每人每日的中低收入国家相对贫困线标准下有28.9%的相对贫困人口。

南亚地区贫困问题较为突出，在经济社会发展缓慢、政治动荡、宗教争端不断、自然灾害频发的背景下，南亚的贫困治理进程缓慢。2016年孟加拉国的绝对贫困人口比例达到了14.5%，3.2美元每人每日标准下的相对贫困人口比例达到了52.5%，同年的斯里兰卡绝对贫困人口比例为0.9%，3.2美元每人每日标准下的相对贫困人口比例为10.8%，不丹在2017年的相对贫困人口比例也达到了12.2%。此外，巴基斯坦在2015年5月的绝对贫困人口达到了810万，绝对贫困率为4.0%，绝大部分贫困人口集中在农村地区。印度统计和方案执行部发布的2020年可持续发展目标国家指标框架进展报告中，也指出印度2011—2012年度生活在Tendulkar委员会制定的贫困标准以下的人口比例为21.92%。根据世界银行的现有统计数据，2011年印度在1.9美元每人每日标准下的绝对贫困率为22.5%，在中等低收入国家3.2美元每人每日标准下的相对贫困率为61.7%，可见印度官方的贫困识别接近于1.9美元每人每日的绝对贫困线，本质上是一种绝对贫困的识别，远未达到中等低收入国家3.2美元每人每日的相对贫困识别标准。

沿线的中亚地区国家总体而言在独立后的贫困人口比例较高，且群体固化、城乡差异巨大，受制于经济政治转型中的决策问题也产生了大量新的贫困问题，贫困治理状况在不同国家间存在着明显的差异，其中哈萨克斯坦经济发展水平较高，达到了中高等收入国家水平，已解决绝对贫困问题，在5.5美元每人每日标准下的相对贫困人口比例从2016年的9.6%下降到了2018年的4.6%。而其他经济发展相对欠发达的国家如塔吉克斯坦，在2018年仍然存在0.6%的绝对贫困人口，3.2美元每人每日标准下的相对贫困人口比例达到了10.9%。

中东欧地区的经济发展整体较好，但部分国家的贫困率仍然相对较高，贫困治理存在一定的问题。其中，塞尔维亚和阿尔巴尼亚是中高等收入水平国家，但根据2017年的世界银行统计数据依然存在着一定比例的绝对贫困人口，分别为5.4%和1.3%，该比例甚至高于同年度的部分中等低收入国家。同样，在2017年两国中等高收入国家相对贫困标准（5.5美元每人每日）下的人口比例分别达到了19.3%和33.8%，远高于同地区的乌克兰和波兰。

就总体情况来看，"一带一路"沿线国家贫困人口问题相对较严重，在部分国家绝对贫困人口尚未完全消灭的情况下，大部分国家的相对贫困问题同样任重道远，且沿线国家贫困人口基数较大，社会经济发展不平衡，不少国家和地区还存在边境冲突、宗教矛盾、政权更迭频繁、腐败丛生、社会矛盾激化等社会问题，这就为"一带一路"沿线国家的贫困治理带来了巨大的挑战。

二、"一带一路"沿线国家的社会救助与贫困治理手段与经验

针对贫困人口的治理和社会救助，"一带一路"沿线国家采取了不尽相同的应对政策和手段，形成了具有一定区域特色、国家特点的贫困治理经验。

（一）东北亚地区的社会救助与贫困治理手段与经验

在东北亚地区，以俄罗斯为例，1997年俄罗斯通过立法确定了俄罗斯联邦的最低生活水平，具体通过消费篮子来确定，其中包含了维持人类健

康的最低食品需求以及非食品商品和服务需要，并且在不同群体的最低生活水平成本之间作出了区分，在联邦和地区两级为三个社会人口群体编制了各自不同的贫困线标准，分别是劳动年龄群体、领取养老金群体和儿童群体。以俄罗斯劳动部于2020年6月25日发布的第372N号命令为例，规定了2020年第一季度俄罗斯整体最低生活水平为10 843卢布（约964元人民币），劳动年龄人口为11 731卢布（约1 402元人民币），养老金领取者为8 944卢布（约795元人民币），儿童为10 721卢布（约953元人民币），全境内按此标准为贫困者发放社会救助金。[①] 此外，俄罗斯政府充分调动了国内的各类社会慈善组织，他们在对贫困家庭、儿童、老年人、残疾人等弱势群体的救助中发挥了重要作用。蒙古国在贫困治理中获得了大量的国际项目支持，如蒙古政府联合联合国附属机构、其他国际金融机构和捐助国于1994年6月拟订了国家减贫方案，此外，蒙古国对减贫战略进行规划，开展了2016—2030年的贫困治理目标计划，主要围绕加强教育培训，促进国民就业、创业，提升最低生活保障标准等进行。[②]

（二）东南亚地区的社会救助与贫困治理手段与经验

东南亚地区以农业作为主要产业，大量的贫困人口为农业贫困人口，集中在农村地区，长期以来农业技术水平较差、农业生产效率较低，加之灾害频发、科技教育事业发展缓慢都是制约东南亚减贫进程的重要因素。[③]因此为了解决贫困问题，东南亚地区的沿线国家多从提升农业技术水平、加强农村基础设施建设、提升教育事业发展等方面开展贫困治理工作，例如印度尼西亚在2010—2014年度的中期发展规划中，计划通过加大农业资金投入、促进就业等手段将贫困率下降至8%—10%，[④] 缅甸也在国家经济与社会改革纲要中将促进农业贷款发展、改善农业贸易环境、加强农业公共服务作为贫困治理的工作重心。[⑤]

---

① Ministry of Labor of Russia ［EB/OL］. http：//mintrud.gov.ru/docs/mintrud/orders/1670.

② The World Bank. Mongolia Poverty Reduction Strategy Paper Joint Staff Assessment ［R］. International Development Association and the International Monetary Fund，2003.

③ 吴良，钟帅，Boudmyxay Khampheng，等．“一带一路”倡议背景下东南亚贫困及减贫开发模式研究［J］．科技促进发展，2017，13（6）：463-471.

④ AJI P.Summary of Indonesias Poverty Analysis ［R］. Asian Development Bank，2015.

⑤ The World Bank.Growing Together Reducing Rural Poverty in Myanmar：Policies for Shared Prosperity in Myanmar Report ［R］. World Bank Publications，2016.

（三）西亚及北非地区的社会救助与贫困治理手段与经验

西亚及北非地区的部分国家长期笼罩在战乱阴影之下，以伊拉克为例，伊拉克长期处于内战之中，国家政权不稳定、社会动荡，民众的生活受到了严重影响，形成了大量的贫困人口，给该地区的贫困治理带来了巨大的挑战。伊拉克针对贫困人口建立了社会安全网，基本目标在于提高穷人的生活生平，家庭和个人在收入很少甚至没有收入的基础上被纳入这个网络。截至2014年6月25日，补贴受益人数估计为472 255人，其中144 788人失业，援助的金额随着家庭规模的增加而增长，根据2006—2014年实施的补贴制度，1人家庭每月可领取6.5万第纳尔，相当于人民币360元，补贴数额随着家庭成员人数的增多而增加，直到人数为6人或6人以上时达到最高水平，为15万第纳尔（约832元人民币）。[①] 此外，针对伊拉克地区存在农村贫困突出、贫困地区特别是妇女群体的教育水平落后等特点，伊拉克当局在2015年有关减贫行动的执行状况报告中，从经济建设、妇女教育培训等方面提出了相关的扶贫政策，[②] 重点加强农村地区的经济建设和教育建设，提升妇女的受教育水平。在埃及，对贫困群体的社会救助主要基于社会安全网，包括社会援助、粮食补贴方案和社会保障发展基金。社会援助中一项重要的社会援助计划是萨达特养老金，在穆巴拉克政权期间，它被重新命名为MOSA社会团结养老金。这项计划是由埃及第112/1980号法律规定的，它还将养老金的领取者范围扩大到临时工/非正规工人，没有其他养恤金来源以及属于社会弱势群体的人均有资格参加这一计划，具体包括：没有男性养家者的家庭，被遗弃者，丧偶者，离婚的妇女，老人和孤儿。粮食补贴则有两种形式：一是巴拉迪面包补贴，全体居民均可获得；二是专门针对穷人的定量配给卡，根据家庭人数的不同，家庭领取配给卡，每月有固定的额外基本补贴食品配额，除了巴拉迪面包补贴，食用油和糖是最重要的补贴商品。埃及的社会保障发展基金是1991年设立的，重点是创造就业机会，通过改善社区获得基本服务的机会来建设社区的能力，并鼓励中小型企业发展。社区发展内容包括提高识字率、获得初级保健服务、保护环境以及提高对健康和卫生的认识。而社区发展下的公共工程建设为

---

① Latef, H.. Social Protection and Safety Nets in Iraq [R]. The World Food Programme, 2015.

② Ammar Saad，夏英，张瑞涛. 伊拉克城乡贫困现状分析及展望 [J]. 农业展望，2008 (11)：35-39.

埃及人提供了创造公共资产和产生收入的机会，具体方案包括饮用水管道、污水处理、覆盖运河、尼罗河修筑和建设农村道路。[①]

（四）南亚地区的社会救助与贫困治理手段与经验

在南亚地区，世界银行2018年《贫困与共享繁荣》报告数据显示，截至2015年，该地区的绝对贫困人口占世界绝对贫困人口总数的29%，存在约2.16亿的绝对贫困人口，并且其中的4/5均在印度。根据世界银行的数据，印度在2011年的绝对贫困率达到了13.42%，加上印度自身庞大的人口基数，使得印度的贫困治理任务异常艰巨。印度政府在过去的多年间致力于建立和完善社会安全网，构建了以5个项目为主体的社会保障计划，这5个主要项目分别为：公共分配系统（PDS）、儿童综合发展服务计划（ICDS）、午餐计划（MDMS）、圣雄甘地国家农村就业保障计划（MGNREGS）及寡妇和老人养老金（Pensions）计划，这些项目在减少贫困、增加收入和减少营养不良方面发挥了关键作用。其中，前3个项目主要为食品补贴，公共分配系统、儿童综合发展服务计划和午餐计划分别面向的是贫困者、儿童与母亲以及入学儿童，通过提供食物的方式缓解这些家庭的贫困问题和营养不良状况，在过去的10年里，这些项目的预算支出大幅增加，其中用于ICDS的支出几乎翻了两番，从2006—2007年的400亿卢比增至2016—2017年的1 600亿卢比。[②] 与上面3项不同，圣雄甘地国家农村就业保障计划是非食品基础的救助计划，面向广大农村地区，遵循1977年《马哈拉施特拉邦就业保障法》，是世界上最大的社会保障计划，它赋予公民工作的权利，因此当民众需要时，政府有义务提供工作，具体来说，农村家庭的所有成年人被保证有100天的非技术性体力劳动，而他们从事的主要工作是在印度农村地区修建道路、运河、池塘和水井等公共基础设施，因此将同时解决农村的生活问题和基础设施问题。参与这一项目也被证明对增加食品支出和减少家庭放弃的膳食数量有显著影响。[③] 孟加拉国在减少贫困方面取得了令人瞩目的进步，近年来孟加拉国通过向贫困的个人或家

---

① Ameta, D., El Shafie H. Social Protection and Safety Nets in Egypt［R］. The World Food Programme, 2015.

② Pingali, P., Aiyar, A., Abraham, M., et al.. *Transforming Food Systems for a Rising India*［M］. Springer Nature, 2019.

③ Ravi, S., Engler, M.. Workfare as An Effective Way to Fight Poverty: The Case of India's NREGS［J］. *World Development*, 2015, 67: 57-71.

庭提供非缴款式的定期定额现金资助或实物资源的社会援助缓解了贫困问题，这类方案通常包括现金和实物津贴、学龄儿童的学校供餐和公共工程方案。①

（五）中亚地区的社会救助与贫困治理手段与经验

中亚五国中哈萨克斯坦的综合实力较强，在贫困治理方面也形成了一套相对完善的体系，哈萨克斯坦在日内瓦（瑞士）举行的国际劳工大会第101届会议上通过了《2012年社会保护最低标准建议》（第202号），近年来也在加强社会保障制度、执行社会政策方面取得了重大进展，例如开展养老保险制度改革，成功实施残疾人三级社会保障制度，制定了国家困难群众医疗、社会、专业康复综合措施等 。过去几十年来，塔吉克斯坦在减贫方面取得了持续进步，自1999年以来，贫困率大幅下降，2018年以1.9美元每人每日的绝对贫困标准来看，塔吉克斯坦几乎完全消除了绝对贫困，但其仍是欧洲和中欧地区最贫穷的国家，且贫困人口主要集中在农村地区。对此塔吉克斯坦主要从三个方面开展贫困救助和治理：一是教育现金补助，教育对儿童的发展至关重要，它可以防止贫困的代际传播，塔吉克斯坦原则上对1—9年级阶段中家庭收入低于当地最低收入的50%的家庭的入学儿童提供现金补助，然而考虑到低收入家庭的比例超过了可用的资源，委员会进一步将领取资格划定为符合条件家庭数的15%；二是能源现金补偿，接入电网且人均收入低于最低工资50%的家庭有资格获得补贴，且单身老人家庭、独居的残疾人、失去主要劳动力的残疾儿童家庭、户主不再能够工作的家庭以及至少有两名残疾人的家庭有优先获得补偿的权利，塔吉克斯坦有6%的家庭无法使用电力，且高昂的电力成本也导致贫困弱势家庭对电力的使用受限严重，使这些家庭将其资源中相对较大的一部分用于电力，引入能源现金补偿保证了这些家庭最低水平的能源消耗，并减少电力成本将本已脆弱的家庭推向贫困的风险，这项津贴的目标是覆盖每个地区人口的20%，也就是说它像教育现金补助一样，并不是普及所有符合条件的家庭，而是仅对其中条件最差的部分家庭发放；三是针对性社会救助计划（TSA），TSA计划是一种无条件的现金转移，受益人通过代理经济状况调查（PMT）确定，于2018年底全面实施，其目标是改善最弱势群体的生活条

---

① Hasan, M.K.. ABCD of Social Protection in Bangladesh [R]. Government of Bangladesh, 2017.

件，向家庭提供全面支助，而不是为特定目标提供的现金转移支付，PMT得分低于既定阈值的家庭每季度将收到补贴，相当于每户每年400塔吉克斯坦索莫尼。虽然获得TSA需要一定的分数，但低收入家庭同样可以享受其他实物福利：保健服务和药品半价、1000塔吉克斯坦索莫尼的丧葬补贴、人道主义援助、学生学费减半等。

（六）中东欧地区的社会救助与贫困治理手段与经验

中东欧地区整体经济水平相对较高，波兰向贫困弱势家庭提供的社会援助包括现金和实物（非现金）福利，它帮助包括受到家庭暴力、贫穷、无家可归、父母死亡以及其他家庭困难和自然灾害影响的困难个体和家庭。申请社会救助的个人和家庭需要前往他们附近的社会福利中心（这些中心位于每个市镇）进行社区面谈，旨在评估申请人的个人、家庭、收入和经济状况，是给予社会援助福利的基础，并且个人申请者的经济收入需要低于每月701兹罗提，申请家庭的月人均收入需要低于528兹罗提，具体的救助措施包括：长期津贴，用于补充由于年龄或残疾而丧失工作能力的人的收入；定期津贴，是为没有收入或收入低于法定收入门槛线的人和家庭提供的，如果经济状况是失业造成的，该人可以享受失业救济金；专款津贴及特别需要津贴，一次性发放给个人及家庭以满足他们最迫切的需要，如购买药品、燃料；此外还有经济独立贷款津贴、协助独立和继续教育津贴以及补充性父母津贴。[①] 乌克兰也针对国内的贫困问题建立了较为完善的社会安全网体系：推行了老年津贴、国内流浪者津贴、伤残津贴、社会津贴、失业津贴、儿童津贴，此外还有住房和公用事业补贴、免费公共交通等经济援助；在实物援助、社会服务援助方面，在社区层面推行了覆盖老年人、残疾人、低收入家庭、贫困儿童、贫困青年的社会服务体系，建立了相应的社会服务中心。[②]

三、“一带一路”沿线国家社会救助与贫困治理的问题与短板

“一带一路”沿线国家在长期同贫困问题的斗争中积累了大量经验，根

① European Commission. Your Social Security Rights in Poland [Z]. Directorate-General for Employment, Social Affairs, and Inclusion, 2020.

② United Nations World Food Programme. Study on Social Protection and Safety Nets in Ukraine: Exploration of Social Protection System in General and for Specific Vulnerable Groups Supported with Examples from Conflict Affected Donbas Region [R]. WFP Ukraine, 2017.

据各自的国情和区域特征推行了各具特色的社会救助手段和贫困治理方式，为其他国家和地区的贫困治理提供了有益的借鉴，但同时这些救助手段、治理方式在实践中也面临着一些问题与短板，需要引起充分的重视和不断的改进。

（一）内、外部发展不稳定因素制约政策的稳定性和治理效果的可持续性

"一带一路"沿线国家中大部分属于发展中国家，经济社会发展相对薄弱，不少国家在发展中面临着来自外部环境和内部因素的挑战。东南亚地区长期遭受自然灾害，严重影响了正常的生产生活，中亚地区国家间自然环境条件的差异导致了区域性贫困和资源短缺，西亚地区则面临着严重的极端主义、恐怖主义，部分国家和地区长期受到战乱冲突、外部干涉的影响，导致国家政权更迭频繁、社会动荡混乱，这些不稳定因素威胁了正常的经济社会运转，影响了社会政策的正常执行，加之部分国家的大量社会援助方案并未列入国家立法，这些计划在整个社会保护制度内缺乏连贯性，[①] 导致这些国家在落实社会救助措施、治理贫困人口问题上的政策连续性和稳定性受到了制约，特别是在战乱条件下难民困难群体不断增加，前期贫困治理成果更加难以维持。

（二）贫困人口识别管理不完善、项目设计执行杂乱影响社会救助的实效

"一带一路"沿线国家在贫困人口的识别管理中，部分国家鉴别贫困家庭的标准通常是模糊的，并且指标的信息也较难收集，贫困识别标准缺乏动态性，如印度自 2013 年 7 月根据官方认定的 Tendulkar 贫困线进行核算发布的 2011—2012 年度的贫困数据之后，始终未对官方贫困线进行调整，[②] 这些问题使得基层在对贫困人口进行认定时往往由于制度设计缺陷而导致大量贫困群体被排斥在各种社会救助计划之外。在贫困人口识别、资助资格方面存在不对等性，实际享受社会救助津贴的群体与贫困人口规模之间存在较大的出入，如塔吉克斯坦的教育、能源津贴仅分别覆盖当地贫困家庭的 15%和 20%，并且沿线国家中不少存在相对严重的政治腐败问题，加重了治理成本，伊拉克的 CPI 指数常年处于倒数行列之中，印度在贫困救助

---

① De, L., Anh, Q.N., Tsuruga, I., et al.. An Assessment of the Social Protection Needs and Gaps for Workers in Informal Employment in Myanmar [R]. International Labour Organization, 2020.

② National Statistical Office of India. Sustainable Development Goals National Indicator Framework Progress Report 2020 [R]. Ministry of Statistics and Programme Implementation, 2020.

资格认定中存在的政治偏袒直接导致了印度最底层 40%的家庭中，仅有 28%的家庭获得了相应的贫困社会救助，而非贫困家庭却获得了 36%的制度福利。[①] 世界银行的一项研究也显示，2006 年，埃及不到 12%的穷人获得了公共社会援助，而 70%的社会援助款项被非穷人获得。[②] 此外，在实际操作中，不少国家的社会救助项目过于零散、执行方案的机构交织冗杂，小型和短期计划通常在没有全面政策框架的情况下进行，在地域上或主题上出现了方案重叠的情况，在某些领域也进行了类似的方案，其中部分已包括在其他方案内，造成了公共资源的浪费和方案的低效率。[③] 这些问题的存在导致了这些国家的贫困识别和社会救助资格认定的公信力受损，严重影响了贫困治理的实际效果。

（三）社会救助实际水平偏低限制了困难个体和家庭生活状况的改善

“一带一路”沿线国家的实际社会救助水平普遍偏低。其中，埃及的非缴费计划的实际补贴金额较低，因此它几乎对埃及穷人的生活没有任何影响。[④] 印度尼西亚自 2012 年以来，社会救助支出的绝对值显著上升，但在 2016 年仅占 GDP 的 0.7%，对于印度尼西亚这样一个中等高收入水平的国家来说是很低的，其社会救助的低分配明显降低了其减少贫困和不平等的能力。[⑤] 塔吉克斯坦的经济增长在过去几年尽管一直是积极和稳定的，但增长并不特别具有包容性，社会保障转移支付的比例仍然很低。[⑥] 伊拉克的社会保障要求与国家满足这些要求的能力之间存在着很大的差距，随着伊拉克弱势群体在人口、经济和政治领域的扩大，社会保护机构应对弱势人口增长的能力仍然有限，伊拉克的社会保障体系在纵向（增加目标人口）和横向（增加社会保障项目所覆盖的风险）的扩张能力方面受到挑战。[⑦] 就细

---

① Pingali, P., Aiyar, A., Abraham, M., et al.. *Transforming Food Systems for a Rising India* [M]. Springer Nature, 2019.

② Ameta, D., El Shafie, H.. Social Protection and Safety Nets in Egypt [R]. The World Food Programme, 2015.

③ Hasan M.K.ABCD of Social Protection in Bangladesh [R]. Government of Bangladesh, 2017.

④ Ameta, D., El Shafie, H.. Social Protection and Safety Nets in Egypt [R]. The World Food Programme, 2015.

⑤ OECD. *OECD Development Pathways: Social Protection System Review of Indonesia* [M]. OECD Publications, 2019.

⑥ WFP.Scoping Study on Social Protection and Safety Nets for Enhanced Food Security and Nutrition in Tajikistan [R]. The World Food Programme, 2018.

⑦ Latef, H.. Social Protection and Safety Nets in Iraq [R]. The World Food Programme, 2015.

甸而言，政府提供的社会护理服务资金短缺且大部分由没有受过专业培训的志愿者提供，向残疾人和孕妇等具有特定脆弱性的非正式雇佣工人提供的法律保护不足，培训中心数量有限，偏远地区和边缘社会群体难以获得社会援助福利和服务。这些问题降低了社会救助的质量和效率，弱化了相应的社会政策对困难群体和家庭的生活改善作用。① 同样在乌克兰，2017 年随着社会保障水平的提高，乌克兰的社会保障支出有所增加，但是最脆弱的群体并未从最低社会保障筹集资金的增加中受益，尽管政府为人们提供了最低的社会标准，但由于固定的最低生活水平和实际的最低生活水平之间的差异，贫困群体和家庭在经济上仍然是缺乏保障的，尽管社会服务体系改革和权力下放改革已经启动，但最弱势群体获得服务的机会仍然有限，社会服务经费不足，缺乏资源和专业支持。②

四、“一带一路”沿线国家社会救助与贫困治理的启示

通过对“一带一路”沿线国家的社会救助政策和贫困治理手段的梳理可以发现“一带一路”沿线国家基本上形成了一套相对完整的社会救助体系。这些社会救助政策和项目对于缓解当地的贫困问题、改善贫困脆弱群体的生活条件发挥了难以替代的作用，但在成功经验的背后，沿线国家的治理实践也存在着一定的问题与短板，这些需要我们在中国的贫困治理和社会救助中加以慎重。

中国与“一带一路”沿线大部分国家一样，属于中等收入的发展中国家，虽然中国已经完成了消灭绝对贫困的历史任务，但在 2020 年后仍然需要面对如何稳固脱贫成果，防止返贫、促进贫困边缘群体增收、缓解相对贫困等重要问题。因此，结合“一带一路”沿线国家在社会救助和贫困治理中的有益经验和问题缺陷，本文对中国“后 2020”时期的贫困治理提出了几点建议。

一是要进一步完善社会救助体系，拓宽社会政策福利的覆盖面，建立完善重大风险、突发事件应急救助预案，真正将更多的弱势群体、贫困家

① De, L., Anh, Q.N., Tsuruga, I., et al.. An Assessment of the Social Protection Needs and Gaps for Workers in Informal Employment in Myanmar [R]. International Labour Organization, 2020.

② United Nations World Food Programme.Study on Social Protection and Safety Nets in Ukraine: Exploration of Social Protection System in General and for Specific Vulnerable Groups Supported with Examples From Conflict-affected Donbas Region [R]. WFP Ukraine, 2017.

庭纳入社会救助中，加强脆弱家庭的抗风险能力。同时促进社会救助各部分项目的整合，避免社会救助项目的零散化、重复化，减少公共资源的浪费，提升社会救助的效率，在新旧政策过渡中充分保证社会救助政策的连续性、渐进性和稳定性，做到“脱贫不脱政策”。

二是要逐步提升社会救助的资助水平，加强基础设施建设、政策配套产业建设和专项经费投入，特别是提升农村地区、偏远地区和边缘社会群体的社会服务可及性和知晓度，注重对弱势群体内生动力和就业创业增收能力的培养和相应政策条件、物质资源的支持。对有切实困难和需要的弱势群体、贫困家庭努力做到“应救尽救，应保尽保”，现金补贴、实物救助与社会服务相结合。

三是要拔高贫困识别理念，提升贫困认定水平，对脱贫不稳定的群体进行及时跟进。充分认识到绝对贫困与相对贫困之间的差异，提升相对贫困治理的理念层次，在解决贫困人口的温饱问题基础上进一步从发展的角度看待相对贫困，认识到相对贫困的多维性，以提升人的可行能力、促进人的全面发展为导向。在贫困标准线设定上充分考虑日常的家庭医疗、教育、养老等非食品支出和服务支出，以及重大家庭事故、灾难导致的大额支出，并对不同家庭的人口结构、规模进行加权区分不同的家庭生计成本和风险应对成本，同时兼顾城乡差异、区域差异，并定期进行动态调整，提高贫困识别的精准性和公平性。对脱贫不稳定群体进行及时有效的跟进，及时解决问题防范风险，避免这类群体和家庭再次陷入贫困。

参考文献

[1] The World Bank. Poverty and Shared Prosperity 2018 [R]. World Bank Publications, 2018.

[2] National Statistical Office of India. Sustainable Development Goals National Indicator Framework Progress Report 2020 [R]. Ministry of Statistics and Programme Implementation, 2020.

[3] 杨进. 中亚五国贫困问题研究 [D]. 北京：中国社会科学院研究生院博士学位论文，2010.

[4] Ministry of Labor of Russia [EB/OL]. http://mintrud.gov.ru/docs/mint-

rud/orders/1670.

[5] The World Bank. Mongolia Poverty Reduction Strategy Paper Joint Staff Assessment [R]. International Development Association and the International Monetary Fund, 2003.

[6] 吴良，钟帅，Boudmyxay Khampheng，等. “一带一路”倡议背景下东南亚贫困及减贫开发模式研究 [J]. 科技促进发展，2017，13（6）：463-471.

[7] Aji, P.. Summary of Indonesias Poverty Analysis [R]. Asian Development Bank, 2015.

[8] The World Bank. Growing Together Reducing Rural Poverty in Myanmar: Policies for Shared Prosperity in Myanmar Report [R]. World Bank Publications, 2016.

[9] Latef, H.. Social Protection and Safety Nets in Iraq [R]. The World Food Programme, 2015.

[10] Ammar Saad，夏英，张瑞涛. 伊拉克城乡贫困现状分析及展望 [J]. 农业展望，2008（11）：35-39.

[11] Ameta, D., El Shafie, H.. Social Protection and Safety Nets in Egypt [R]. The World Food Programme, 2015.

[12] Pingali, P., Aiyar, A., Abraham, M., et al.. *Transforming Food Systems for a Rising India* [M]. Springer Nature, 2019.

[13] Ravi, S., Engler, M .. Workfare as An Effective Way to Fight Poverty: The Case of India' s NREGS [J]. *World Development*, 2015, 67: 57-71.

[14] Hasan M.K.ABCD of Social Protection in Bangladesh [R]. Government of Bangladesh, 2017.

[15] Rakymzhanova, S., Issakhova, P., Karshalova, A.. Development of the Social Protection Funding Mechanisms in the Republic of Kazakhstan [J]. *Espacios*, 2018, 39 (27): 31.

[16] Andjelkovic, B., Ivanov, A., Horváth, B., et al.. Beyond Transition-Towardsinclusive societies [R]. UNDP, 2011.

[17] WFP.Scoping Study on Social Protection and Safety Nets for Enhanced Food Security and Nutrition in Tajikistan [R]. The World Food Programme, 2018.

[18] European Commission. Your Social Security Rights in Poland [Z]. Directorate-General for Employment, Social Affairs, and Inclusion, 2020.

[19] United Nations World Food Programme. Study on Social Protection and Safety Nets in Ukraine: Exploration of Social Protection System in General and for Specific Vulnerable Groups Supported with Examples from Conflict Affected Donbas Region [R]. WFP Ukraine, 2017.

[20] De, L., Anh, Q.. N, Tsuruga, I., et al.. An Assessment of the Social Protection Needs and Gaps for Workers in Informal Employment in Myanmar [R]. International Labour Organization, 2020.

[21] OECD. *OECD Development Pathways: Social Protection System Review of Indonesia* [M]. OECD Publications, 2019.

慈善公益篇

“一带一路”沿线国家慈善监管和立法

庄思薇*

摘　要：为了优化中国慈善治理体制、推动慈善组织国际化发展、加强对“一带一路”沿线合作国慈善领域的法律法规和政策环境了解，本文对俄罗斯、新加坡、印度三个“一带一路”沿线国家的慈善监管和慈善法律规范展开研究。在慈善监管方面，俄罗斯和印度对慈善组织的监管属于多机构参与的多元监管模式，新加坡属于单一监管模式。在慈善立法方面，俄罗斯和新加坡属于集中立法模式，印度属于分散立法模式。宽松的慈善组织准入制度、多元的慈善组织类型构架、完善的慈善立法体系、清晰的税收支持政策、严格的立体监管体制是这3个国家在慈善监管与立法领域的共同特性。本文认为，参考以上三国的经验，中国应放宽慈善组织的准入制度，完善现有慈善组织的类型架构，建立清晰的税收支持政策体系，加强对慈善组织涉外活动的法治化监管。

一、引言

2013年9月和10月，国家主席习近平提出建设“丝绸之路经济带”和“21世纪海上丝绸之路”（下文简称“一带一路”）的重大倡议。作为21

* 庄思薇，女，社会学博士，华侨大学政治与公共管理学院讲师，主要研究领域为政治社会学。

世纪区域一体化、经济全球化的系统工程，“一带一路”倡议秉承共商、共建、共享的原则，以陆上和海上经济合作走廊为依托，以人文交流为纽带，共同打造政治互信、经济融合、文化包容的利益共同体、命运共同体和责任体。

“一带一路”建设需要中国与沿线国家实现“政策沟通、设施联通、贸易畅通、资金融通、民心相通”，习近平总书记强调：“国之交在于民相亲，民相亲在于心相通。”“民心相通”在“一带一路”建设中发挥了固本强基的关键作用。公益慈善因其公共性、群众性和影响力而具有最广泛的社会根基和民意基础，正是“民心相通”工作的重要领域之一。一方面，加强与“一带一路”沿线国家的慈善交流与合作是促进民心相通、提升国家软实力、重塑中国国家形象的迫切需要。另一方面，“一带一路”建设也为推进中国慈善事业的国际化发展提供了新的平台和机遇，开启了中国慈善事业走出国门的新阶段。①

在“一带一路”倡议的背景下，近年来中国慈善组织陆续在沿线国家开展国际慈善合作项目，为当地民众提供医疗、教育、扶贫等民生服务。全面对外开放的格局对慈善组织国际化提出了更高要求，尽管2016年中国颁布了《中华人民共和国慈善法》及其配套法规政策，为规范慈善活动有序运行提供了根本的法治保障和制度规范，但中国慈善事业发展基础较薄弱，国际经验缺乏，特别是关于涉外活动的慈善监管和立法相对滞后，这导致了参与“一带一路”建设的慈善组织缺乏国内法律的保障和国外政策的支持，② 严重制约了慈善组织在对外交往领域中民间纽带作用的发挥。

慈善事业的健康发展离不开政府监管机制的保障以及法律制度的规范，从慈善监督和立法维度开展“一带一路”沿线国家慈善领域的国别研究具有重要的现实意义。这不仅有助于加强对“一带一路”沿线合作国慈善领域的法律法规、政策环境的了解，提升中国慈善组织参与民心建设的水平，还能为优化中国慈善治理体制、推动慈善组织国际化发展提供有益的经验和启示。

---

① 康宗基.“一带一路”建设与中国社会组织的国际化发展［J］. 青海社会科学，2018（5）：49-50.

② 仇墨涵，刘培峰.“一带一路”背景下中国社会组织国际化问题与建议［J］. 湘潭大学学报（哲学社会科学版），2019（6）：144.

基于此，本文选取俄罗斯、新加坡、印度三个“一带一路”沿线国家，系统梳理上述三国在慈善监管和慈善立法方面的发展脉络、基本做法及主要特征，为健全中国慈善事业的监管机制和法律体系提供优化建议。

二、俄罗斯的慈善监管与慈善立法概况

（一）俄罗斯政府对慈善事业的监管概况

1. 俄罗斯政府对慈善事业的监督管理模式

俄罗斯政府对慈善事业的监督管理采取多元监管模式，即慈善组织的监管工作分散在政府的各个部门。在登记注册方面，俄罗斯慈善组织按照组织活动地域进行分级登记注册，由联邦或地方司法机关负责对慈善组织进行资格核定和登记。在日常监管方面，俄罗斯联邦检察机关对慈善组织遵守法律的情况进行监督，国家登记机关对慈善组织活动是否符合组织章程规定的目的进行监督，财政机关负责监督慈善组织的资金来源、实际支出及纳税情况，内务部和联邦安全局负责对慈善组织的反政府破坏行为进行情报搜集与特别监管。总体来看，俄罗斯政府以法律法规作为保障，建立了分层级登记、多机构立体监督的机制，各机构职责明确，实施联合管理。①

2. 俄罗斯政府对慈善事业的监督管理内容

（1）对慈善组织准入的管理。

俄罗斯慈善组织的法定形式有公共组织、基金和机构，主要由联邦及地方司法部门认定。慈善组织的设立条件需要符合以下认定标准：从事慈善活动，发起人不为国家机关、地方自治机关、国有企业以及机构，在特定领域开展活动，年度行政管理人事支出不超过20%，捐赠的80%以上在后续一年内须用于慈善事业。②

2006年《非政府组织法》颁布后，俄罗斯政府严格注册审理程序，对慈善组织的创始人、成员的资格要求明显提高，指明拒绝给予注册的情形。例如，在俄创办或参与慈善组织的外国人和无国籍人士必须“在俄罗斯联

① 中国现代国际关系研究院课题组. 外国非政府组织概况［M］. 北京：时事出版社，2010：150-153.

② 张其伟，徐家良. 金砖四国慈善组织准入制度比较研究［J］. 经济社会体制比较，2020（4）：133.

邦具有合法居留权”，组织章程不得与俄罗斯联邦法律相抵触等。

（2）对慈善组织运营的管理。

俄罗斯政府严格限制接受外国资助、在俄境内从事政治活动的非政府组织，通过法律责任的设定、事前登记名单化、资金来源的监控等环节，将事前审核—事中管理—事后问责紧密结合，形成了一套针对该组织的运营监管机制。在《外国代理人法》中赋予这类非政府组织以“外国代理人”的法律地位，这类组织需要进行特别司法登记，需要按照规定提交资金来源和使用情况报告、人员组成和活动情况报告、接受外国资助情况等。若该类组织从事违法活动将受到高额罚款、禁止活动或被取缔等处罚。①

（3）对慈善组织财务的管理。

俄罗斯相关法律明确了慈善组织资金来源和用途的报告说明制度，规定了慈善组织财务随时审查制度，主要包括：一是慈善组织每年需要向主管司法机关提交关于慈善活动的财政报告。二是俄罗斯境内的慈善组织从国际和外国组织、外国人和无国籍人士获得资金及其财产的规模等信息，必须向登记机关通报。三是国家财政监督机构、负责税收的联邦执行权力机构可随时向慈善组织索取财务活动资料，检查其在使用资产时是否符合组织章程。

（4）对慈善组织涉外活动的管理。

苏联解体后，俄罗斯政府并没有过多地限制慈善组织的涉外活动。依据 1995 年的《俄罗斯慈善活动和慈善组织法》，明确外国公民或组织在遵守俄联邦法律的前提下，可以在俄境内开展或参与慈善活动，并从法律上规定境外资金可以资助本土的慈善组织。但随着一些境外非政府组织对国家安全和稳定构成了威胁，俄罗斯政府出台了《非政府组织法》、《外国代理人法》和《不受欢迎组织法》，将对国家安全与稳定构成威胁的“外国代理人、非政府组织”和“不受欢迎组织”作为特定对象进行监管，严密把关“外国代理人、非政府组织”的登记管理和资金用途，禁止“不受欢迎组织”的一切活动。

① 马强. 俄罗斯《外国代理人法》及其法律和政治实践［J］. 俄罗斯研究，2021（1）：137-170.

（二）俄罗斯的慈善事业立法概况

1. 俄罗斯慈善立法的框架

国际上慈善立法的框架可以分为集中立法模式和分散立法模式。俄罗斯在慈善领域采取集中立法模式，即通过出台慈善母法或慈善基本法来全面、综合地规定关于慈善组织和活动的各项制度，同时也辅以分散的多部法律法规。1995年俄罗斯国家杜马通过了《俄罗斯慈善活动和慈善组织法》作为慈善基本法，奠定了现代俄罗斯慈善事业的法律基础。其他相关的辅助法律包括《俄罗斯联邦民法典》《俄罗斯社会联合组织法》《俄罗斯非营利组织法》《非政府组织法》等。

2. 俄罗斯慈善立法的发展历程

苏联解体后，俄罗斯政府通过法律制度监管慈善组织大致经历了以下三个阶段。

第一阶段是20世纪90年代初至21世纪初。该阶段慈善法律集中出台，扶持、监管慈善组织发展的法律框架基本形成。俄罗斯政府在经济上推行私有化改革，在政治上推行民主化改革，将社会组织视为“公民社会”的主体加以扶持，为社会组织的兴起和发展提供了较为宽松的政治环境。该时期的慈善组织数量快速增长，俄罗斯联邦出台了一系列的法律以明确慈善组织的法律地位以及保障慈善组织的相关权利。

1993年和1994年，俄罗斯政府分别颁布了《俄罗斯联邦宪法》和《俄罗斯联邦民法典》。肯定了社会组织的活动权利，赋予社会组织的合法地位。《俄罗斯联邦宪法》中第三十条规定：“每一名俄罗斯联邦公民有进行社会组织结社的权利，社会组织活动的自由受到保障，任何人均不得被强迫加入或留在某一社会组织中。”《俄罗斯联邦民法典》中列举了非营利组织的种类及其民法地位、基本特点等，将慈善机构纳入非营利组织之中。

1995—1996年，政府相继颁布了《俄罗斯社会联合组织法》《俄罗斯慈善活动和慈善组织法》《俄罗斯非营利组织法》，奠定了现代俄罗斯慈善活动的法理基础。

《俄罗斯慈善活动和慈善组织法》作为慈善基本法，首次界定了慈善组织的概念，明确了慈善活动的目的，规定了慈善组织的成立形式、财产来源、优惠奖励、内部治理及活动监督等。该法还阐述了国际慈善活动的实施方式，从法律形式上明确了境外公民或组织可以作为慈善行为的主体。

《俄罗斯社会联合组织法》《俄罗斯非营利组织法》作为重要的辅助法律，分别明确了社会联合组织（即社会团体，指由公民联合创建的自愿性、自治性的非营利组织，属于非营利组织的类型之一）与非营利组织的法律地位，对社会联合组织与非营利组织的本质特征、组织类型、财产来源、活动形式、监督机关、法律责任等作出了具体规定。此外，《俄罗斯非营利组织法》中俄罗斯联邦政府开始进一步要求非营利组织向国家机关公开收入来源、人员组成、活动的具体信息等资料。

第二阶段是2006—2012年。该阶段俄罗斯政府开始调整立法、收紧监管，规范和限制包含慈善组织在内的社会组织的发展。20世纪90年代俄罗斯的慈善组织快速发展，类别丰富，已渗透到政治、社会、经济各个领域。一些国际组织打着慈善机构、基金会的旗号从事反俄罗斯政府的活动，对国家安全与稳定构成了一定的威胁。特别是2003年以后“颜色革命”在独联体国家蔓延，普京在第二个总统任期内加强了对社会团体、非营利组织的管理和限制。

2006年，俄罗斯政府审议通过了《对俄罗斯联邦部分法律文件进行修订的联邦法》（俗称《非政府组织法》），重点修改了《俄罗斯社会联合组织法》《俄罗斯非营利组织法》。《非政府组织法》主要针对境外公民、外国非政府组织在俄的结社活动进行规范，新增了外国人结社资格、外国组织登记注册、财务监管、违法取缔等条款，加大了对慈善组织创办人的资格限制，严格组织的登记注册程序，严密监控境外机构对本土组织的经济资助活动。

第三阶段是2012年至今。该阶段俄罗斯政府持续立法强化对外国慈善组织的监控力度。2012年，俄罗斯政府出台了《关于一些外国代理人非营利组织注册管理办法的修订》（简称《外国代理人法》）。2014年和2015年分别出台了《俄罗斯联邦外国机构与非政府组织管理条例》和《不受欢迎组织法》，构建防范西方势力利用社会组织从事反政府活动的法律框架。

《外国代理人法》把在俄罗斯联邦领土上参与政治活动的、受外国机构和组织资助的非营利组织视为“外国代理人”，将其列入法律监管对象。针对外国代理人非营利组织的登记制度、活动方式、经费使用、资助行为等方面进行严格监管和限制。

《不受欢迎组织法》界定了“不受欢迎组织”的认定范围和规则，允许俄罗斯检察机关将威胁俄罗斯宪法基本原则、国家安全或国防能力的境外非政府组织列入"不受欢迎组织"名单，禁止"不受欢迎组织"在俄罗斯境内开设分支机构和开展一切活动。该法还明确了司法机构有权对"不受欢迎组织"进行处罚及追究刑事责任。[①]

三、新加坡的慈善监管与慈善立法概况

（一）新加坡政府对慈善事业的监管概况

1. 新加坡政府对慈善事业的监督管理模式

新加坡政府在慈善事业发展与监管中发挥了主导作用，政府的社会发展、青年及体育部下设的慈善委员会是专业的慈善监管机构。慈善组织的登记注册与日常监督主要由慈善委员会负责，慈善委员会享有广泛的调查权和检查权。慈善组织的所得税申报及免税待遇评估由新加坡国内税务局的慈善事业组负责。新加坡公司与商业注册局重点监管慈善组织中采取公司形式的组织，内政部重点监管慈善活动中涉及国家安全的事项。此外，新加坡政府还成立了国家福利理事会对全国的社会服务组织进行领导与指导，国家福利理事会制定了慈善组织内部管理指南、社会慈善服务方案、方案评估系统、最佳实践标准等一系列服务质量标准监管体系，以确保慈善组织内部管理制度的完善，提升了慈善服务的有效性。总体来看，新加坡政府主要通过设立专业机构对慈善事业展开监管，属于单一监管模式。

2. 新加坡政府对慈善事业的监督管理内容

（1）对慈善组织准入的管理。

新加坡《慈善法》中对慈善组织并没有进行明确的定义，任何一个机构，无论其是否为法人，主要基于慈善目的而建立，并因其从事的慈善事业隶属新加坡高等法院管辖，则可称之为慈善组织。慈善组织的形式有社团、公司和信托。新加坡实施强制性登记制度，若一个组织既是社团又是慈善组织，必须依据《社团法》和《慈善法》在社团注册局和慈善委员会进行双重登记。除了豁免组织（学校、医院、宗教团体和其他规定的团体），慈善组织若未向慈善委员会注册将构成违法行为。[②]

---

① 魏芦华，张良．俄罗斯对非政府组织的管理：历史沿革、法律手段及评价［J］．俄罗斯东欧中亚研究，2017（6）：32-36.

② 托马斯·西尔克．亚洲公益事业及其法规［M］．北京：科学出版社，2010：270-276.

（2）对慈善组织运营的管理。

新加坡对慈善组织运营的日常监管采取以下措施。

第一，兼顾慈善组织的多样性，建立分级指导的监管原则。2007 年，新加坡慈善委员会出台了《慈善团体与公益机构监管准则》，根据慈善团体与公益机构的资格和规模将其划分为基本级、强化级和高级三个级别。级别越高，在理事会治理、利益冲突、战略规划、项目管理、人力资源管理、财务管理与控制、筹款活动管理、信息披露和透明度、公共关系九个方面的监管标准越高。年收入达 1 000 万新元以上的大型慈善机构必须遵守更严格的监管准则。

第二，要求慈善组织与商业活动分离运行，不鼓励慈善组织进行高风险投资。2011 年，新加坡慈善委员会出台的《慈善机构从事商业活动的指导》中规定，慈善组织的主要宗旨是慈善事业，若非必要，不鼓励从事商业活动，如果从事经营活动，则需要成立一个子公司进行运营，避免慈善组织直接参与商业活动。①

第三，规范慈善组织的内部治理，避免慈善组织的资产滥用。《慈善团体与公益机构监管准则》中规定，董事会成员原则上不应因为执行董事职务而收取酬劳，如果管理文件允许支付酬劳，则必须公开姓名和酬劳数额，且受薪人数不应超过董事会人数的 1/3，受薪者不应出任董事会主席。慈善团体和公益机构必须在年度财政报告中公布年收入超过 10 万新元、领取最高薪金的 3 名职员的年收入。

（3）对慈善组织信息公开的监管。

新加坡是亚洲慈善组织信息公开监管做得最好的国家之一，政府通过以下措施对慈善组织进行信息公开监管。

第一，建立分级指导的信息披露原则、执行以经济性处罚为主的监管手段。《慈善团体与公益机构监管准则》中规定，小型慈善组织只需向其会员和捐赠者提供资料，披露其计划、活动、财务状况和理事会名单及执行管理人员即可。大型慈善组织在此基础上还需披露经过审计的财务报告、理事成员领薪详细信息以及年薪最高的前 3 名职员及薪资状况，其披露对象也扩展至一般公众。依据《社团法》《慈善法》，新加坡政府针对公开错误

① 陆波. 论新加坡公益慈善组织监管体制：以 NKF 事件为例［J］. 河南师范大学学报（哲学社会科学版），2014（2）：47-48.

及误导性信息、未及时公开信息的慈善组织设置了不同程度的经济处罚。

第二，设置奖项鼓励慈善组织自我披露，新加坡于2016年推出了慈善透明奖，专门授予当年在慈善透明领域得分最高的慈善机构。

第三，建立统一信息公开平台，便利社会公众监督。新加坡政府建立慈善委员会网站和慈善团体入门网站，公众可查阅相应组织的基本信息、财务状况和治理信息。①

（4）对慈善事业税收财务的管理。

新加坡对于慈善组织享受免税待遇的条件设定较为严格，例如慈善组织必须将不低于80%的收入用于本国的慈善事业才能享受免税待遇，若不能将80%或更高的收入用于慈善事业，未被用于慈善事业的那部分收入应依法纳税。

慈善委员会有权要求慈善组织提供财务记录、年度财务报告。新加坡政府规定年收入或支出超过25万新元的慈善组织必须由得到许可的外部审计机关进行审计。2011年新加坡会计标准理事会颁布了《慈善机构会计准则》，规定了慈善组织会计的确认、计量和信息披露的规范和准确，完善了慈善组织会计体系，有效发挥了慈善会计的监管作用。②

（5）对慈善组织涉外活动的管理。

对于国际慈善组织和海外慈善信托组织在新加坡的活动，新加坡政府采取低干涉的方式进行监管，境外慈善组织在新加坡的注册难度并不高。③新加坡政府规定如果国外慈善事业在新加坡开展募捐活动，必须得到慈善委员会许可。获得募捐许可的人员必须保留真实账目，在募捐活动结束前60天之内向慈善委员会提交财务报告。

（二）新加坡的慈善事业立法概况

1. *新加坡慈善立法的框架*

新加坡在慈善领域采用的是集中立法模式。1983年，新加坡颁布《慈善法》作为国家公益慈善事业的基本法。其他相关的辅助法律法规包括《社团法》《受托人法》《公司法》《合作社法》《所得税法》《慈善事业收

① 李健. 新加坡政府如何监管慈善信息公开，https：//www.sohu.com/a/290038093_669645.

② 李爱华，姜旭艳. 新加坡慈善组织会计信息监管对我国的启示［J］. 财会月刊，2014（8）：98-100.

③ 陆波. 论新加坡公益慈善组织监管机制：以NKF事件为例［J］. 河南师范大学学报（哲学社会科学版），2014（2）：47-48.

费管理办法》《惠益外国的捐赠管理办法》《募捐申请管理办法》《大型慈善事业管理办法》《慈善机构注册管理办法》等。

2. 新加坡慈善立法的发展历程

在殖民地时期，新加坡分别于1889年和1947年颁布了《社团条例》和《合作社法》，要求所有社会团体必须在政府部门登记并接受政府管理，领取执照才能进行公共活动。

新加坡独立之后，1966年议会通过了对《社团条例》的修正案，形成了《社团法》。《社团法》是新加坡在社会组织管理方面最重要的专门立法，针对社团登记注册、成立宗旨、从事活动、责任制度进行严格的约束和规范。

1967年，新加坡先后颁布了《公司法》和《受托人法》。《公司法》规定，允许推动慈善事业的非营利组织登记成为公司。《受托人法》规定，允许慈善组织以信托基金会的名义组建，并对受托人任免、投资限制、收支情况记录、账目提交方面进行规定。1992年颁布的《所得税法》中对慈善组织享受免税、减税待遇的条件进行了规定。

1983年，新加坡政府制定了《慈善法》，并于1994年、2006年、2010年对其进行修订，加强了慈善委员会对慈善组织的管理权和调查权，《慈善法》的法律内容包括慈善组织的定义、慈善目的与宗旨、注册登记、活动规范、内部管理与监管制度等。除了慈善管理基本法，新加坡的慈善法律制度还包含慈善管理规定和慈善指引。慈善管理规定相当于《慈善法》的配套说明，根据《慈善法》的相关内容制定，目前已有多个配套文件，内容涉及慈善组织注册管理、账目及年度报告、筹款活动管理、慈善信息查阅收费标准、大慈善机构管理、捐赠免税机构管理、电子交易服务管理等。慈善指引不具有法律效力，但是对慈善法律法规中操作性不强或未涉及的问题进行补充说明，可为各类型慈善组织开展相应的活动提供指引。例如，2007—2011年新加坡政府颁布了《慈善团体与公益机构监管准则》《慈善机构从事商业活动的指导》《慈善机构会计准则》等。

四、印度的慈善监管与慈善立法概况

（一）印度政府对慈善事业的监管概况

1. 印度政府对慈善事业的监督管理模式

印度政府主要采取多元的慈善事业监管模式。印度是联邦制国家，政府对慈善事业的监督管理分散在中央和地方政府的多个部门，具有归口登记、分类管理的特征，不同成立形式的慈善组织由不同部门负责登记注册和管理监督。地方政府的社团注册处、慈善专员分别负责社团和公益信托，中央政府公司注册处负责第八条款公司[①]。中央内务部负责对慈善组织的违法行为、涉外活动、年度财务报告进行监管。中央财政部所得税司根据《所得税法》，负责对慈善组织免税资格的审核与监管。此外，印度政府还培育社会监督力量，允许任何人可以随时查阅包括财务状况在内的慈善组织的各种信息。[②]

2. 印度政府对慈善事业的监督管理内容

（1）对慈善组织准入的管理。

印度慈善组织可以依法登记为社团、公益信托、非营利公司三种法定形式，印度政府对于慈善组织的登记注册坚持“宽进严管、归口登记”的原则。公益信托和社团可在地方注册，非营利公司则需要在中央进行注册。

公益信托的登记注册可依据《印度信托法》及各邦颁布的公益信托法向负责的慈善专员提出申请。社团的登记申请可依据《社团登记法》向地方的社团登记处提交组织的名称、宗旨、规章制度及所需文件。非营利公司注册需要向中央的公司注册处提出申请，然后以规定的格式向中央政府申请许可证，在取得中央政府的许可证后方可成立。[③]

（2）对慈善组织税收财务的管理。

《印度所得税法》中规定，完全出于慈善目的的慈善组织财产所得收入是免税的，前提是在每一财政年度中至少有 85% 的财产所得收入原则上投入本土慈善事业。组织收入和财产的任何部分不能直接或间接地使委托人、受托人及其亲属、超过 5 万卢比的捐赠人受益。[④] 慈善组织的任何业务营利

---

① 印度的慈善组织可以依法登记为社团、公益信托以及非营利公司这三种类型。2013 年修订的《印度公司法》第 8 条款（与 1956 年颁布的《印度公司法》第 25 条款相对应）允许某些公司具有非营利资格，并予以中央政府批准设立“非营利公司”的权限。第 8 条款公司（Section 8 Company）指的是依照《印度公司法》第 8 条款登记的非营利公司。作为有限责任公司的一种，第 8 条款公司是为了促进商业、艺术、科学、宗教、慈善、教育、研究或者其他公益目的而成立的法人，它的利润和收入只能用于推动公司目标的实现，公司股东无权获得任何股息。

② 贾西津. 印度非营利组织及其法律制度环境考察报告 [J]. 学会，2007（4）：18-21.

③ 何宇飞. 中印两国非营利部门的比较：一个初步的探索 [J]. 华东理工大学学报（社会科学版），2016（3）：23-24.

④ 王世强. 印度非营利组织：法律框架、登记管理和税收体制 [J]. 社团管理研究，2012（9）：58.

收入均不能免税，除非该业务是为实现该组织的公益目标而附带发生的，慈善组织必须就该业务备存独立的账簿。

（3）对慈善组织涉外活动的管理。

印度内务部对于慈善组织接受外国捐赠有着严格的限制和特别监管。为了防止外国资金资助反政府组织，印度政府将入口的注册、前置审批制度与过程的资金账户监管相结合。《外国捐赠管理法》中规定，任何接受外国捐赠的组织要在印度内务部登记注册后才可以运作，注册后的组织要提交年度受赠情况报告和使用情况。任何国外捐助资金必须存放在印度国家银行（State Bank of India）的指定分支机构中，禁止任何组织将外国捐助分发给其他慈善机构。①

（二）印度的慈善事业立法概况

1. 印度慈善立法的框架

与俄罗斯、新加坡的集中立法模式不同，印度采用分散立法的模式，即没有一部比较全面的法律作为慈善基本法，在多部法律中分别规定慈善事业各方面的制度。作为一个联邦制国家，宪法将慈善组织立法权限交由联邦和邦两级政府。印度出台的相关慈善法律主要包括：针对社团登记管理的《社团登记法》，针对非营利公司登记管理的《印度公司法》，针对公共信托登记管理的《印度信托法》《慈善宗教信托法》《孟买公益信托法》《中央邦公益信托法》《拉贾斯坦邦公益信托法》，针对慈善组织税务管理的《所得税法》，针对慈善组织涉外活动管理的《外国捐赠管理法》。

2. 印度慈善立法的发展历程

印度的慈善立法发展大致经历了两个历史阶段。

第一个阶段是1947年印巴分治之前的殖民统治时期。19世纪初期英国传教士为了帮助穷人改善生活条件，在印度建立学校、医院等慈善机构，并传入了西方的理性、自由、民主等价值观念，加速了印度政治、经济、社会的全面转型。在该阶段带着明显宗教和慈善性质的救济型非政府组织大量涌现，印度慈善组织的部分登记法案也在该时期颁布。②

① 王存奎. 国外非政府组织管理对我国维护国家政治安全的启示［J］. 中国人民公安大学学报（社会科学版），2016（6）：54-56.

② 中国现代国际关系研究院课题组. 外国非政府组织概况［M］. 北京：时事出版社，2010：267.

《印度社团登记法》于1860年颁布，规定了社团的成立目的、登记注册和内部管理制度。虽然这一法案是中央立法，但印度很多邦也有独立颁布自己的社团登记法或对中央法律进行了修订。该法案将慈善团体作为社团的类型之一，7个或7个以上的人为达到某种共同目的而联合起来的团体可以向该地区的社团注册处申请注册。对于被视为慈善组织的社团，社团的目标必须符合《所得税法》中"慈善目的"的定义。

《印度信托法》于1882年颁布。该法案主要针对私益信托，对公益信托只适用于"委托人""受托人"等概念的界定。印度没有一部统一适用于各邦的印度公益信托法，许多邦颁布了独立立法来管理公益信托，若一个邦无特定公益信托立法，则可采用《印度信托法》。《慈善宗教信托法》于1920年颁布，该法案主要针对从事宗教慈善类非政府组织的资产进行了严格规定。

第二个阶段是1947年之后的印度独立时期。印度于1947年从英国的殖民统治下独立出来，独立之后多种多样的非政府组织蓬勃发展，国际社会也开始大量资助发展型、救济型非政府组织。总体来看，印度政府积极将非政府组织纳入国家规划中，予以资金支持和税收优惠政策，但政府对于非营利组织的涉外活动也有着非常严格的限制。

印度慈善组织的相关法律规范普遍制定于1947—1961年的尼赫鲁政府时期。1950年出台的《印度联邦宪法》中提出了一切公民有权结社或联合，明确了可自由结社的组织类型包括"慈善组织和慈善机构"。1961年颁布的《所得税法》是一部重要的法律，该法针对慈善属性认定、慈善机构的免税资格进行了严格界定。

1950年出台的《孟买公益信托法》是一部适用于马哈拉施特拉邦和古吉拉特邦的公益信托法案，为印度各邦的公益信托立法提供了蓝本。该法案界定了公益信托的定义，规定了公益信托登记收费、监督管理等制度。公益信托成立须向所在邦的慈善专员处登记，慈善专员有权对公益信托的账户行使检察监督权。

1956年颁布、2013年修订的《印度公司法》中针对非营利公司的登记注册、获得许可证、内部治理、政府监管等方面进行了规范。2013年的《公司法》第八条款规定，非营利公司需要向公司注册处提供申请材料，由中央政府签发特别许可证，方可注册为公司。非营利公司的利润或收入只能用于促进公司的目标，公司股东无权获得任何股息。

1976年颁布、2010年和2020年修订的《外国捐赠管理法》建立起以中央政府为管理主体、基于行政许可、以资金信息为抓手的涉外非政府组织监管体系。

表1列出了俄罗斯、新加坡、印度的慈善立法体系。

表1　俄罗斯、新加坡、印度的慈善立法体系（现行法律）

国家	慈善基本法	慈善相关法
俄罗斯	《俄罗斯慈善活动和慈善组织法》	《民法典》《俄罗斯社会联合组织法》《俄罗斯非营利组织法》《非政府组织法》等
新加坡	《慈善法》	《社团法》《受托人法》《公司法》《合作社法》《所得税法》《慈善事业收费管理办法》《惠益外国的捐赠管理办法》《募捐申请管理办法》《大型慈善事业管理办法》《慈善机构注册管理办法》等
印　度		《社团登记法》《印度公司法》《印度信托法》《慈善宗教信托法》《孟买公益信托法》《所得税法》《外国捐赠管理法》等

五、结论与启示

通过对俄罗斯、新加坡、印度三个“一带一路”沿线国家的慈善监管模式与慈善法律规范进行梳理，笔者发现在慈善监管方面，俄罗斯和印度对慈善组织的监管属于多机构参与的多元监管模式，新加坡则拥有专门的监管部门，属于单一监管模式。在慈善立法方面，俄罗斯和新加坡属于集中立法模式，印度属于分散立法模式。尽管不同国家的宏观法律体系及制度传统导致慈善监管和立法的模式各有差异，但是宽松的慈善组织准入制度、多元的慈善组织类型构架、完善的慈善立法体系、清晰的税收支持政策、严格的立体监管体制也正是这三个国家在慈善监管与立法领域的共同特性。目前中国慈善事业治理体系仍存在广阔的制度创新空间，全面提炼“一带一路”沿线国家的慈善监管与立法成功经验，对中国慈善监管机制的创新和慈善立法体系的完善具有重要的借鉴意义。

第一，放宽慈善组织的准入制度。“宽进严管”是慈善事业健康运行的保障，俄罗斯、新加坡、印度三个国家的慈善组织准入制度环境相对宽松，对慈善目的的定义较为宽泛，慈善组织的登记注册难度较低。中国的慈善事业规制可借鉴上述经验，降低慈善的注册登记门槛，放宽慈善服务的范围，激活社会慈善热情。在设定宽松标准之余需要设立合理、严密的监管体系，依法监督慈善行为和慈善组织运行的规范性。

第二，完善现有慈善组织的类型架构。俄罗斯、新加坡和印度慈善组织的法定类型除了社团和基金会，还包括信托和公司等法人形态。目前中国慈善组织类型主要有基金会、社会团体和社会服务机构，并不足以完全覆盖慈善事业的参与主体。为了丰富中国慈善组织类型架构，充分释放社会的慈善活力，应提升慈善信托的法律地位，完善慈善信托的管理规则。

第三，建立清晰的税收支持政策体系。俄罗斯、印度、新加坡允许慈善组织在业务领域内开展与其宗旨相关的经营性活动，若收入的全部或大部分用于慈善事业，则可在税收方面给予优惠待遇。中国应尽快落实和完善慈善组织的减免税政策，扩大受惠慈善组织的覆盖面和优惠范围，为慈善组织的未来发展提供制度激励。

第四，加强对慈善组织涉外活动的法治化监管。随着"一带一路"建设的推进，沿线国家的慈善交流与合作不断深入，因此亟须完善中国慈善组织涉外活动的监管体系和法律规范，为在华境外慈善组织活动及本国慈善组织的涉外活动提供制度支撑。一方面，通过立法明确慈善组织开展国际活动的合法性，为中国慈善组织在海外设立办事处提供法律保障，明确慈善组织国际活动的税收优惠、外汇额度及审批手续。另一方面，可借鉴印度、俄罗斯对慈善组织涉外活动的监管立法和实践经验，对在华境外慈善组织的监管要明确政府部门的监管职责，规范登记备案制度，贯彻全过程监督体系。

参考文献

[1] 康宗基."一带一路"建设与中国社会组织的国际化发展[J].青海社会科学，2018（5）：49-50.

[2] 仇墨涵，刘培峰."一带一路"背景下中国社会组织国际化问题与建议[J].湘潭大学学报（哲学社会科学版），2019（6）：144.

[3] 张其伟，徐家良. 金砖四国慈善组织准入制度比较研究 [J]. 经济社会体制比较，2020 (4)：133.
[4] 马强. 俄罗斯《外国代理人法》及其法律和政治实践 [J]. 俄罗斯研究，2021 (1)：137-170.
[5] 魏芦华，张良. 俄罗斯对非政府组织的管理：历史沿革、法律手段及评价 [J]. 俄罗斯东欧中亚研究，2017 (6)：32-36.
[6] 托马斯·西尔克. 亚洲公益事业及其法规 [M]. 北京：科学出版社，2010：270-276.
[7] 陆波. 论新加坡公益慈善组织监管机制：以 NKF 事件为例 [J]. 河南师范大学学报（哲学社会科学版），2014 (2)：47-48.
[8] 李爱华，姜旭艳. 新加坡慈善组织会计信息监管对我国的启示 [J]. 财会月刊，2014 (8)：98-100.
[9] 贾西津. 印度非营利组织及其法律制度环境考察报告 [J]. 学会，2007 (4)：18-21.
[10] 何宇飞. 中印两国非营利部门的比较：一个初步的探索 [J]. 华东理工大学学报（社会科学版），2016 (3)：23-24.
[11] 王世强. 印度非营利组织：法律框架、登记管理和税收体制 [J]. 社团管理研究，2012 (9)：58.
[12] 王存奎. 国外非政府组织管理对我国维护国家政治安全的启示 [J]. 中国人民公安大学学报（社会科学版），2016 (6)：54-56.
[13] 中国现代国际关系研究院课题组. 外国非政府组织概况 [M]. 北京：时事出版社，2010：150-153，267.

“一带一路”沿线国家非营利组织和社会公共服务提供*

韩金成**

摘　要：“一带一路”倡议提出之后，中国与沿线国家的非营利组织在国际民间交流和民心相通方面的作用日益凸显。目前，中国非营利组织的数量已较为可观，但其中开展国际交流与合作的非营利组织仍相对较少。“一带一路”沿线各国民主政治、市场经济发展并不同步，市民社会的发育程度也存在着较大差异，因而各国的非营利组织发展水平参差不齐。在所处的社会环境以及受政府支持的力度多有不同的情况下，中国与“一带一路”沿线各国的非营利组织在长期的实践过程当中发展出了适合本国国情的社会公共服务提供模式。

自2013年习近平总书记提出“一带一路”（The Belt and The Road）倡议以来，中国和沿线国家非营利组织的联系与合作日益紧密。2015年3月，经国务院授权，国家发改委、外交部和商务部联合发布《推动共建“丝绸之路经济带”和“21世纪海上丝绸之路”的愿景与行动》，在合作重点部分提出“加强沿线国家民间组织的交流合作，重点面向基层民众，广泛开展教育医疗、减贫开发、生物多样性和生态环保等各类公益慈善活动”①。2017年5月，习近平在首届“一带一路”国际合作高峰论坛开幕式上宣布“建设丝绸之路沿线民间组织合作网络”，并承诺在沿线国家实施“幸福家

---

* 本文受到华侨大学高层次人才科研启动项目（21SKBS001）的资助。

** 韩金成，华侨大学政治与公共管理学院讲师，主要从事公共价值管理研究。

① 经国务院授权 三部委联合发布推动共建“一带一路”的愿景与行动［DB/OL］. http://www.gov.cn/xinwen/2015-03/28/content_2839723.htm.

园”“爱心助困”“康复助医”等一系列民生项目。[①] 截至目前，“丝绸之路沿线民间组织合作网络”成员已超过300家，涉及69个国家和地区，在凝聚沿线各国民间智慧、促进人文交流、构建人类命运共同体等方面作出了巨大贡献。随着“一带一路”倡议逐渐步入蓬勃发展期，中国和沿线各国将在社会公共服务领域进行充分对接与合作，作为重要社会组成部分的非营利性组织也将在这一过程当中起到无可替代的作用。

非营利组织（Non-Profit Organization，NPO）常与非政府组织、民间组织、社会组织、第三部门、公益组织等概念混用，是一种非国家行为体。基于研究需要，本文将统一使用“非营利组织”的称谓。从总体上看，非营利组织涵盖教育医疗类非营利组织、环境气候类非营利组织、慈善救助类非营利组织、文化娱乐类非营利组织、人权类非营利组织等多种类型，具有民间性、公益性、自主管理等特征。从全球来看，世界各国的非营利组织目前正处于高速增长阶段。据不完全统计，目前全世界60%的非营利组织的总部设在欧美的发达国家，主要集中在法国、比利时、英国、美国、德国、荷兰等国。[②] “一带一路”沿线各国多为发展中国家，非营利组织拥有十分广阔的发展空间。

一、中国及在华外国非营利组织的发展现状

改革开放以来，特别是进入21世纪，中国经济社会的发展和综合国力的提升为世人所瞩目。中国及在华外国非营利组织也在这一历史进程中迎来了发展的春天，不仅在整体规模上蔚为壮观，在实力上也大有进步。

（一）中国大陆非营利组织发展情况

自2013年以来，中国社会组织的数量以每年4万—6万个的速度快速增长。到2018年，中国各类社会组织已达81.7万个，其中社会团体36.6万个，基金会0.7万个，民办非企业单位44.4万个，主要活动领域如图1所示，吸纳社会各类人员就业980.4万人，捐赠收入达919.7亿元。[③] 2019

---

① 习近平在“一带一路”国际合作高峰论坛开幕式上的演讲［DB/OL］. http：//cpc.people.com.cn/n1/2017/0514/c64094-29273979.html.

② 刘振国，罗军. 社会组织“走出去”参与全球治理问题探析［J］. 中国民政，2016（12）：40-42.

③ 《2018年民政事业发展统计公报》，中华人民共和国民政部网站，http：//www.mca.gov.cn/article/sj/tjgb/.

年，全国累计已有53万人取得社会工作者职业资格证书，全国注册志愿者逾1.39亿人，志愿服务17.97亿小时。①

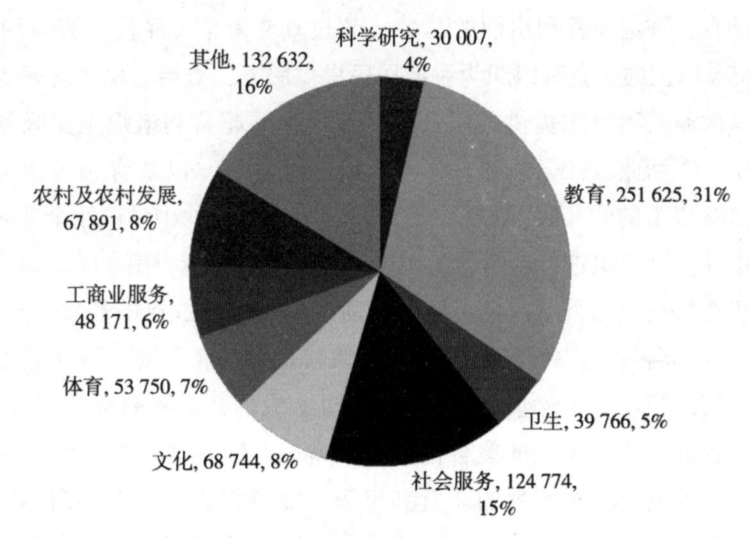

图1　中国社会组织的活动领域、数量和占比（2018年）

虽然中国非营利组织的数量已较为可观，但其中开展国际交流与合作的非营利组织仍相对较少，国际及涉外组织类的非营利组织仅有500多家，能够真正参与国际事务的不到300家，在联合国经社理事会享有咨商地位的非营利组织只有72家（含港澳台地区）。② 除了全球孔子学院、中国扶贫基金会、爱德基金会等少数几个非营利组织，目前中国非营利组织在"走出去"过程中依然面临无固定项目、无固定资金支持、无长期工作人员、无固定办公场所的"四无"困境。尽管如此，已走出国门的几个非营利组织克服重重困难，取得了一些颇为亮眼的成绩。自2005年以来，中国扶贫基金会已在20个国家进行了人道主义救援和发展救助工作，累计投入资金1.5亿元，受益人口超过45万，目前在7个国家有长期发展援助项目。③ 在"一带一路"倡议下，非营利组织"走出去"已被中国政府赋予了越来越重

① 《以习近平新时代中国特色社会主义思想为指引 推进民政事业高质量发展 为打赢脱贫攻坚战全面建成小康社会贡献力量——全国民政工作会议在京召开》，中华人民共和国民政部网站，http://mzzt.mca.gov.cn/article/zt_ 2020gzhy/zhbd/201912/20191200022634.shtml.

② 舒小立. 探索我国社会组织"走出去"的有效路径［J］. 人民论坛，2019（26）：66-67.

③ 王冰洁. 社会组织如何参与"一带一路"人道公益合作——第二十八期基金会双月沙龙侧记［J］. 中国社会组织，2019（1）：37-38.

要的意义，未来中国非营利组织国际化的趋势会越发明显。

（二）港澳地区非营利组织发展情况

据调查，香港非营利组织的总数已超过 0.9 万个，雇员总数大约为 25 万人，66%以上的非营利组织为香港居民提供服务，香港居民平均每人每年接受 4.3 次非营利组织提供的服务。目前，香港非营利组织主要服务于教育、健康、工商业、社会福利、慈善、环保等领域。以教育领域为例，香港地区 60%以上的幼儿园、80%以上的小学、近 70%的中学以及全部的特殊学校是由非营利组织进行运营的。在社会福利服务领域，由 494 家非营利组织会员机构所组成的香港社会服务联会通过其下属的 3 000 多个服务单位，雇用了近 6 万名员工，每年有超过 70 万市民提供义工服务，每年获得的政府和社会资助超过 100 亿港元，提供了超过九成的社会福利服务。[①] 由此可以看出，香港非营利组织的集合性程度非常高。随着“一带一路”倡议的持续推进，香港很多有实力的非营利组织，如丝绸之路国际总商会、香港世界宣明会、施永青基金会、香港乐施会，纷纷选择到大陆各省市开设办事处或代表处，推动了公益理念在大陆的传播。

据统计，澳门非营利组织的总数已超过 0.5 万个，成为亚洲非营利组织最密集的城市。澳门非营利组织类型多样，具有鲜明的自身特色，以体育类、文化学术类、工商及专业社团类非营利组织为主，这反映了澳门人民结社普遍热衷于丰富业余文体生活和促进本地区经济社会发展。[②] 在澳门，很多非营利组织会通过组成联合会的形式来发挥更大的影响力，目前对澳门政治和社会具有广泛影响的非营利组织联合会主要有澳门中华总商会、澳门工会联合总会、澳门中华教育会、澳门妇女联合总会、澳门街坊会联合总会。随着“一带一路”倡议的持续推进，澳门很多有实力的非营利组织，如澳门工会联合总会、澳门街坊会联合总会、亚太体育联合会总会、利玛窦社会服务基金会，也纷纷选择到大陆各省市开设办事处或代表处，推动了公益理念在内地的传播。

（三）在华外国非营利组织发展情况

中国政府一直以来非常关注外国非营利组织在中国境内的活动。根据

---

① 王名，李勇，黄浩明. 香港非营利组织［M］. 北京：社会科学文献出版社，2015：56.

② 黎熙元，姚书恒. 港澳非营利组织发展比较研究［M］. 北京：中国社会科学出版社，2013：161-162.

《中华人民共和国境外非政府组织境内活动管理法》，中国对境外非营利组织实行登记制，对于符合规定的非营利组织颁发登记证书。中央政府和各级地方政府大力欢迎“一带一路”沿线各国非营利组织来华，通过座谈会、培训会了解和引导这些非营利组织的需求。

截至2021年4月，在中国境内登记、设立代表机构的“一带一路”沿线各国或地区非营利组织只有223个，主要包括各类商会、行业协会和基金会，备案的临时活动共计不足2 000个，集中在经济、教育、卫生、环保等业务领域。① 在已登记的“一带一路”沿线各国或地区代表机构中，组织来源国家或地区排名靠前的是中国香港、韩国、中国澳门、非洲国家、新加坡，如图2所示。这些非营利组织及其所组织的活动给中国带来了先进的管理经验和优质的社会公共服务，也帮助中国非营利组织培养了大量的专业人才。

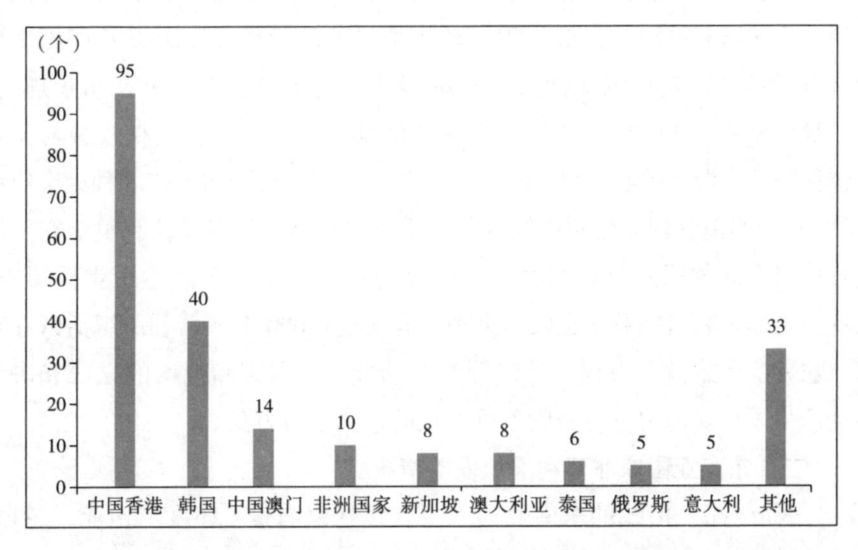

图2 在华登记的“一带一路”沿线各国或地区非营利组织数量

资料来源：根据境外非政府组织办事服务平台数据整理。

二、“一带一路”沿线国家非营利组织的发展情况

依据《推动共建“丝绸之路经济带”和“21世纪海上丝绸之路”的愿景与行动》，“丝绸之路经济带”致力于重点畅通三条路线：中国经中亚、

① 境外非政府组织办事服务平台，https：//ngo.mps.gov.cn/ngo/portal/toInfogs.do，2021-4-15.

俄罗斯至欧洲（波罗的海）；中国经中亚、西亚至波斯湾、地中海；中国至东南亚、南亚、印度洋。[①] 限于篇幅，本文将重点分析东亚、东南亚、南亚、中亚、西亚及北非、中东欧6个板块上的“一带一路”沿线国家。从整体上看，“一带一路”沿线各国民主政治、市场经济发展并不同步，市民社会发育状况也存在着较大差异，因而各国的非营利组织发展水平参差不齐。

（一）东亚国家非营利组织发展情况

“一带一路”沿线的东亚国家包括中国、韩国和蒙古国。中国非营利组织的发展情况在此不作赘述（见上文）。在亚洲国家当中，韩国非营利组织的特点非常鲜明、作用十分显著。自20世纪80年代开始的韩国学生运动和工人运动使得韩国公民社会蓬勃发展起来，社会大众越来越多地参与政治生活，为非营利组织的发展赢得了较为宽松的政策环境。2000年韩国出台的《非营利性私人组织支持法》对韩国社会组织的服务类型作出了规定，包括社会整合、文明社会建设、志愿者活动、公共安全、人权改善与弱势群体保护、资源节约与环境保护、公民教育、国际交流与合作8种社会组织类型。[②] 而当前韩国非营利组织的一个重要趋势是，很多非营利组织在发展过程中与宗教的联系日益紧密，对公民的社会意识形态产生了重要影响。蒙古国的非营利组织数量也较为可观，有超过6 000个非营利组织活跃在环保、农牧业、旅游、人权、基建等社会领域，对国家和地区的立法和决策活动产生了重要影响，是一股不可忽视的社会参与力量。

（二）东南亚国家非营利组织发展情况

“一带一路”沿线的东南亚国家主要包括柬埔寨、印度尼西亚、老挝、马来西亚、缅甸、菲律宾、新加坡、泰国、越南等。东南亚各国的民族和宗教情况多样，社会经济发展差距较大，是全世界人口最为稠密的地区之一。总的来说，东南亚的非营利组织数量庞大，但非营利组织在各国间的发展较不均衡。柬埔寨目前有4 000多个非营利组织，泰国的非营利组织数量已超过2万个，菲律宾的非营利组织数量达到7万多个，印度尼西亚的非

---

① “一带一路”国际合作高峰论坛. 推动共建丝绸之路经济带和21世纪海上丝绸之路的愿景与行动［DB/OL］. http：//2017.beltandroadforum.org/n100/2017/0407/c27-22.html.

② 王浦劬，萨拉蒙. 政府向社会组织购买公共服务研究：中国与全球经验分析［M］. 北京：北京大学出版社，2010：283-284.

营利组织数量早已超过10万个。相对而言，越南、缅甸、老挝的非营利组织数量则较少。在湄公河次区域国家中，泰国的非营利组织发展最为完善。截至2016年底，缅甸在册的非营利组织有189个，其中本国非营利组织129个，国际非营利组织60个。

在很多东南亚国家，参与非营利组织活动已经成为社会大众日常政治生活的重要组成部分，非营利组织对政府政策发挥着越来越重要的影响力，这其中劳工类、环保类、人权类非营利组织的作用日益突出。东南亚国家历来有罢工传统，很多劳工类、行业协会类非营利组织致力于提升本国工人的劳资水平和社会福利，已成为一股不可忽视的社会力量。近年来，环保类非营利组织已经成为影响东南亚“一带一路”基础设施建设进程的重要因素，仅大湄公河地区的民间环保组织就达到1.7万多个，不少环保类非营利组织经常组织当地民众反对水电开发、矿产开采等工程项目的建设。[①] 包括泰国、菲律宾在内的一些东南亚国家目前是全球人口贩卖最为猖獗的区域之一，当地的人权类非营利组织在打击人口贩卖、保护妇女儿童等方面发挥了重要作用。

（三）南亚国家非营利组织发展情况

“一带一路”沿线的南亚国家包括巴基斯坦、孟加拉国、阿富汗、尼泊尔、斯里兰卡、马尔代夫六国。南亚是世界上人口最为密集的区域，同时也是世界上最不发达的地区之一，一些国家之间尚存在着领土争议、宗教斗争和政治冲突。在南亚，非营利组织在扶贫救助、教育卫生、保障妇女权益等方面的作用卓著。近年来，随着巴基斯坦经济社会的全面进步，非营利组织的数量实现了迅猛增长。目前，巴基斯坦的非营利组织数量在10万—15万个之间，国际非营利组织有140多个。这些非营利组织在人道主义援助、妇女权利等领域发挥着越来越重要的作用。最近几年，孟加拉国的非营利组织也迎来了快速发展期，目前非营利组织的数量已超过1万个，很多国际知名的非营利组织选择在孟加拉国开展跨国援助活动。除巴基斯坦、孟加拉国之外，斯里兰卡等南亚国家的非营利组织数量较少，尚未发挥出应有的社会功效。

---

① 柳建文.“一带一路”背景下国外非政府组织与中国的国际区域合作［J］.外交评论，2016（5）：1-30.

（四）中亚国家非营利组织发展情况

“一带一路”沿线的中亚国家包括哈萨克斯坦、吉尔吉斯斯坦、塔吉克斯坦、土库曼斯坦、乌兹别克斯坦五国。在历史上，中亚五国以游牧民族为主，民众的宗教意识较为浓厚，因而在该地区长期活跃着大量的宗教性非营利组织。苏联解体之后，在西方国家的影响之下，中亚五国快速进入了政治与社会转型期，五国的政治性非营利组织、行业性非营利组织数量急剧增长。[①] 这些非营利组织在促进本国政治、经济发展的同时，组织价值观也快速西方化。在中亚五国中，吉尔吉斯斯坦受西方特别是美国非营利组织的影响最大，因而也有“中亚民主岛”的称谓。目前，哈萨克斯坦的非营利组织数量已超过 3.5 万个，吉尔吉斯斯坦的非营利组织数量已逾 1.5 万个，乌兹别克斯坦的非营利组织数量也达到了 0.8 万个。相对来说，塔吉克斯坦、土库曼斯坦的非营利组织数量较少，仍存在较大的发展空间。

（五）西亚及北非国家非营利组织发展情况

“一带一路”沿线的西亚及北非国家包括格鲁吉亚、伊朗、伊拉克、黎巴嫩、沙特阿拉伯、叙利亚、埃及等。西亚作为伊斯兰教、犹太教、基督教的起源地，一直以来是全世界宗教氛围最为浓厚的地区之一。伊朗是伊斯兰教政教合一的国家，沙特阿拉伯以伊斯兰教教义为国家法律，伊拉克以伊斯兰教为国教，因此这些国家的非营利组织以宗教性非营利组织为主，其他世俗性的非营利组织也深受伊斯兰教教义的影响。埃及的非营利组织数量已超过 5 万个。这些非营利组织活跃在人道主义救援、妇幼保健、地方发展等诸多社会领域。

（六）中东欧国家非营利组织发展情况

“一带一路”沿线的中东欧国家包括俄罗斯、奥地利、捷克、希腊、匈牙利、立陶宛、波兰、罗马尼亚等。东欧剧变、苏联解体后，中东欧国家的非营利组织数量迅速增长，并逐渐在政治与社会领域发挥了重要作用。目前，俄罗斯的非营利组织数量已超过 14 万个，国外非营利组织有 135 个，非营利组织从业人数超百万。2013 年，乌克兰危机爆发之后，俄罗斯政府开始对非营利组织实施严格管控，并在 2015 年颁布《不受欢迎组织法》，

---

① 郭学理，等.“一带一路”共同体中的非政府组织：助推·桥梁·民通［M］. 西安：陕西师范大学出版社，2018：48.

进一步加强对国外非营利组织的监管。[①] 俄罗斯非营利组织以宗教类、慈善类、环保类、科技类、体育文化类为主。捷克、波兰的非营利组织众多，总数分别已超过10万个、5万个，主要活跃在文化娱乐、劳工权利保护、卫生保健、教育等社会领域。

自古以来，"一带一路"沿线各国的民间交往就十分密切。最近几年，中国民间组织国际交流促进会（简称中促会）通过举办丝绸之路沿线民间组织合作网络论坛，使沿线各国非营利组织在信息交流、行动协调等方面的合作日益加深。但值得注意的是，不少"一带一路"沿线国家的非营利组织存在政治色彩过浓、权力泛化的问题。在"一带一路"背景下，沿线国家的非营利组织既有成为助推这一倡议的支持性力量，也有在政治、社会层面集结进行干扰的阻碍性势力，对中国国际区域合作和公共服务产品提供产生了重要影响。[②] 非营利组织在"一带一路"建设进程中的负面作用不可低估。一些国家目前正处于民主化转型进程中，有些非营利组织深植本国民族主义土壤，对"一带一路"倡议进行大肆歪曲和抹黑，很多公共服务项目在这些非营利组织所支持的抗议之下被迫下马。

三、"一带一路"沿线国家非营利组织的重要意义

长期以来，非营利组织在理念倡导、民意沟通、民生改善等方面有着其他组织所不可比拟的优势，并且在提升国家软实力方面发挥着重要的协同作用。此外，非营利组织的多元化价值观也对世界经济、政治、文化等领域产生了深远影响。对于"一带一路"沿线国家而言，非营利组织的发展壮大能够带来从社会到政治、从国内到国外的全面性影响。

（一）非营利组织有效提升了社会公共服务水平

伴随着世界经济与社会的发展，非营利组织因其公益性、志愿性、自治性的特征，为各国人民贡献了很多具有深远影响的社会公共服务项目。特别是一些人道救援类、扶贫发展类、文化教育类、环境保护类的非营利组织，它们在提升弱势群体福利水平、促进社会可持续发展方面发挥了至

① 魏芦华，张良．俄罗斯对非政府组织的管理：历史沿革、法律手段及评价［J］．俄罗斯东欧中亚研究，2017（6）：28-40.

② 柳建文．"一带一路"背景下国外非政府组织与中国的国际区域合作［J］．外交评论，2016（5）：1-30.

关重要的作用。从 1989 年开始，中国儿童少年基金会组织实施的“春蕾计划”以及中国社会福利基金会支持实施的“免费午餐基金公募计划”，给无数青少年送去了生活的温暖和希望。世界上最大的非营利组织孟加拉国农村发展委员会（Bangladesh Rural Advancement Committee，BRAC），注册地为孟加拉国，全球雇员已逾 10 万人，通过设立社会企业、大学等机构，在全世界范围内提供扶贫、教育、弱势群体扶助等社会公共服务产品。未来，“一带一路”沿线国家非营利组织无疑将有助于促进社会普惠平衡发展、消弭贫富差距。

（二）非营利组织能够帮助企业切实履行社会责任

非营利组织可以通过扮演协作者、监督者、问题解决方案的提供者等多重角色，协助企业改善自身形象，赢得当地社区的广泛支持，从而减轻项目流产的风险。在“一带一路”建设进程中，非营利组织可以凭借自身的专业特长，有效发挥辅助性功能。很多商会、协会类非营利组织是行业标准的制定者和维护者，能够在市场纠纷中发挥调解、仲裁的作用。可以说，非营利组织在开展业务的同时也增强了企业履行社会责任的能力，二者能够在未来的“一带一路”建设中相得益彰、共同成长。

（三）非营利组织可以推动国际、国家和地区层面的政策优化

在一些国际重大决策问题上，获得联合国经济及社会理事会咨商地位的非营利组织可以利用参加国际会议的机会，向国际组织以及各国政府提出意见建议，从而在不同程度上对一些重大国际决策产生影响。① 在世界各国，非营利组织越来越频繁地在政治、法律、技术等领域利用自身所掌握的专门知识进行决策咨询服务。在国家和地区政策制定层面，非营利组织能够发挥信息咨询方面的作用。在国家和地区政策执行层面，非营利组织可以作为政府和公众之间沟通交流的桥梁，增强决策的可理解程度和可接受性。

（四）非营利组织有助于推动构建“一带一路”新型国际关系

随着“一带一路”建设向高质量发展阶段转变，非营利组织在民心相通方面的积极作用越发凸显。因此在“一带一路”倡议下，非营利组织的重要作用也逐渐受到沿线各国越来越多的重视。非营利组织可以利用

---

① 章兴鸣，陈佳利. 社会组织“走出去”参与全球治理研究［J］. 广西社会科学，2019（1）：51-57.

自身的民间身份，在当事国政府和人民之间进行斡旋，以缓解彼此之间的利益或价值刚性，促进相互之间的沟通与理解，从而推动问题的顺利解决。[①]从全局来看，与"一带一路"沿线各国非营利组织的合作对于中国在国际上维护国家形象大有裨益，有助于回击一些欧美国家借某些非营利组织所炮制的"新殖民主义"论调，有力地改善了中国的国际舆论环境。对于"一带一路"沿线各国来说，非营利组织在人权、环保、劳资等热点领域与欧美国家非营利组织进行论辩也有助于维护本国、本地区的发展成果。

（五）国际性非营利组织在诸多社会领域提供着大量全球公共产品

在全球化时代，生产要素的国际流动和全球价值链的构建越发受到国际性非营利组织的影响。在全世界范围内，国际性非营利组织提供跨国、跨区域公共产品已成为普遍现象，并有效地维护了全球的公平正义。目前有总数超过1万个的国际非营利组织活跃在环境保护、公共卫生、文化教育、扶贫发展、养老助残、人道救援等领域，每年动员投入的资金近千亿元美元，大幅度提升了发展中国家的社会公共服务水平。[②] 这些国际性非营利组织在提供公共产品和公共服务的过程中，也将会员国的文化、意识形态和发展经验传播到了受援助的国家。

四、"一带一路"沿线国家非营利组织的社会公共服务提供现状

进入全球化时代，人民群众的物质和精神需求日益多样化，传统政府和市场的公共服务供给模式越来越捉襟见肘。非营利组织因其与民众的联系非常紧密，能够密切关注和回应民众的多样化需求，越发成为社会公共服务提供的重要一极。在欧美发达国家，非营利组织几乎遍布社会公共服务的各个领域，与政府、企业相辅相成，共同为民众提供全方位的社会公共服务。观察"一带一路"沿线各国的非营利组织，它们所处的社会环境以及受政府支持的力度多有不同，因而在社会公共服务提供方式、介入程度上存在着较大差异。

---

① 郭学理，等."一带一路"共同体中的非政府组织：助推·桥梁·民通［M］.西安：陕西师范大学出版社，2018：24.

② 王名.关于"一带一路、公益同行"战略的建议［EB/OL］.http：//www.chinadevelopment-brief.org.cn/news-19418.html.

（一）中国大陆非营利组织的社会公共服务提供现状

中国非营利组织的社会公共服务范围主要包括医疗卫生服务、环保服务、特殊群体服务等基本公共服务以及其他一些非基本公共服务。在“一带一路”民心相通工作布局的推动下，中国非营利组织在对外慈善捐助、国际济困救灾方面已取得了一定成果，为打造全球命运共同体作出了贡献。依据《中国社会组织推动“一带一路”民心相通行动计划（2017—2020）》，中国非营利组织已在减贫、减灾救灾、人道主义援助、农业、应对气候变化和环保、卫生、妇女工作、青年工作、文化、教育、科技、新闻及新媒体等诸多领域作出了突出贡献。在尼泊尔、厄瓜多尔等国发生地震时，中国扶贫基金会和爱德基金会等非营利组织联合参与国际救援，成为中国非营利组织国际化的新起点。但总体上，目前中国非营利组织在对外公共服务上仍以一次性、临时化项目为主，未能建立起连贯性、常态化的对外公共服务流程，未能对“一带一路”沿线各国社会公共服务产生实质性的影响。[①]

（二）中国港澳地区非营利组织的社会公共服务提供现状

香港非营利组织提供了本地超过 80% 的社会公共服务，并和香港社会福利署共同制定了社会公共服务供给质量标准与规则，两者之间形成了一种长期稳定的合作关系。香港政府根据服务质量标准选择非营利组织提供社会公共服务，并与之签订为期 3 年的《津贴及服务协议》，按照整笔拨款的津贴模式进行资助。[②] 2018—2019 年，香港社会福利署提供给非营利组织的经常资助金达到 167 亿元。非营利组织提供的社会公共服务主要包括家庭及儿童福利服务、康复及医务社会服务、安老服务、青少年服务、违法者服务、社区发展 6 个方面。在社会公共服务提供方面，澳门非营利组织和澳门政府之间是一种互补合作的关系，主要由澳门政府资助澳门非营利组织进行公共服务的供给。[③] 澳门非营利组织在体育、文化艺术、医疗卫生、教育、养老、社区服务等社会公共服务领域的作用突出。

（三）欧洲发达国家非营利组织的社会公共服务提供现状

意大利和希腊都是典型的高福利国家，都拥有历史悠久的基督教文明，

---

① 杨丽. 中国社会组织参与“一带一路”建设研究［M］. 北京：中国法制出版社，2021：18.

② 王名，李勇，黄浩明. 香港非营利组织［M］. 北京：社会科学文献出版社，2015：58.

③ 黎熙元，姚书恒. 港澳非营利组织发展比较研究［M］. 北京：中国社会科学出版社，2013：161-162.

均受其影响形成了以家庭为基础的社会生活方式。在社会政策方面，意大利表现为基督教民主型国民福利模式，包括基金会、协会、慈善机构、社会合作社在内的各类基督教非营利组织在社会公共服务提供上发挥着至关重要的作用。[①] 这些基督教非营利组织所提供的公共服务主要涉及弱势群体扶助、失业救济、养老服务、医疗服务等社会领域。长期以来，希腊的非营利组织在文化遗迹保护、高等教育、养老服务等社会公共服务领域成效突出，但在希腊债务危机之后，希腊政府大幅降低了社会福利方面对非营利组织的资金支持力度，影响了非营利组织的社会公共服务提供能力。值得一提的是，希腊的非营利组织在难民收容这一全球社会公共服务问题上作出了突出贡献。

（四）亚洲发达国家非营利组织的社会公共服务提供现状

韩国和新加坡都是"国家中心主义"社会福利模式的典型代表，韩国和新加坡对于本国非营利组织的发展有着完整的顶层设计，在资金支持、服务评价、运行监管等方面成效显著。因而，这两个国家的非营利组织对政府的依赖性较高，政府主导着非营利组织提供社会公共服务的范围、对象与力度。在韩国，提供社会公共服务的非营利组织被定义为社会福利法人，相对于其他类型的非营利法人组织，社会福利法人对政府的依赖性更高。[②] 在韩国政府的政策倡导下，韩国非营利组织在残疾人福利、职业培训、养老服务、精神保健、女性福利等社会公共服务领域取得了显著成效，但同时也面临着提供社会公共服务的范围和内容有待进一步拓展与优化问题。[③] 新加坡国土面积十分有限，因而社区社会组织（也称为社区基层组织），如与社区公共服务关系密切的自助团体、志愿服务团体、宗教组织等，主导着社会公共服务的提供，在社区体育服务、社区教育服务、组屋建设、文化娱乐、环境保护等社会公共服务领域作用突出。[④] 新加坡社区社会组织的经费来源严重依赖于政府，导致其自主性程度较低，不利于自身的长远发展。

---

① 阿雷桑德洛·西科拉，刘蕾，许金菁. 意大利社会工作教育与实践：面临的问题、挑战和关注［J］. 国外社会科学，2019（4）：98-106.

② 张汝立，等. 外国政府购买社会公共服务研究［M］. 北京：社会科学文献出版社，2014：154.

③ 赵颖. 韩国政府购买服务的进展、问题及经验［J］. 韩国研究论丛，2017（2）：224-236.

④ 李鑫. 新加坡社区管理服务"3P 模式"研究及其启示［J］. 求索，2015（8）：19-23.

（五）大洋洲发达国家非营利组织的社会公共服务提供现状

澳大利亚和新西兰都拥有较为发达的公民社会，非营利组织的数量可观，志愿者和从业人员众多。在长期的发展过程中，两国的非营利组织和政府之间已经形成了稳定的合作伙伴关系。2010年，澳大利亚联邦政府与非营利组织共同签署了“全国性协议——携手合作”（National Compact—Working Together），从国家层面确立了政府与非营利组织的全面合作关系。在该协议框架下，澳大利亚非营利组织和澳大利亚政府携手合作，在儿童教育、医疗卫生、文化娱乐、弱势群体扶助、环境保护、社区服务等社会公共服务领域作出了卓有成效的贡献。毫不夸张地说，每个澳大利亚人在人生的某个阶段都会享受到非营利组织提供的相应服务。① 但值得注意的是，澳大利亚非营利组织所提供的公共服务严重依赖政府资金，一旦出现政府资金不到位的情况，很多具有社会价值的公共服务项目经常被迫中止。同样，作为政府提供社会公共服务的重要伙伴，新西兰非营利组织在特殊群体扶助、教育服务、医疗卫生服务等领域开展了大量的公共服务项目，并有效保证了社会公共服务的整体供给质量。

（六）广大发展中国家非营利组织的社会公共服务提供现状

总体上看，“一带一路”沿线各发展中国家的非营利组织开始逐步承担起本国的社会公共服务提供任务。由于沿线各发展中国家的经济社会发展水平不一，政府和公众对于本国非营利组织的支持力度也不同，各国非营利组织在社会公共服务提供范围与效果等方面存在着不小的差异。也有不少发展中国家的非营利组织受到了发达国家或国际性非营利组织的资助和帮扶，从而大幅提升了本国的社会公共服务提供水平。

罗马尼亚作为欧盟中经济发展水平最低的国家之一，政府对非营利组织的资金支持十分有限，罗马尼亚的非营利组织多集中于文化娱乐领域，严重影响了教育、医疗、弱势群体扶助、社区服务等社会公共服务的提供。② 菲律宾的非营利组织受到政府资金的支持也十分有限，但该国的非营利组织深受人民群众的支持，志愿者参与水平更是领先于其他发展中国家。借助本国人民的广泛支持，菲律宾的非营利组织活跃在社会公共服务的各

---

① 张汝立，等. 外国政府购买社会公共服务研究［M］. 北京：社会科学文献出版社，2014：222.

② 郭学理，等. “一带一路”共同体中的非政府组织：助推·桥梁·民通［M］. 西安：陕西师范大学出版社，2018：24.

个领域，特别是在教育、医疗、社会救济、社区服务等方面发挥了显著作用。孟加拉国是世界上最贫穷的国家之一，但孟加拉国非营利组织的发展十分亮眼，还在很大程度上承担了不少原本属于政府和市场的公共服务职能。经过多年的底层耕耘和业务拓展，孟加拉国的一些非营利组织甚至呈现出了国际性、巨型化的面貌，在扶贫、儿童教育、医疗卫生、弱势群体扶助等社会公共服务领域赢得了全世界的广泛赞誉。

五、中国非营利组织在“一带一路”建设中的功能定位

总的来说，在全球化背景下，“一带一路”沿线各国的非营利组织需要接受更多的考验，不但要在资金、评价、监管等传统内部问题上进行改革，还要接受来自全球政治、经济、文化的洗礼。在后疫情时代，中国需要携手“一带一路”沿线各国充分发挥非营利组织服务国家、服务社会、服务群众、服务行业的作用。[①] 随着中国与东盟签署《区域全面经济伙伴关系协定》(RCEP)、中国与欧盟完成投资协定谈判，中国非营利组织未来会越来越多地出现在“一带一路”建设进程中。这会给中国和沿线各国的非营利组织带来前所未有的发展机遇。

(一) 完善非营利组织培育机制

习近平总书记提出，要“引导更多社会力量投入‘一带一路’建设”，中国非营利组织迎来了前所未有的发展机遇。2016 年，中共中央办公厅、国务院办公厅联合下发《关于改革社会组织管理制度促进社会组织健康有序发展的意见》，提出“推进行业协会商会类、科技类、公益慈善类、城乡社区服务类社会组织直接登记”。在新形势下，地方政府要加强“一带一路”重点建设领域非营利组织的培育工作，简化非营利组织的登记办事流程，在政府购买服务的一些重点领域优先向非营利组织倾斜。此外，中国的大型企业也应当将国内非营利组织的国际化发展作为自身社会责任建设的主攻方向。[②]

(二) 鼓励非营利组织“走出去”

中国需要坚定不移地鼓励本国有实力的非营利组织“走出去”，积极发

① 《关于改革社会组织管理制度促进社会组织健康有序发展的意见》，新华网，http：//www.xinhuanet.com/politics/2016-08/21/c_ 1119428034.htm.

② 陈子真. 韩国社会组织参与政府发展援助的管理体系及其启示 [J]. 学会，2020 (2)：29-37.

挥非营利组织在对外交流中的辅助配合作用，特别是要让中国有良好国际声誉的非营利组织成为“一带一路”沿线国家间合作的“黏结剂”。中国企业承建的基础设施建设工程是中国非营利组织展开服务的主阵地，基础设施项目建设到哪里，非营利组织的办事处就要设立到哪里。中国企业和非营利组织双方要秉持共商、共建、共享的原则，通过共同实施让当地老百姓受益的民生项目和民生援助，为中国非营利组织和“一带一路”建设赢得口碑。这就需要中国非营利组织在当地寻求长期合作伙伴，尊重当地风俗习惯和底层价值观，弱化当地非营利组织和民众可能的猜疑心理和道德顾虑。

（三）加强与沿线各国非营利组织的对接

中国需要支持成立、参与新建国际性非营利组织，全面打造民间对外交往网络，通过人文交流合作加强与“一带一路”沿线国家间的文化认同和民心相通。鼓励有实力的中国非营利组织在“一带一路”沿线国家注册成立国际性非营利组织，搭建跨国、跨地区非营利组织联盟，全面整合资金、人才、信息资源，建立社会公共服务合作供给网络。① 中国非营利组织应当继续与“一带一路”沿线各国非营利组织广泛进行民生合作，在环保、反腐败等领域联合开展培训项目。②

（四）提升中国非营利组织的全球竞争力

一方面，中国需要加强与美国、英国、日本、比利时、德国等“全球北方”非营利组织的国际交流与合作，③ 全面提升本国非营利组织的对外交往能力。中国非营利组织需要在社会公共服务的各个领域选取发达国家的标杆性非营利组织进行学习，在对外交往当中不断锻炼自身的软硬实力。另一方面，在“一带一路”建设进程中，面对随时有可能出现的政治、人权、生态等敏感议题，中国非营利组织应当有预案、有信心、有能力应对这些民粹思潮。中国非营利组织需要在全球治理体系中谋求一席之地，与政府在国际事务上的参与影响力相匹配。

（五）提升沿线各国非营利组织的社会公共服务能力

加大对“一带一路”沿线各国非营利组织的资金支持，提升沿线各国

---

① 郭鸿炜. 论非政府组织参与“一带一路”之人文交流［J］. 知与行，2019（2）：92-96.

② 习近平. 习近平谈治国理政（第三卷）［M］. 北京：外文出版社，2020：494.

③ 杨丽. 中国社会组织参与“一带一路”建设研究［M］. 北京：中国法制出版社，2021：2.

非营利组织自身的社会公共服务能力，从而为中国赢得良好的民间声誉。中国非营利组织要与“一带一路”沿线各国非营利组织一道在人民的直接利益上下功夫，对所在国人民的需求进行全面而深入的梳理，将公共项目建设和公共服务提供与人民群众的需求有效对接，增强普通人群实实在在的获得感。① 特别是要鼓励一些有实力和有影响的扶贫类、教育类、医疗类、环保类非营利组织积极参与进来，与“一带一路”沿线国家的援助工作相对接，通过在“一带一路”沿线各国打造一批具有品牌特色的扶贫、教育、医疗、环保项目，提升中国非营利组织在全球范围内的社会公共服务能力。

参考文献

[1] 刘振国，罗军. 社会组织“走出去”参与全球治理问题探析 [J]. 中国民政，2016 (12)：40-42.

[2] 舒小立. 探索我国社会组织“走出去”的有效路径 [J]. 人民论坛，2019 (26)：66-67.

[3] 王冰洁. 社会组织如何参与“一带一路”人道公益合作——第二十八期基金会双月沙龙侧记 [J]. 中国社会组织，2019 (1)：37-38.

[4] 柳建文.“一带一路”背景下国外非政府组织与中国的国际区域合作 [J]. 外交评论，2016 (5)：1-30.

[5] 魏芦华，张良. 俄罗斯对非政府组织的管理：历史沿革、法律手段及评价 [J]. 俄罗斯东欧中亚研究，2017 (6)：28-40.

[6] 章兴鸣，陈佳利. 社会组织“走出去”参与全球治理研究 [J]. 广西社会科学，2019 (1)：51-57.

[7] 阿雷桑德洛·西科拉，刘蕾，许金菁. 意大利社会工作教育与实践：面临的问题、挑战和关注 [J]. 国外社会科学，2019 (4)：98-106.

[8] 赵颖. 韩国政府购买服务的进展、问题及经验 [J]. 韩国研究论丛，2017 (2)：224-236.

[9] 李鑫. 新加坡社区管理服务“3P 模式”研究及其启示 [J]. 求索，2015

① 范恒山. 推动共建“一带一路”向高质量发展转变 [J]. 人民日报，2018-10-29 (7).

(8)：19-23.

[10] 陈子真. 韩国社会组织参与政府发展援助的管理体系及其启示 [J]. 学会，2020 (2)：29-37.

[11] 郭鸿炜. 论非政府组织参与“一带一路”之人文交流 [J]. 知与行，2019 (2)：92-96.

“一带一路”区域性公共产品的供给研究

陈 辉 王 爽*

摘 要：受新冠肺炎疫情和贸易保护主义的影响，全球经济发展面临衰退形势。这导致全球合作越发困难，区域性公共产品供给严重不足。“一带一路”倡议通过向国际社会提供区域性公共产品援助，发挥区域性公共产品的非排他性、非竞争性和正外部性，激发国家间的内生信任，创设良好的合作环境，有助于破解市场失灵。分析“一带一路”区域性公共产品供给过程中出现的关键问题对区域合作的经验积累亦具有重要价值，从而实现区域国家的互利共赢，推动人类命运共同体的落地生根与不断发展。

一、问题的提出

共建“一带一路”是推动国家合作、实现互利共赢的重要实践平台，符合全球市场的健康发展与国内经济可持续发展的内生性要求。“一带一路”倡议，通过向国际社会提供区域性公共产品支持，发挥区域性公共产品的非排他性、非竞争性和正外部性，激发国家间的相互信任，创设良好的合作环境，有助于破解市场失灵，实现区域经济发展的互惠互利、合作共赢。2020年，中国对“一带一路”沿线国家非金融类直接投资额178亿美元，增长18.3%，对沿线国家进出口总额达到93 696亿元。2021年第四次“一带一路”沿线国家央行年度调查结果显示，87%的受访央行认为“一带一路”项目有助于后疫情时代的经济复苏，“一带一路”倡议为全球治理的新阶段开启了一扇门。后疫情时代如何理解“一带一路”区域性公

* 陈辉，南京师范大学公共管理学院教授、博士生导师，行政管理系主任；王爽，女，南京师范大学公共管理学院研究生。

共产品的特质？供给的困境何在？如何有效破解困境？此为本文研究关注的主要问题。

二、“一带一路”区域性公共产品特质

公共产品的思想可以追溯到亚当·斯密，具体包括：保护本国社会的安全，使之不受其他独立社会的暴行与侵略；保护人民不受社会中其他人的欺侮或压迫，设立公正的司法行政机构；便利社会商业，促进人民教育的公共设施和工程。① 在此基础上，保罗·萨缪尔森等将公共产品的特性概括为：非相克性与非排斥性。② 区域性公共产品是国内公共产品和全球公共产品的“中间地带”，一方面，补充全球公共产品供给的不足；另一方面，促进国内公共产品的“帕累托最优”状态。根据汇总技术与公共产品的种类可以对区域性公共产品进行表1的分类。

表1　区域性公共产品分类及其实例

汇总方法	纯公共产品	不纯的公共产品	俱乐部产品	联产品
总和：公共产品总水平等于各国贡献的总和	净化湖泊	艾滋病人的治疗	跨国公园	保护雨林
权重总和：公共产品总和等于各国贡献乘以不同权重后相加之和	防治艾滋病	减少酸雨	电网	消灭跨国恐怖主义
最弱环节：最小贡献决定着产品的总水平	防止农业虫害的蔓延	保持消毒	运输基础设施	互联网接入
最佳表现：最大贡献决定产品的总水平	防治疾病	农业研究成果	卫星发射设施	地区维和
次佳表现：最大贡献对产品供给水平影响最大，但次大贡献也有影响	寻找有效的治疗方法	搜集政治不稳定的情报	防止有害生物的设施	生物调查

资料来源：安东尼·埃斯特瓦多道尔，等. 区域性公共产品：从理论到实践［M］. 张建新，译. 上海：上海人民出版社，2010：21.

---

① 亚当·斯密. 国民财富的性质和原因的研究［M］. 郭大力，等，译. 北京：商务印书馆，1974：254，272，284.

② 保罗·萨缪尔森，威廉·诺德豪斯. 经济学［M］. 高鸿业，译. 北京：商务印书馆，2011：59.

（一）区域性公共产品供给的多样化

“一带一路”倡议在地理空间上横跨欧、亚、非、美洲与大洋洲。截至2021年1月30日，中国已经同140个国家和31个国际组织签署了205份共建“一带一路”合作文件。“一带一路”倡议从专注发展基础设施逐步转化为全球治理项目，涉及范围具有多样性：金融、文化、工业、科技、法律和环境等多个层面。“一带一路”倡议的外溢范围和供给主体通过“互联互通”建设解决具体问题，推动全球治理迈向新格局。一方面，“一带一路”倡议下区域性公共产品的供给主体是多元化的，国家作为产品供给的主要承担者，在供给过程中发挥了核心作用，能够提供主要的政策和财政支持；区域内多边机构是产品供给极为重要的参与者，在供给系统中发挥调节机制的作用，可以更具针对性地协调区域内部矛盾，提升区域内部的信任度；跨国企业和非政府组织也是产品供给的重要方面，提供了技术、资金与人力资本，优化区域公共产品的供给，完善区域合作的服务。另一方面，“一带一路”倡议下区域性公共产品的供给内容是多层面的，这一点主要体现在“一带一路”倡议可以为域内国家提供多个层面的区域性公共产品：（1）基础设施，包括沿线铁路建设、航空航线和跨境光缆等基础设施。（2）技术产品，包括向疫情扩散的国家提供新冠肺炎疫苗、防控设备等公共产品的供给，建构人类卫生健康共同体；数字技术的发展，包括跨境电商促进多方互联互通，数字货币的运用促进支付方式的创新。（3）文化理念，通过和平合作、开放包容、互学互鉴、互利共赢建构人类命运共同体的价值理念。区域性公共产品供给的多样性推动了中国构建国内、国际双循环相互促进的新发展格局。

（二）跨国活动的区域公共产品特性

“一带一路”的跨国活动为沿线国家提供了不同层面的区域性公共产品。这些跨国活动主体及内容的多样化有助于满足区域成员对公共产品的多方需求，体现了区域性公共产品“非排他性”和“非竞争性”的特征，这些跨国活动利益的共赢和共享化则显现出区域性公共产品正外部性与互惠性的特征。同时，“一带一路”诸多跨国活动所带有的效用偏高、效益互利和周期较长的特点也充分展现出区域性公共产品的产品属性。基于“一带一路”倡议下跨国活动的区域性公共产品特性，跨国活动具体包括区域卫生安全、环境保护、知识传播、政府治理、和平安全和基础设施建设6个领域，可以将6个领域的跨国活动归纳为传统的纯公共产品、不纯的公共产品、俱乐部产品和联产品四个类别。[①] 其中，纯公共产品和不纯公共产品集中在“一带一路”跨国活动中的卫生、环境、知识和政府治理领域，侧重通过对信息的汇总，解决跨国活动中环境污染、疾病传播和农业生产等问题，体现出“一带一路”区域公共产品的外部性、互惠性特征；俱乐部产品多应用于“一带一路”跨国活动的基础设施领域，侧重通过合作能力，提供跨国活动中电网、桥梁、管线等基础设施，体现出区域性公共产品的“非排他性”、周期性特征；联产品则主要在跨国活动的和平与安全领域发挥作用，侧重减少区域恐怖主义威胁和组织性犯罪，体现出“非竞争性”特征。

三、“一带一路”区域性公共产品的供给分析

中国提供“一带一路”区域性公共产品，不仅要从供给产品进行考察，还要从需求产品进行分析，就不难发现需求与供给高度契合，有助于充分发挥“一带一路”区域合作，优化区域性公共产品，如图1所示：

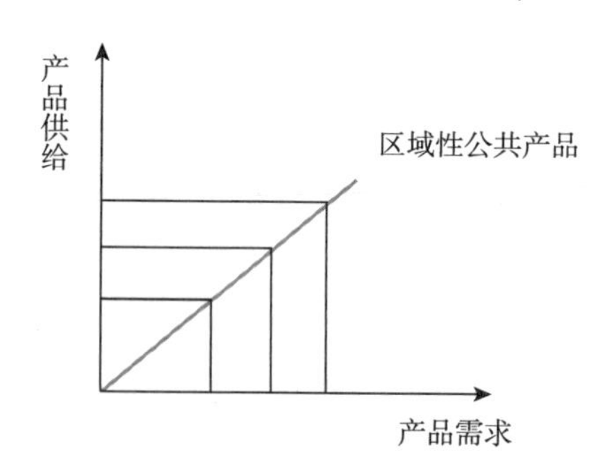

图1　区域性公共产品的需求—供给

“一带一路”的供给动因可分为国家内部深层发展规划动因和国际外部大局协调互补动因。承担大国责任、维护国家利益，进一步促进国家经济发展，促进国内产能过剩的转化，推动人民币国际化构成了内部动因的主要因素；促进国家间的合作互利、应对国际金融危机，缓解国际经济衰退，加快消除新冠肺炎疫情带来的不利影响，促进世界经济增长成为“一带一路”区域性公共产品供给的外部动因。“一带一路”国际合作通过政策沟通、设施联通、贸易畅通、资金融通和民心相通，以互联互通、产能合作、

---

① 黄河. 公共产品视角下的“一带一路”[J]. 世界经济与政治，2015（6）.

人文交流和域内机制平稳运行为重点目标，稳步推进区域公共产品的全面供给，推动了国家间政治互信、经济互融、人文互通，出于对区域合作长远发展的综合考量，“一带一路”区域性公共产品供给在区域合作制度上投入了相应的资源。同时，为进一步确保区域公共产品供给的稳步运转，“一带一路”倡议还通过卫生健康和救灾援助扶贫建立了安全互信保障。目前，“一带一路”已通过这些安全类区域公共产品的供给，在区域的制度收益、卫生健康和救灾扶贫等方面取得了相应进展。发挥了“一带一路”积极的溢出效应，满足区域内的发展需求，促进区域基础设施建设，以及多元化的投融资模式、多样化的融资平台，为稳定支持“一带一路”区域合作提供了充足的发展资金。2020年新冠肺炎疫情期间，中国对“一带一路”沿线国家的非金融类直接投资达81.2亿美元，同比增长19.4%。其中，对东盟国家的投资达62.3亿美元，同比增长53.1%。“一带一路”区域性公共产品的供给依据合理的路径规划，取得了积极的供给成效，但从资源配置理论中区域公共产品有效供给的理论框架来看，区域内部机制缺失、认同不足，外部介入威胁、合作困难重重仍是供给过程中的突出障碍。对此，完整归纳“一带一路”倡议下区域性公共产品存在的主要问题，探究主要问题产生的内在原因，对发挥区域建设的正外部性至关重要。

（一）区域内合作机制与归属认同较为薄弱

区域建设的机制化程度一直是衡量区域公共产品供给水平的重要指标，对“一带一路”倡议而言，其沿线国家的经济建设水平参差不齐，区域内部的安全工作推行存在困难，构建具有长效法律约束的合作机制势在必行。自“一带一路”倡议提出以来，区域内部制度化的不足、区域成员间规范性合作机制的缺位始终是围绕区域性公共产品供给的重要问题。

区域内成员将集体身份的认同感与归属感作为区域供给的软实力，亦作为构建区域一体化的最高目标，认同的建构过程即区域性公共产品供给逐渐转向社会化的过程。“一带一路”倡议下区域性公共产品供给的现实状况表明，由于区域内合作机制尚不完善，区域成员难以凝聚区域向心力，区域内部的集体认同和归属感也因此带有明显的脆弱性，而区域内部集体认同感薄弱又会进一步加剧区域规范机制的缺位。一方面，区域内集体认同与归属感缺失会对域内成员国的社会心理及文化选择产生直接影响，让成员国的政策制定有所偏好，容易阻碍深层次区域合作的开展；另一方面，集体身份和归属上的差异隔阂也使区域内受援国与供给国之间难以产生合作上的亲和性，更易导致受援国因自身利益倾向于投机的“搭便车”行为，不愿意从长远利益出发建设共同的区域合作机制。机制的缺失和认同的不足不但会损耗区域公共产品的供给资源，也将与“一带一路”机会均等、文化多样的共建原则背道而驰，背离中国“一带一路”区域性公共产品供给的初心。

（二）区域外多方大国介入导致风险增加

“一带一路”倡议之前，东亚原有的区域性公共产品供给的模式主要为美国支撑、日本与韩国主导的联合供给模式，随着中国区域公共产品供给的增强影响到美国、日本的利益攫取，引发印度等国的战略疑虑，加大了“一带一路”区域外各方势力的介入，也致使“一带一路”倡议下区域产品供给的风险把控较为困难，成为“一带一路”产品供给所面临的重要问题。

“一带一路”倡议下区域性公共产品供给作为中国对外开放的重要途径，不可避免地要面临区域外部大国特别是美国介入的威胁。从现阶段“一带一路”公共产品的供给情况来看，一方面，基于现阶段美国的战略考量，作为亚太地区长期的主导供给国，无论是从身份定位出发还是从国家利益出发都将介入“一带一路”区域性公共产品供给中，尤其是其自身地位需要承担相应的产品供给来确保国家范围的产业发展和利益实现；另一方面，美国的国家利益向来与亚太地区的利益尤其与东亚地区的利益休戚相关，所以它更须借助亚太地区的产品供给来解决与国内利益相关的诸多问题。因而可以预见，美国与“一带一路”在政治及经济领域的外部关联性和利益交叉性将使这种域外大国的介入持续存在，增加区域公共产品供给风险的不确定性。

“一带一路”区域公共产品供给对中印新型国家关系也存在挑战，特别是在前期的供给过程中容易引起两国疑虑。首先，两国在“一带一路”持续的经济供给、政治输出下极易担心自身在亚欧大陆中间地带的控制，削弱自身在中巴经济走廊、中亚地区的发展势力；其次，伴随“一带一路”区域性公共产品供给的推进，两国也会在国际经济市场上遭遇竞争，“21世纪海上丝绸之路”与印度“向东行动”、孟不印尼次区域合作（BBIN）、环孟加拉湾多领域经济技术合作倡议（BIMSTEC）、环印度洋地区合作联盟（IOR-ARC）相冲突，不断挤压区域发展空间。如果将域外大国介入作为区域风险难以把控的外部诱因，那么由于区域沿线国力贫弱，各成员缺乏参与区域性公共产品供给的经验则是“一带一路”区域风险识别与控制不足的内部原因。内、外部原因共同加剧了“一带一路”区域风险把控的困难，安全风险、社会风险以及区域风险问题的复杂性和多样性相互交织，依然是“一带一路”区域性公共产品供给所要突破的关键瓶颈。

（三）制度环境差异导致文化冲突

区域公共产品供给会带来经济、政治与规则等方面的收益，如紧密的贸易伙伴关系，广泛的认知共识以及标准的区域合作规则，然而巨大的潜在收益也带来了文化冲突与不确定性的增加。介入国家和区域供给主导国在区域性公共产品供给上的实力对比波及区域经济合作主导权的纷争，影响区域相对收益分配的结果，因而介入国家往往希望通过深度介入“一带一路”合作区域，提升相对收益，避免自身陷入困境。

从国家协调的角度出发，介入国家和中国双方在制度背景和文化意识支撑上的差异，加之“一带一路”区域供给外部法律监管体系的不力才是引发大国介入矛盾、区域风险无法降低的根本原因。一方面，介入大国和中国在政治制度和文化发展方面本质化的差异是大国介入和风险难以把控的首要原因，因为其不仅在于经济制度的不同，更在于意识形态上的差异，因而关于“一带一路”区域公共产品供给主导权的竞争也不限于经济权益的争夺，更在于意识形态输出与认同的争端，其代表着一国根本的政治制度立场。同时，中国与介入大国尤其是美国在制度文化上的本质区别也不利于双方的协调与沟通，且极易影响两者对“一带一路”区域风险法律监管的协调认同。另一方面，介入国家和中国双方对于外部法律监管体系的分歧及不力也是大国介入和风险难以把控的重要原因。由于对风险评估法律机制认识不足、经验有限，而域外大国介入的干扰、疑虑和分歧又层出不穷，且在构建评估体系和防范法律的过程中，中国与区域内外很多国家既带有社会主义和资本主义两种不同的社会制度，又运行着大陆法系与英美法系两种不同的法律条例，存在着不同的开放区间与市场运行体制。因而，执行风险评估和防范法律体制一直存在着诸多困难，大国介入也难以避免。

当然，“一带一路”区域合作风险难以把控还在于区域风险的传导性，因为政治、经济与文化等风险之间相互联系、相互影响，彼此之间极易转化，一种风险可能就会引起多重风险的滋生，进而导致合作项目的失败。比如国家间的文化冲突可能会带来贸易摩擦、经济冲突，进而带来新的风险。

四、“一带一路”区域性公共产品供给韧性的优化

“一带一路”区域性公共产品的供给在取得了诸多成果的同时，也引发了包括域外大国的威胁和风险增加、域内成员信任的不足和制度缺位、产品供给主体单一和同质化等诸多问题，建立完善的优化机制不仅符合“外部性效应的内部化”，可以发挥系统性和约束性作用，合理划分区域内外的收益成本，从而降低区域合作的风险，有效地调整规范区域合作行为，缓解区域内外的供给问题，推动区域产品供给更加韧性。罗伯特·基欧汉认为：“机制最主要的意义不在于它们正式的法律地位上，而在于其能建立区域行为模式稳定的相互预期，将区域惯例或者行为调整到一个新环境中的有用关系网。”① 因此，立足于“一带一路”倡议下区域性公共产品供给机制的韧性，有助于促进区域自由贸易、供给长效合作、内外文化互动和风险应对 4 个方面。

（一）优化供给系统的多边贸易机制

“一带一路”产品供给的区域内外签订了众多自贸区协定，但各种自贸协定交叉重叠又缺乏普遍的共识与认同，增加了区域供给的复杂性。因此，构建供给系统的自由贸易机制，一方面加大了区域内合作的基础；另一方面也能缓解区域外介入的威胁，改良区域供给在区域内外贸易体系中的不利局面。从日本和欧盟已有的供给经验可知，无论何种区域自由贸易关系都会受到周边国家的疑虑和国际关键大国的掣肘，为区域产品供给增添障碍。在“一带一路”进行区域产品供给、开展自由贸易的初期，国际关键大国特别是美国的阻挠与挑战，也曾影响到中国的贸易开展。开放合作、互利共赢、和谐包容的供给原则，共享成果、惠及广泛区域的政策立场，促使“一带一路”倡议始终以积极、开放的姿态面对域外国家，不排斥推诿任何国家发展的意图。基于“一带一路”区域性公共产品供给任务离不开大国的支持和协作，主导国中国应始终与外部国家保持积极优良的大国

① ［美］罗伯特·基欧汉. 霸权之后：世界政治经济中的合作与纷争［M］. 苏长和，等，译. 上海：上海人民出版社，2006：108-109.

关系，在不夸大自身贸易合作作用的同时多方听取国际各方专家学者的声音，通过贸易沟通增信释疑，从而以更合理的贸易渠道拓展与域外大国的公共外交，向外部更好地展示"一带一路"供给的正当合法性与互惠包容性，并以此逐步改善以美国为代表的大国对"一带一路"倡议的负面认知，优化两者的贸易关系。

"一带一路"区域性公共产品供给涉及的成员众多，各地区、国家、企业与个人参与广泛，但各方利益诉求不同，在此前提下产生规模贸易争端，无法避免，这容易削弱区域内部认同，加剧域外国家介入，增加区域合作风险。因而，如何合理解决贸易争端，如何设立成熟、公正而有效的争端解决体系是构建区域自由贸易机制的重要问题。鉴于现有的争端解决机制与"一带一路"产品供给贸易问题的不协调，"一带一路"构建的争端解决体系应从以下几个方面进行完善。

首先，争端解决机制应该基于"一带一路"的共商共建共享原则，并将沿线国家主权和投资方利益作为衡量准则。以此不但可以为区域贸易提供更安全、公平和合理的保障，而且可以兼顾区域内外各方的利益需求，平衡私人利益和公共利益之间的贸易杠杆，也不容易引发区域内部信任危机。

其次，"一带一路"公共产品贸易往来中的争端解决不但要采用政治方法，更要运用法律手段，这样可以更方便地应对沿线的历史文化、风俗习惯与政治法律问题，也能更有效地抵御外部介入的威胁。一方面，在区域内的国家层面运用政治方法，特别是多边会谈、磋商、斡旋、调停、调解等手段扩展适用范围，解决政府—政府、私人投资—东道国之间的贸易收益争端；另一方面，在贸易双方调解无效之际以法律手段，包括仲裁、诉讼等方法对政治方法进行补充，弥补政治方法的不透明性和不确定性，并通过法律手段独有的客观中立性、强制执行性和公正约束性达成贸易协议。

（二）完善供给系统的长效合作机制

"一带一路"区域性公共产品供给的贸易开放性与商品互惠性考虑到其涉及地区的广泛性和参与主体的差异性，为更好地解决供给产品单一问题，积累产品供给合作基础，"一带一路"有必要结合欧盟及日本开展竞争性合作和良性互动的供给策略，立足于"一带一路"倡议的基本原则，制定更为具体化和针对性的长效合作机制。以广泛合作打开合作国的贸易门槛，统筹贸易资本标准，并推动贸易的良性竞争，扩展区域贸易的自由化。同时，这些外部供给方式与“一带一路”产品供给的经济走向有交合之处，还为“一带一路”的区域贸易支持提供了经验契机。由于“一带一路”沿线各国的发展规模各不相同，互惠互利贸易支持的提供还应设立普遍适用的多边或双边优惠商品贸易合作规则。一方面，“一带一路”产品供给可以基于现有的贸易认同机制和贸易监管部门，多方了解沿线国家的贸易诉求和需求，采用国家间定期的协商、磋商和谈判形式，推动资金、人力多方流动，为大国通关机制提供支持，逐步实现贸易标准的统一标准化。另一方面，还可以通过“一带一路”构建的经济走廊，以产业园区、海上港口为依托，如亚欧大陆桥等，构建完善的贸易合作供应链和产业链，打造以“扩散性互惠”中“非对等”价值交换为基础的贸易支持规则，进而以这种“扩散性互惠”降低关税壁垒，简化贸易程序，推动商贸流通，推动多重互惠互利商品贸易的发展，带来区域商品贸易的长久稳定，有效缓解区域发展问题。

针对“一带一路”区域性公共产品供给的非竞争性、非排他性、正外部性三个本质属性，考虑到对有限区域资金流的配置规划，还需要调节区域内部和国内的分配问题。此外，鉴于“一带一路”产品供给转移国内过剩产能，推动区域内人才、资本和技术多向流动的战略目标，区域性公共产品的长效合作供给机制还应该拓宽区域相应的融资渠道，以更可靠便利的投融资机制作为“一带一路”区域保障。目前，“一带一路”已开创了国际投融资模式，努力让其与区域外部投资基金相对接，还设立了多个多边合作金融机构，加快区域投融资金融市场的建设，可以看出无论是投融资水平还是金融合作水平都取得了积极的成果。但是为了进一步避免区域外部介入风险，丰富产品主体和供给类型，“一带一路”的区域性公共产品供给还应基于区域供给的实际情况，完善已有的投融资渠道。

一般而言，传统的官方发展援助是投融资的主要来源，区域内成员引进银行贷款和国际债券这些新的融资方式是区域供给的重要支持力量。毫无疑问，“一带一路”区域性公共产品的投融资渠道将以传统投资方式和新型融资方式相结合的方式进行推进。具体而言，就是在“一带一路”区域公共产品投融资渠道的过程中，努力拓宽多元化的投融资方式，提供可靠便利的投融资渠道。从日本和欧盟的经验来看，“一带一路”倡议可以通过政府部门与私人企业结合的公私合营合作机制，一方面让政府部门减少对投资者的权力限制，提供更方便的咨询指导和协调政策，提供政策支撑；另一方面让民间组织的私人资本通过基础设施项目的资金投资，将融资风险、管理风险和投资效益与政府共担，以良好的政府部门—私人部门合作关系共同推动多元力量汇入现有的投融资渠道。在此过程中需要注意的是，私人资金的来源毕竟有限，而官方和金融机构援助资金的合理运用更可能为"一带一路"区域公共产品储备更大的投融资资金量，故而投融资机制建立时更侧重于官方和金融机构资金的投入，以此更好地分辨资金投入的核心行动和补充性行动的差异，保障投融资渠道的安全性。此外，以多元化的投融资渠道为基础，中国还可以在投融资渠道的设置过程中进一步利用区域内部的比较优势，结合区域贸易中对争端解决、贸易协调认同、环境保护、知识产权、数据安全等突出领域的调查分析，通过设立对接的区域联合工作组、常设指导委员会等机构，建构信息互通互访的投资交流体系，既有利于域内合作沟通交流，又能促进投融资的便利运行。

（三）推动供给系统的文化互动

"一带一路"域内各合作国之间、域内成员国和主导国之间存在着不同程度的认同障碍，加深了产品供给主体单一和产品同质化的问题，也削弱了区域合作基础。这一障碍不仅源于区域历史情况的复杂，还源于区域文化互动机制的缺失，因而区域的集体认同对"一带一路"的供给合作十分重要。只有通过区域大范围、宽领域的集体认同才能有效带动区域供给结构的规范化和机制化，打造区域供给合作的深层基础。从区域普遍认同的文化类公共产品着手，推动中华文化"走出去"，通过文化互动机制逐步提升区域的集体认同，提升中国形象的亲和力。

从"一带一路"区域差异巨大的历史风俗和人文地理条件出发，加强区域成员的对话交流，充分实现区域内各项战略的交流对接是完善区域文化互动机制的首要步骤。首先，基于区域各国的共同利益，中国可以从区域最广泛、最基础的利益交会点着手，在沿线国家较为羸弱的文化教育、卫生健康和救灾、扶助与扶贫领域进行针对性的政策对话和沟通，并通过区域各方民间组织交流和对话的方便度，推动区域各国的民生工作和绿色发展，进而开展更深层次的战略对接。其次，在增强区域对话和战略对接时还应该合理运用"一带一路"区域内高校和智库的力量。通过高校和智库的人才培养、项目合作和对区域公共问题的研究，进行战略对接的人文交流工作。一方面，高校可以通过对沿线国家精英阶层人才的传输，培养有能力进行区域各层面沟通的“知华派”和“友华派”，奠定战略合作对接的民意基础。另一方面，智库研究不但可以在区域对话中对各类对接战略进行合理分析，让区域制定科学民主的区域决策，而且可以通过智库间的交流增进联系，以研究的区域合作项目形成政策共识，推动政策的沟通对接。最后，在增进区域各方对话推动区域战略的工作中，还可以尝试构建渐进式的磋商机制。这样可以在“一带一路”的共商原则下，通过区域性公共产品供给过程中各方力量的反复协商，反映区域的集体智慧和态度立场，获取区域普遍认同的公共产品，提高战略对接效率。通过“一带一路”产品供给形成的对话机制，拓展区域各国战略合作的交往渠道，进一步以定期会议、会谈、多种形式的论坛和研讨会、联合性的培训活动加强区域对话和战略对接，以此加大区域内认同，充实产品供给合作的基础。针对“一带一路”区域性公共产品的媒体对外宣传，中国具体可以从以下方面进行加强：第一，考虑到“一带一路”区域各国之间的媒体存在广阔的合作空间，中国媒体可以联合沿线国家的媒体部门，通力合作，协同发声，互相学习和借鉴各国在国际传播上的优秀经验，打造域内传媒特色，共建域内媒体传播机制。第二，为了应对“一带一路”与地区大国在媒体话语权上的冲突，中国应该推动媒体稳步加大对“一带一路”产品供给核心思想的宣传，让更多的地区和国家了解到“一带一路”的原则和主张、广泛的平等性和互惠性。第三，在“一带一路”区域公共产品供给对外宣传的过程中，中国还应加大媒体宣传与区域文化氛围构建的互动作用，以媒体宣传带动区域沿线国家的文化认同氛围，通过积极的区域文化氛围发挥区域媒体的对外传播效应，运用传统和现代媒体、互联网技术、云传输技术、大数据等方式，优化国家形象的对外宣传工作，提高中国话语的说服力与引导力。

（四）构建供给系统的风险评估机制

首先，优化经济风险防范体系。“一带一路”区域公共产品供给中的一些沿线国家时有冲突，经济利益上的矛盾居多。对此，“一带一路”在完善这一方面的风险防范体系时应从政府和企业两个角度着手，建立对接的经济风险防范体系。从政府的层面来讲，世界范围内金融危机警醒中国，“一带一路"在区域建设中应该发挥区域各级政府的作用，在对区域国家的经济状况有良好掌握的同时积极联系域内国家，共同建设带有包容性和多层次的区域金融防范体制，共同抵御经济风险。具体可采取的措施包括：一方面，政府可以基于目前的全球性经济问题治理体系，例如国际货币基金组织（IMF）、二十国集团（G20）等，寻求"一带一路"金融风险防范体系与治理体系的契合点和可参考经验，尽可能联合现有的经济风险防范力量，降低防范体系的构建成本；另一方面，政府可以对东亚及亚太地区现有的金融风险防范机制进行分析与评估，利用清迈倡议多边化协议（CMIM）等已有的区域性货币风险协作协议，创设适用的区域金融危机救援机制，推动区域多边化的经济风险防范体系建设。此外，在政府层面上，中国还可以通过经济外交发展人民币国际化，完善区域投资管理的担保系统，有序构建财税金融安全体系、支持体系等手段，逐步健全"一带一路"道路上的经济风险预警系统，加强对经济风险的实时评估与监控，加强对区域风险因素科学定量的分析。而从企业层面出发，"一带一路"区域企业不但应该主动配合政府完善区域投资支持政策，合理评估自身对外的风险贷款额度，让贷款投资等金融风险交易稳步推进，还要帮助政府健全区域投资保险政策，健全企业的保护体系，进一步降低企业的风险损失，让企业对外资产得到有力保护。同时，在企业自身经济风险防范的建设上，各类企业也需要进行培养风险管理意识、注重域外法律法规的设置条件、注重投资项目的考察和实证研究、注重企业管理制度的更新和经验借鉴、完善企业投资风险的信息系统建设，让企业的经济活动按控制流程加大"一带一路"产品供给经济交易的操作规范性。相信从政府和企业这两个维度出发，多联系和参照外部经济风险体系规则，多加大区域企业的风险意识和配合程度，一定能降低区域供给的经济风险。

其次，完善政治风险预警体系。地缘政治的复杂性、大国战略博弈的冲突性和区域内外部制度环境的差异性是区域政治风险的主要来源。"一带一路"区域供给的政治风险预警体系应该综合评估内部资源因素（包括市场潜力、市场增长率和自然资源丰裕度）和外部环境因素（包括基础设施、外部宏观经济的稳定性和经济开放性），通过综合调研和数据分析，从区域内外部影响政治风险的指数出发，在政治风险可控范围内稳步进行区域公共产品供给。"一带一路"区域供给的政治风险预警体系还应该考虑企业政治风险防范和政府政治风险防范两个方面，建立多层面的政治风险防范预警机制。一方面，从区域企业政治风险防范入手，企业在投资前应该进行实地环境分析、风险评估和投保工作；在投资中应该进行分散化政治处理和本土化的政治适应，并积极承担企业的社会责任；在投资遭受政治风险后还应该勇于向当地申请保护，积极沟通并且进行索赔，提升自身的政治意识。另一方面，从政府的政治风险防范出发，其政治风险管控可以从预防性、分散性和补救性三个维度出发。在预防性上，中国可以设立相应的“一带一路”政治风险预警防范机构，健全应对多元政治风险的法律及服务体系，有效识别及评估区域投资国家的政治风险，并通过积极构建政治风险智库，及时为区域面临的政治风险做出可行性建议和风险应对方案；在分散性上，中国不但需要对“一带一路”政治风险国家加强监管，为区域各方力量提供政治保护，还需要利用国际组织，通过国际合作发挥国际责任中的保障功能，以“多边投资担保机构”（MIGA）等方式，防范和分摊区域可能面临的政治风险；在补救性上，政府更应该时刻关注政治风险国家的政治走向和政策动态，为区域各方力量提供领事保护，并协助其进行沟通、索赔和撤离，防止区域供给私人和外部力量的流失。针对“一带一路”区域供给中存在政治风险的领土争端、时局动荡以及新型非传统风险威胁，未来的政治预警系统更应兼顾风险预警和主动出击，联合区域的其他国家，共同抵御区域的政治风险，保障区域公共产品的有效供给。

最后，完善安全风险评估体系。中国作为“一带一路”倡议的主导国，以“亲、诚、惠、容”的区域大国姿态消除区域国家的安全猜忌，从而为开展安全风险评估打好基础。考虑到“一带一路”区域公共产品供给的多元性和分散性，“一带一路”区域安全评估体系的构建更应该联合区域组织的各类平台，通过渐进灵活且有效的方式，一方面与沿线周边国家开展安全领域的合作示范项目；另一方面以现有的区域平台和对话机制增强更多国家对“一带一路”产品供给的了解，推动更多国家参与区域安全风险把控，以此稳步增强“一带一路”安全风险评估体系的亲和力和影响力。从国际视角来看，“一带一路”区域安全风险评估体系的构建还要积极推动区域外大国在区域安全体系中的建设作用，将“一带一路”的安全风险评估体系推向“协作化”、“广泛化”和“综合化”的方向，降低更多安全领域的风险威胁。对此，一是要和域外大国加强沟通协调，通过正当合理的信息发布降低全球公共安全领域风险的影响。二是要将“一带一路”的安全评估体系与外部治理体系结合，充分考虑目前共同面临的非传统安全风险。三是要将“一带一路”安全风险评估的具体项目合理对外，通过合作吸纳域外大国力量，稳步提升自我安全风险评估和防范能力。

总之，面对世界百年未有之大变局和新冠肺炎疫情大流行的交织影响，中国作为负责任的大国，积极开展了“一带一路”倡议下的区域性公共产品供给。“一带一路”区域性公共产品供给不但缓解了当今全球性公共产品供给资金不足和支持乏力的问题，有效避免了传统公共产品供给过程中出现的“私物化”和“搭便车”倾向，也体现出中国通过“一带一路”建设主动与各国搭建友好合作、互利共赢关系的决心。同时，中国将“一带一路”倡议作为公共产品供给，始终以“共商”“共建”“共享”原则为出发点，通过发挥“非竞争性”“非排他性”“正外部性”等区域公共产品属性，为世界经济的发展与人类和平共处注入了源头活水。

参考文献

[1] 樊勇明. 区域国际公共产品与东亚合作［M］. 上海：上海人民出版社，2014.

[2] 王逸舟. 国际公共产品：变革中的中国与世界［M］. 北京：北京大学出版社，2015.

[3] [美]罗伯特·基欧汉. 霸权之后：世界政治经济中的合作与纷争［M］. 苏长和，等，译. 上海：上海人民出版社，2006.

[4] ［西］安东尼·埃斯特瓦多道尔，布莱恩·弗朗兹，谭·罗伯特·阮. 区域性公共产品：从理论到实践［M］. 张建新，黄河，等，译. 上海：上海人民出版社，2010.

[5] 黄河等. 治理、发展与安全：公共产品与全球治理［M］. 上海：上海交通大学出版社，2021.

Country Reports

韩国长期护理保险制度的发展与变革

李 琼*

摘 要：韩国老人长期护理保险制度具有各方利益博弈的特征，是政府强力推动和民众积极参与的共同结果。2008 年 7 月，韩国正式实施老年人长期护理保险制度，主要面向因高龄或疾病而难以独自完成日常生活的人。在正式推行老年人长期护理保险制度之前，先在全国范围分三个阶段进行了制度试运营。截至 2021 年，韩国的长期护理保险制度已运行 13 年，虽然陆续进行了 9 次改革，但基本框架并未发生较大变化。中国可借鉴韩国制定专门的长期护理保险法律、构建统一的公共养老金制度体系，发挥市场竞争机制的调节功能，并强化社会保障及护理制度社会化。

一、韩国长期护理制度建立和改革的背景

随着经济的发展和社会生产质量的改善，人民的物质生活不断丰富、医疗科技持续发展，世界范围内许多国家的人口平均寿命不断提高，同时由于传统家庭照料功能逐渐弱化，进一步加剧了国家在医疗和老年人护理方面的危机。自 20 世纪中后期起，老年人的长期护理需求逐渐演变成一种“新型社会风险”,① 社会性质的长期护理制度成为解决老年人生活风险的必然选择。为了应对日趋严重的老龄化进程和逐年增加的老年长期护理费用，各国开始尝试推行与老年人护理相关的制度和法律。1968 年，荷兰正式通过了《特殊医疗费用支出法》（荷兰语简称 AWBZ），成为世界上最早专门

* 李琼，吉首大学商学院教授，研究方向为社会保障与财政。

① 谢冰清. 我国长期护理制度中的国家责任及其实现路径［J］. 法商研究，2019（5）：40-53.

立法建立长期护理保险制度的国家。[①] 随后世界各国开始建立起具有本国特色的长期护理保险制度，美国一方面为了缓解老龄化引发的养老护理经济压力；另一方面为了保证商业保险市场的稳定健康发展，于1986年制定了《长期护理保险示范法》，在全国范围推行美国商业长期护理保险；德国由于人口老龄化和劳动力结构的变化，原有的社会保险制度和社会救助体系难以满足当时社会上对于长期护理的需求，为了维护国家的稳定和保证老年人日常的基本生活，于1994年出台了《长期护理保险法》；日本为了缓解国内不断加深的老龄化压力，应对家庭规模变化问题，于2000年开始制定并实施《高龄者保健福利发展方向》。[②] 相比于欧、美、日等国家，韩国的长期保险护理制度建立时间相对较晚，制度内容及方式主要借鉴日本的做法，并根据德国的经验进行了局部调整。[③] 韩国的老年长期护理保险制度建立和改革与人口老龄化、经济快速发展和政府高度重视紧密相关。

（一）人口老龄化日益严重

随着婴儿潮一代退休，韩国育龄青年选择晚婚、不婚的人数增多，单人户家庭骤增，已婚青年生育意愿下降。低生育、少子化和老龄化等问题一直是韩国主要的社会问题，其中老龄化问题尤其突出。英国牛津大学人口学教授曾预警韩国或将成为“全球第一个消失的国家”。同时，随着韩国社会经济和医疗保障水平的提高，人口预期寿命逐步延长。韩国统计厅公布的最新数据表明，2019年出生的韩国人平均预期寿命达83.3岁，[④] 相比于1970年出生的韩国人平均预期寿命62.3岁，增加了21岁。由高龄而引发的老年人身体机能下降，老年痴呆和心脑血管等老年性疾病日益显著，老年人难以独自完成日常生活，导致韩国老龄化程度不断加深，家庭对老年人的赡养压力进一步加大，对于护理的需求大幅度提高。[⑤]

韩国统计厅相关数据显示，2000年韩国65岁及以上的老年人口数为

---

① 胡苏云. 荷兰长期护理保险制度的特点和改革［J］. 西南交通大学学报（社会科学版），2017（5）：91-96.

② ［韩］李光宰. 老年人长期护理保险制度政策形成过程的日韩比较［M］. 韩国京畿：共同体出版社，2010.

③ 阚清泉，曹信邦. 长期护理保险筹资理论研究综述［J］. 经济师，2019（3）：56-61.

④ 韩国统计厅. https：//kosis.kr/index/index.do.

⑤ 许敏敏，段娜. 日本、韩国长期护理保险的经验借鉴及对中国的启示［J］. 保险职业学院学报，2019（5）：82-89；于建华，李强. 关于长期护理保险范畴界定问题的思考［J］. 大连海事大学学报（社会科学版），2021（1）：85-91.

335.56万，占总人口比重的7.03%，标志着韩国开始步入老龄化社会。随后韩国老年人口数逐年递增，老龄化程度不断加深。2008年韩国65岁及以上人口达到506.93万，占总人口的比重为10.23%；2017年韩国65岁及以上人口占比为14.21%，比例超过14%，正式步入“老龄社会”，成为目前世界上从“老龄化社会”到“老龄社会”转换速度最快的国家。[①] 韩国统计厅预测，预计2026年韩国将进入“超老龄社会”，2067年韩国将有一半人口达到65岁及以上。2020年韩国65岁及以上人口数达到849.61万，占总人口比重的16.39%。官网目前公布的最新数据为：2021年3月，65岁及以上人口数为857.46万，占总人口比重的16.58%。从年增长率来看，2000—2021年间，65岁及以上人口数年均增长率为4.75%，增长率最高的年份是2007年（6.69%），增长率最低的年份是2016年（3.26%）。对比总人口增长率与65岁及以上人口增长率可以看出，每年65岁及以上人口增长率均远大于总人口增长率，2020年韩国总人口首次出现负增长，即当年出生人口数小于当年死亡人口数。

表1　2000—2021年3月韩国65岁及以上人口数及比例[②]

	65岁及以上人口/人	总人口/人	65岁及以上人口年增长率/%	总人口年增长率/%	65岁及以上人口占总人口比重/%
2000年	3 355 614	47 732 558	—	—	7.03
2001年	3 533 470	48 021 543	5.30	0.61	7.36
2002年	3 712 626	48 229 948	5.07	0.43	7.70
2003年	3 904 984	48 386 823	5.18	0.33	8.07
2004年	4 124 946	48 583 805	5.63	0.41	8.49
2005年	4 324 524	48 782 274	4.84	0.41	8.86
2006年	4 556 733	48 991 779	5.37	0.43	9.30
2007年	4 861 476	49 268 928	6.69	0.57	9.87
2008年	5 069 273	49 540 367	4.27	0.55	10.23

① 田香兰. 困境与发展：日韩社会保障制度改革研究［J］. 日本研究，2020（4）：9-17.

② 韩国统计厅国内电子公报表. https：//kosis.kr/statisticsList/statisticsListIndex.do？parentId=A.1&vwcd=MT_ ZTITLE&menuId=M_ 01_ 01#content-group.

续表

	65岁及以上人口/人	总人口/人	65岁及以上人口年增长率/%	总人口年增长率/%	65岁及以上人口占总人口比重/%
2009年	5 267 708	49 773 145	3.91	0.47	10.58
2010年	5 506 352	50 515 666	4.53	1.49	10.90
2011年	5 700 972	50 734 284	3.53	0.43	11.24
2012年	5 980 060	50 948 272	4.90	0.42	11.74
2013年	6 250 986	51 141 463	4.53	0.38	12.22
2014年	6 520 607	51 327 916	4.31	0.36	12.70
2015年	6 775 101	51 529 338	3.90	0.39	13.15
2016年	6 995 652	51 696 216	3.26	0.32	13.53
2017年	7 356 106	51 778 544	5.15	0.16	14.21
2018年	7 650 408	51 826 059	4.00	0.09	14.76
2019年	8 026 915	51 849 861	4.92	0.05	15.48
2020年	8 496 077	51 829 023	5.84	-0.04	16.39
2021年1月	8 542 313	51 825 932	—	—	16.48
2021年2月	8 582 117	51 824 142	—	—	16.56
2021年3月	8 574 588	51 705 905	—	—	16.58

（二）经济持续增长

1948年，朝鲜半岛先后成立大韩民国和朝鲜民主主义人民共和国。1950年爆发朝鲜战争，依照《朝鲜停战协定》，1953年朝韩两国停战。韩国经历3年战争的洗礼，国内经济遭到严重打击，数百万的韩国人在贫困和失业中挣扎，1953年韩国名义GDP为13.48亿美元，人均名义GDP为65.72美元，[①] 国内科技发展水平严重不足，基础设施相对匮乏，居民的基本生活难以保证。随后韩国经济开始进入恢复时期，韩国政府实行了“出口主导型”开放式经济战略，以外向型的产业发展为先导，积极鼓励国内企业进入国际市场，调整产业结构，优化资源配置，刺激国内民间及外国资本投资，推动国内技术进步，在这一战略实施背景下，韩国创造了“汉

① 韩国统计厅. https：//databank.shihang.org/source/world-development-indicators#.

江奇迹”，造就了三星、现代和LG等知名跨国集团。[①] 1985年，韩国GDP突破千亿美元，2006年GDP突破万亿美元大关；1977年人均GDP突破1 000美元，1994年人均GDP突破1万美元。2005年联合国贸易和发展会议发表新闻公报宣布，韩国成为继日本和新加坡之后的第三个亚洲发达国家，从此韩国实现了从贫困国家到发达国家的跨越。

韩国统计厅公布的数据表明（国民账户相关指标），2000年韩国名义GDP为5 763.60亿美元，人均名义GDP为12 260.80美元。相比于1953年，韩国名义GDP增长了426.57倍，人均名义GDP增长了185.56倍。2008年韩国名义GDP为10 468.20亿美元，人均名义GDP为21 339.90美元；2020年名义GDP为16 308.20亿美元，人均名义GDP为31 494.90美元。

从增长率来看，除2001年、2008年、2009年、2015年、2019年和2020年外，其余年份名义GDP和人均名义GDP的增长率均为正值。2000—2020年，韩国名义GDP增长率最高的年份是2010年，为21.13%，最低的年份为2008年，为-10.73%；人均名义GDP增长率最高的年份是2010年，为20.53%，最低的年份是2008年，为-11.41%。1953—2020年间，韩国名义GDP年均增长率为11.18%，人均名义GDP年均增长率为11.17%，两者年均增长率基本保持一致。具体见表2。

表2　2000—2020年韩国名义GDP和人均名义GDP[②]

	韩国名义GDP/亿美元	人均名义GDP/美元	韩国名义GDP增长率/%	人均名义GDP增长率/%
2000年	5 763.60	12 260.80	—	—
2001年	5 477.30	11 562.70	-4.97	-5.69
2002年	6 271.70	13 163.50	14.50	13.84
2003年	7 025.50	14 669.40	12.02	11.44
2004年	7 936.30	16 505.50	12.96	12.52
2005年	9 347.20	19 398.80	17.78	17.53

① 崔仕臣，林闽钢. 日本和韩国长期护理保险发展的比较研究及中国的选择［J］. 当代经济管理，2020（1）：92-97.

② 韩国统计厅国内电子公报表. https：//databank. shihang. org/source/world-development-indicators#.

续表

	名义 GDP /亿美元	人均名义 GDP /美元	名义 GDP 增长率/%	人均名义 GDP 增长率/%
2006 年	10 524. 20	21 727. 10	12. 59	12. 00
2007 年	11 726. 90	24 087. 90	11. 43	10. 87
2008 年	10 468. 20	21 339. 90	-10. 73	-11. 41
2009 年	9 443. 30	19 151. 80	-9. 79	-10. 25
2010 年	11 438. 70	23 083. 30	21. 13	20. 53
2011 年	12 534. 30	25 100. 40	9. 58	8. 74
2012 年	12 779. 60	25 457. 50	1. 96	1. 42
2013 年	13 705. 60	27 178. 10	7. 25	6. 76
2014 年	14 839. 50	29 242. 40	8. 27	7. 60
2015 年	14 653. 40	28 723. 80	-1. 25	-1. 77
2016 年	15 000. 30	29 287. 20	2. 37	1. 96
2017 年	16 233. 10	31 605. 20	8. 22	7. 91
2018 年	17 251. 60	33 429. 00	6. 27	5. 77
2019 年	16 463. 30	31 838. 20	-4. 57	-4. 76
2020 年	16 308. 20	31 494. 90	-0. 94	-1. 08

（三）政府高度重视

韩国老人长期护理保险制度具有各方利益博弈的特征，是由政府强力推动和民众积极参与的共同结果。在实行老人长期护理保险制度之前，韩国历届政府十分重视社会福利、社会保障及居民养老等相关制度的建立。20 世纪 60 年代，韩国将建设福利国家与发展经济确定为政府实施目标；70 年代，韩国开始制定社会保障规划并逐步完善社会保障制度体系，1973 年颁布了国民福利养老金法；80 年代，韩国开始推行国民养老计划，然后颁布一系列法律：《老年人福利法》（1981 年）和《国民养老保险法》（1988 年）。①

2001 年，韩国总统金大中在国庆庆祝会上公开发表了一场关于引入老人长期护理保险制度的政治演说。2003 年，卢武铉在总统竞选时，将护理

① 刘俊萍，尹文强，李玲玉，等. 美德日韩 4 国长期护理保险制度对我国的启示［J］. 卫生软科学，2020（4）：92-95.

保险制度纳入竞选纲领，随后在卢武铉就任韩国新总统后，实行了一系列有关对应韩国日趋严峻的人口老龄化问题的政策与措施，设立“老龄化及未来社会委员会”政府直属机构，制定了《低出生率高老龄化社会的基本法》，在保健福利部设立了“低出生率高老龄化社会本部”。如提出扩大政府对于福利的支出预算，推动独居老人、残疾人、儿童福利作为执政纲领。[①] 2001 年韩国开始引入老年长期护理保险制度；2003 年韩国拟定老年人长期护理保险法案；2006 年，韩国通过了《老龄亲和产业振兴法》；2007 年，韩国通过了《老年长期疗养保险法》。这些政策和法律的颁布与实施，为韩国在 2008 年成功推行老年人长期照护保险制度奠定了坚实的政治基础，2008 年依据《老年人长期护理保险法》推行老年人长期照护保险制度。这标志着韩国的长期护理保险正式确立，实现了韩国老年福利制度和健康制度的整合。

二、韩国长期护理保险制度的发展和改革历程

（一）韩国长期护理保险制度的定义

长期护理，顾名思义就是提供周期较长的护理服务，其有别于医疗保险提供急性疾病的诊断和治疗等服务，主要为老年人提供出院后在疗养机构或居家康复期间的各种看护服务。[②] 在韩国，“长期护理制度”又称“老年人长期疗养保险制度”，与国民健康保险、国民年金、雇佣保险和工伤保险共同组成了韩国社会保险体系。按照韩国保健福利部的定义，长期护理保险制度是面向因高龄或老年疾病而难以独自完成日常生活的人，为其提供体育活动和日常生活支持等服务，以稳定老年人的生活，减轻其家庭负担的一种社会保险制度。

（二）韩国长期护理保险制度的立法基础

在 2008 年 7 月韩国正式实施《老年人长期护理保险法》之前，韩国国内尚不存在专门针对老年群体制订的疗养护理方案，该时间段内韩国主要依据 1963 年制定的《国民健康保险法》及其后续修订版为韩国国民提供医

---

① 高春兰. 日本和韩国老年人长期护理保险制度的政策环境比较研究［J］. 长春工业大学学报（社会科学版），2012（5）：90-97.

② 林宗浩. 韩国老年人长期疗养保险立法的经验与启示［J］. 法学论坛，2013（3）：36-43.

疗、健康护理服务。[1] 1977 年 7 月，韩国政府规定在 500 人以上的单位实施劳动者医疗保险，标志着《国民健康保险法》的正式落地。随后，《国民健康保险法》的适用范围逐步扩大，从 1977 年 7 月 500 人以上的单位扩大到 1981 年 1 月 100 人以上的单位，以及农村居民，再扩大到 1988 年 7 月 5 人以上的单位和农村居民；1989 年 7 月将城市居民纳入适用范围，标志着韩国已基本迎来全民健康保险时代；2001 年 7 月将 5 人以下单位的劳动者编入职场参保人，则标志着韩国健康保险已基本实现全民覆盖。然而，由于韩国的老龄化速度远超经济合作与发展组织（OECD）的其他成员，[2] 忽略人口结构变化的国民健康保险法已难以适应韩国国民对于医疗、健康护理服务的需求。具体来看，一方面现有的国民健康保险造成了大量的资源浪费，在韩国长期护理保险制度正式立法之前的 2002—2007 年，韩国与老年疾病治疗相关的保健费用增加了 192.5%，究其原因，是卫生保健资源的不当使用，许多患有慢性病的老年人住在急症医院，而不是相应的长期护理机构；另一方面，现有《国民健康保险法》的资金来源难以为继，老龄人口的增加刺激了国民对医疗护理服务的需求，而这种需求的增长要求国民健康保险参保者额外缴纳 4%的保费，而州、市和省当局则需要为保险提供相应的补助，无论是国民健康保险的参保人还是政府都抗拒这种经济压力的增加。[3] 因此，韩国构建长期护理保险制度主要是为了应对人口老龄化带来的挑战。[4]

（三）韩国长期护理保险制度的引入

1956 年，联合国在《人口老龄化及其社会经济后果》中确立了对人口老龄化的划分标准，即当一国或地区 65 岁及以上的人口占总人口的比例超过 7%时，则标志着该国或该地区已经进入老龄化社会。按照此标准，韩国于 2000 年正式进入老龄化社会。而韩国长期护理保险制度的开端最早则可以追溯到韩国进入老龄化社会的前夕——1999 年，这一年韩国在各级政府

① 詹军，乔钰涵. 韩国的人口老龄化与社会养老政策［J］. 世界地理研究，2017（4）：49-61.

② 房连泉. 老年护理服务的市场化发展路径——基于德国、日本和韩国长期护理保险制度的经验比较［J］. 新疆师范大学学报（哲学社会科学版），2019（2）：88-98.

③ Kim, S. H., Kim, D. H., Kim, W. S.. Long-term Care Needs of the Elderly in Korea and Elderly Long-term Care Insurance［J］. *Social Work in Public Health*, 2010, 25（02）：176-184.

④ 房连泉. 老年护理服务的市场化发展路径——基于德国、日本和韩国长期护理保险制度的经验比较［J］. 新疆师范大学学报（哲学社会科学版），2019（2）：88-98.

增设了老年人保健科，用以探索长期护理保险制度在全国范围内推行的具体方案，为长期护理社会保险制度的确立做准备。进入21世纪，韩国政府加快了这一制度的立法过程。2000年2月，韩国政府设立长者长期医疗保险政策规划小组并召开第一次会议；同年4月和6月分别召开第二次和第三次会议，10月24日，长期养老保护政策（草案）公布。2001年8月15日，时任韩国总统的金大中在国庆贺词中提出要引入老人护理保障制度；2002年《韩国总统竞选公约》中再次提到要面向老年人群体构筑老人疗养保险制度，这表明老年人长期疗养制度将成为韩国政府下一阶段的重点工作。

（四）《老年人长期护理保险法》的立法过程

为促进长期护理保险制度的落实，韩国政府分别于2003年3月和2004年3月设立了"公共长期养老保障促进企划团"和"公共养老保障制度执行委员会"，主要负责老年人长期护理保险制度的基本方向、制度框架、运营方式、筹资模式、给付范围和管理体系。[①] 2004年8月，企划团及委员会共同主持召开"护理保障体系草案"听证会，听取各阶层人士对构建护理保障体系的意见，[②] 自此韩国正式拉开了《老年人长期护理保险法》的立法序幕。

2005年10月19日至11月8日，韩国政府发布《老年人长期护理保险法》立法公告。随后，来自各党派的国会议员纷纷提出了相应的立法请愿，经韩国保健福利部整理，2006年2月16日《老年人长期护理保险法》提交国会。2007年4月2日，国民议会通过该法案，经国务会议表决，于4月27日颁布，自2008年7月1日生效，其中第一阶段执行令于2007年10月1日实施，第二阶段执行令于2008年7月1日实施。根据现有学者的研究，韩国之所以从2008年建立起老年人长期疗养保险制度，是因为其从1988年开始实施面向全体国民的年金制度，国民年金规定的最低缴费年限为20年，因此从2008年起国民年金开始支付，这为韩国推行老年人长期护理保险提供了相应的配套基础。[③]

---

① 高春兰. 韩国老年长期护理保险制度决策过程中的争议焦点分析［J］. 社会保障研究，2015（3）：86-91.

② 田香兰. 韩国长期护理保险制度解析［J］. 东北亚学刊，2019（3）：118-131.

③ 詹军. 韩国老年人长期护理保险制度述要——兼谈对中国建立养老服务新体系的启示［J］. 北华大学学报（社会科学版），2016（2）：44-51.

（五）韩国长期护理保险制度的改革过程

韩国正式推行老年人长期护理保险制度之前，在全国范围内分三个阶段进行了制度的试运营。第一轮试点项目于2005年7月至2006年3月展开，其目的主要是验证护理认定及等级的评价判定标准和确认手续是否合理，总共包括6个市郡区的65岁及以上基本生活保障领取老人对象，示范区为光州南区、江陵、水原、扶院、安东、北济州。第二轮试点项目于2006年4月至2007年4月展开，主要目的是在第一次示范事业的基础上，对服务利用体系、报酬及财政推算、设施及基础设施等运营体系进行全面验证，试验对象包括8个市郡区的65岁及以上老年人，示范区在第一轮试点项目的基础上增加釜山北区和全南莞岛。第三轮试点项目于2007年5月至2008年6月展开，其主要目的是在老年人长期疗养保险制度正式实施的2008年7月之前，通过该第三次示范事业进行最后的总检查，本次试点项目包括13个市郡区的65岁及以上老年人，相比于上一阶段增加了仁川富平区、大邱南区、清州、益山、河东5个示范区。

2008年3月，韩国在前期立法讨论的基础上，举办了长期护理保险制度说明会，对法案的主要内容及备受争议的问题进行了相关解释说明：（1）管理模式。不同于日本，韩国摒弃了地方政府主管韩国长期护理保险制度的方案，选择国家健康保险公司（NHIC）作为韩国长期护理制度的主要管理机构（韩国国家健康保险公司是韩国唯一的社会健康保险公司，由韩国卫生和社会福利部主管），现有的研究表明，韩国之所以选择国民健康保险公司作为保险者，主要是受到韩国特有政治环境即地域主义的影响。①（2）长期护理保险享受对象。韩国长期护理保险制度的享受对象不仅是65岁及以上且通过等级评定的老年人，还可以是总统令规定的韩国老年性疾病的64周岁以下的国民。②（3）资金来源。韩国长期护理保险的资金主要由政府、个人和国家健康保险公司三方承担，其承担比例分别为20%、20%和60%，但该比例并不固定，一方面是因为最低生活保障救助者和医疗救助对象可以获取100%或50%的减免；③另一方面是因为选择居家疗养的国

---

① ［日］尹诚国，崔银珠，译. 韩国长期护理保险制度——基于辅助性原则的分析［J］. 社会保障研究，2015（1）：162-179.

② 林宗浩. 韩国老年人长期疗养保险立法的经验与启示［J］. 法学论坛，2013（3）：36-43.

③ Chang, W. W.. Elderly Long-term Care in Korea［J］. *Journal of Clinical Gerontology and Geriatrics*, 2013, 4（1）：176-184.

民比选择设施疗养的国民所需承担的比例更低。而韩国政府之所以鼓励采用家庭疗养的方式，一方面是因为居家养老的方式更符合亚洲国家的养老文化，另一方面是因为居家养老能够缓解韩国长期疗养机构和护理人员的短缺问题。[①]（4）长期护理服务获取流程。首先由符合条件的国民提出长期疗养申请，随后长期疗养等级判定委员会根据标准进行判定，在 2008 年立法之初，患者总共被划分为三个等级，其中 95 分以上判定为 1 级，该类患者日常生活完全需要他人帮助；75—95 分判定为 2 级，此类患者日常生活大部分需要他人帮助；51—75 分判定为 3 级，这类患者日常生活的一部分需要他人帮助。等级判定结束后，申请者会收到长期疗养证书并依据自己所获得的等级享受相应的服务，其中，认定为 1—2 级的国民可以选择机构护理服务或家庭疗养服务，而认定为 3 级的国民只能选择家庭疗养服务。[②]

2008 年 7 月，韩国正式实施老年人长期护理保险制度。该制度运行过程中，韩国长期护理保险制度逐渐完善，但基本框架没有发生较大的改变，其具体改革时间点及改革内容见表 3。

表 3　韩国长期护理保险制度的发展和改革时间

	改革措施
2009 年 3 月	将外国工人排除在长期护理保险参保人之外
2009 年 5 月	农渔村地区居民领取者减少部分负担金
2010 年 3 月	新设长期疗养机构负责人义务及工业园区长期疗养机构设立依据。记录、管理和制定工业园区长期护理福利提供标准，并规定设立和运行长期护理机构，以确保工资费用充足
2013 年 8 月	加强长期护理机构运行秩序的建立和管理，免除部分自付额，禁止折扣行为，在虚假索赔时公布违规事实并依法进行行政制裁
2014 年 7 月	改革老年人长期护理分级制度，将原有的第 3 等级分为 3、4 两级，并增加第 5 级（又名“痴呆等级”）

① 詹军. 韩国老年人长期护理保险制度述要——兼谈对中国建立养老服务新体系的启示［J］. 北华大学学报（社会科学版），2016（2）：44-51；李骅，蔡忆思，林卡. 韩国家庭护理员制度及其对中国的启示［J］. 社会工作，2019（5）：52-61.

② 高春兰. 韩国老年长期护理保险制度决策过程中的争议焦点分析［J］. 社会保障研究，2015（3）：86-91.

续表

	改革措施
2014 年 11 月	首尔疗养院开院，其主要为制定长期护理福利提供标准，并审查福利标准的制定是否合适
2018 年 1 月	新设认知支援等级，对于所有痴呆症的患者，无论其身体状况如何，都能成为长期照顾服务的对象
2018 年 8 月	扩大长期疗养自付额减免，减轻低收入群体领取者的经济负担
2019 年 12 月	实行长期疗养机构指定制、指定更新制度，加强长期护理机构的准入标准，对不良机构进行管理。实行长期疗养不正之风认定者职权再调查制度，以虚假或欺诈方式或意外发生事故，或因本人不当行为而获得长期治疗的，实行职权复查

资料来源：韩国保健福利部、韩国国家健康保险公司。

三、韩国长期护理保险制度的基本内容

《老年人长期疗养保险法》第一条明确规定，长期护理保险面向因高龄或老年性疾病等事由而很难独自履行日常生活的老人，提供身体活动或家务活动支援等的长期疗养补贴，以期实现晚年健康增进及生活稳定，减轻家属负担，从而提高国民生活质量。

（一）被保险人与投保人

长期护理保险的被保险人为全体国民。能获得长期护理给付资格的是年满 65 周岁的老年群体，或未满 65 周岁但患有痴呆症、脑血管性疾病、帕金森综合征等总统令规定的疾病，且超过 6 个月被认定为难以独自执行日常生活的人。[①] 虽然韩国长期护理保险制度在 2008 年实施之初受益人群较小，但通过与其他相关制度衔接，覆盖人群得以进一步扩大，图 1 展示了韩国长期护理及相关制度的覆盖人群。长期护理保险制度遵循 5 项原则，即注重人的价值及有尊严的生活、以使用者为本、服务适度性、居家服务优先和医养结合。[②] 长期护理保险追求的是在服务过程中让老年人感受到自己的价值，过有尊严的晚年生活，在综合考虑老人的实际需求情况下，提供适当的服务，鼓励老年人选择居家护理服务。通过将护理服务和医疗服务相结合，让老年人安享晚年。

---

① 张晖，许琳. 需求评估在长期护理保险中的作用及实施［J］. 西北大学学报（哲学社会科学版，2016（5）：124-131.

② 田香兰. 韩国长期护理保险制度解析［J］. 东北亚学刊，2019（3）：118-131.

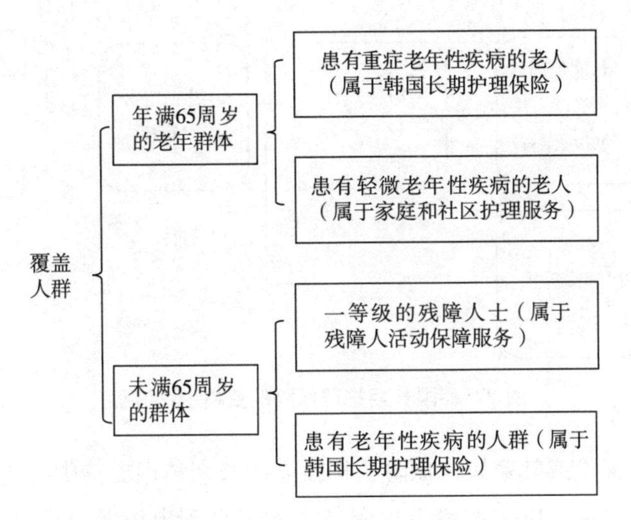

图1　韩国长期护理保险制度以及相关制度的覆盖人群

（二）资金来源

长期护理保险的缴费跟从健康保险的原则，由国民健康保险工团统一征收。每个国民按照社会保险的方式缴纳国民健康保险，同时再按照所缴纳国民健康保险费的一定比例缴纳长期护理保险，长期护理保险的费率定期变动（2021年的长期护理保险费=健康保险费×11.52%），且对长期护理保险费实行独立管理。公共救助对象也可以加入护理保险，但由政府承担其产生的全部费用。长期护理保险管理及运营所需的费用，国家及地方财政负担20%，享受护理服务的老年人承担20%，剩下的60%由长期护理保险费承担。其中，关于个人自付部分，使用居家护理服务的老年人承担15%，入住护理机构享受服务的老年人承担20%。[①] 从自付比例可以看出，韩国更鼓励老年人采取居家护理的方式，这是因为居家护理更符合亚洲国家的养老文化，老年人更易接受这种方式。

（三）韩国长期护理保险的审核流程

韩国长期护理保险的审核流程共分五步，如图2所示。

---

① 赵斌，陈曼莉. 社会长期护理保险制度：国际经验和中国模式［J］. 四川理工学院学报（社会科学版），2017（5）：1-22.

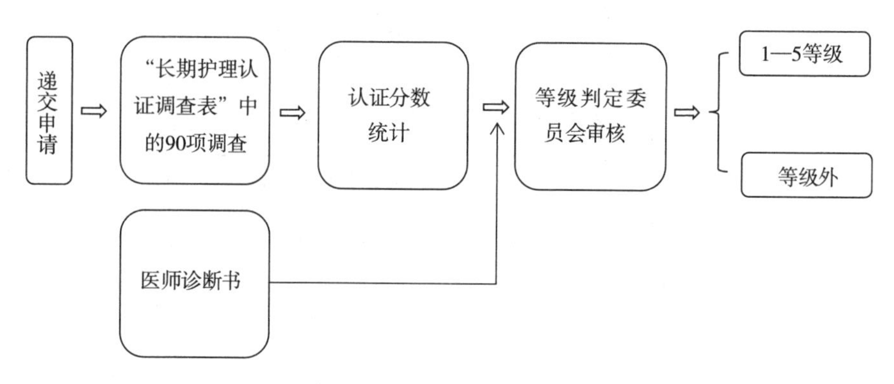

图2　韩国长期护理保险的资格审核流程

（1）参保人或其家属向保险机构设立的长期护理支持中心递交申请。

（2）健康保险机构派遣卫生保健类的专员到申请者家中进行访问。访问内容包括身体机能（12项）、认知机能（7项）、行为变化（14项）、护理处（9项）、复健（10项）。把这（52项）代表申请人身心状况的调查结果输入“长期护理认证调查表”（见表4）进行计算，审核的具体步骤如图3所示。

表4　韩国长期护理认证调查表的调查项目

区域	项　目		
身体机能（12项）	脱衣穿衣 吃饭 坐起来 使用厕所	洗脸 洗澡 移坐 控制大便	刷牙 更改体位 走出房间 控制小便
认知机能（7项）	短期记忆障碍 日期识别障碍 地点不明 年龄/出生日期	知识理解能力障碍 判断能力减退 沟通障碍	
行为变化（14项）	妄想 幻听 悲伤 不规则睡眠，昼夜混沌 抵抗帮助	坐立不安 迷路 暴言 出走欲望增加 不适当行为	弄坏东西 隐藏金钱/物品 穿着不当 大/小便不洁行为

续表

<table>
<tr><th>区域</th><th colspan="5">项　目</th></tr>
<tr><td>护理处
（9 项）</td><td colspan="2">支气管切口护理
结肠炎术后护理
氧气疗法</td><td colspan="2">营养搭配
褥疮预防护理
癌症、痛症护理</td><td>导尿护理
糖尿病护理
透析护理</td></tr>
<tr><td rowspan="3">复健
（10 项）</td><td colspan="2">运动障碍（4 项）</td><td colspan="3">关节限制（6 项）</td></tr>
<tr><td>右侧上肢</td><td>右侧下肢</td><td>肩关节</td><td>肘关节</td><td>手腕和手指关节</td></tr>
<tr><td>左侧上肢</td><td>左侧下肢</td><td>髋关节</td><td>膝关节</td><td>脚踝关节</td></tr>
</table>

资料来源：韩国长期护理保险制度官网。

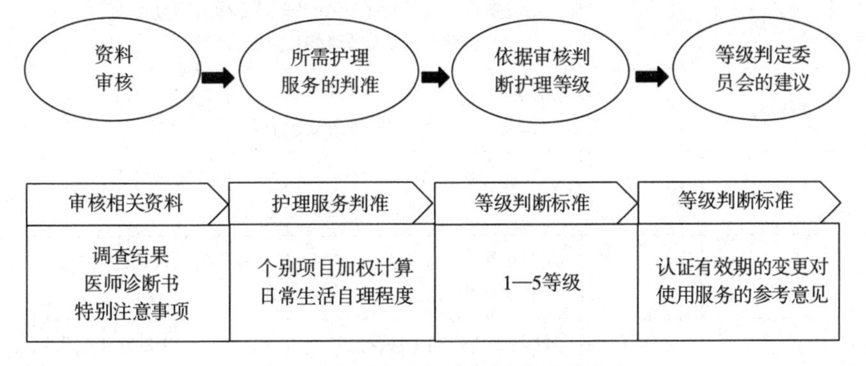

图 3　等级判定委员会审核的具体步骤

（3）服务等级认定。评估员将评估资料和医师出示的书面意见一同交由长期护理等级判定委员会，长期护理等级判定委员会从属于健保公社，以地方为单位，每个地区设一个。通常这些委员由专门从事社会福利的人员、公务员或是专门从事法律、长期护理等方面的学者以及工作人员担任。在进行第二次审定时，结合调查所得分数和申请人的实际情况，对受益人的数量和等级进行微调和再确认，最终确定申请者是否获得服务等级认定（见图 3）。之后健保机构把《长期护理认证》（包括长期护理等级、工资种类和内容、长期护理认定有效期等）和《标准长期护理利用计划》寄给获得护理等级认定的申请者。[①] 长期护理 1 级的认定有效期为 4 年，长期护理 2—4 级的认定有效期为 3 年，长期护理 5 级及认知支持等级的有效期为 2 年，在有效期结束的 90 日前至 30 日前可更新申请。

（4）健保机构依据申请者需求拟定标准的参考计划书，获得护理等级

① 陈诚诚. 韩国长期护理保险概述［J］. 中国民政，2016（17）：38-41.

认定的老年人也可以自行选择机构内的工作人员为其拟定专属的护理计划。

（5）通过等级认定的老年人和服务提供机构签订合约，接受护理服务。根据《长期护理需求评估与测量》及申请者不同的身心状态和日常生活中需要的帮助，把护理等级划分为5级。韩国长期护理保险等级在2014年7月由之前的3级扩展到5级，认定分数下限也从之前的51分下调为45分，受益群体得以进一步扩大（具体内容见表5）。

表5 长期护理等级判定

长期护理等级	身心功能状态
1级	身心功能障碍，在日常生活中完全需要他人帮助的人，长期护理认定分数超过95分者
2级	身心功能障碍，在日常生活中相当一部分需要他人帮助的人，长期护理认定分数75分以上且低于95分者
3级	身心功能障碍，在日常生活中部分需要他人帮助的人，长期护理认定分数60分以上且低于75分者
4级	身心功能障碍，在日常生活中特定部分需要他人帮助的人，长期护理认定分数51分以上且低于60分者
5级	痴呆患者（仅限于《长期护理保险法实施令》第2条中的老年疾病），长期护理认定分数45分以上且低于51分者
认知支持等级	痴呆患者（仅限于《长期护理保险法实施令》第2条中的老年疾病），长期护理认定分数低于45分者

资料来源：韩国长期护理保险制度官网。

（四）长期护理保险提供的服务

韩国《老年人长期疗养保险法》规定，老年人在获得认定等级后，就可以享受居家护理服务、设施护理服务或得到现金给付，前两项是以机构提供实际服务为主，只有在特殊情况下才提供现金给付。[①]（1）居家护理服务有七种方式：第一，上门照料。专业护理人员访问老年人家庭，帮助老年人进行身体活动及家务活动等，减轻老年人的家庭护理负担。第二，上门洗浴。护理人员备好洗浴设备访问老年人家庭并提供洗浴服务，使用洗浴车辆跟未使用洗浴车辆的费用不同。第三，上门护理。专业护理员接受

① 詹军. 韩国老年人长期护理保险制度述要——兼谈对中国建立养老服务新体系的启示［J］. 北华大学学报（社会科学版），2016（2）：44-51.

韩医或口腔医生的指示，为申请者提供护理咨询、辅助性诊疗或口腔卫生服务。[①] 第四，昼夜护理。在1天中的某个时间段把老年人接到昼夜护理设施中心，帮助老年人活动身体，并教授有益身心功能的护理知识。第五，短期护理。在1个月内选择15天时间，将老年人接到护理机构帮助其活动身体或维持身心功能。第六，福利用具的租赁和购买。福利用具是指保健福利部指定的特殊用具，主要是为了方便老年人的日常生活。老年人购买或租赁福利用具，个人须承担一定比例的费用。第七，在家老年人支援。为需要咨询、指导、帮助的老年人提供护理保险给付以外的服务。（2）设施护理服务。设施护理服务主要包括老年护理机构、老年护理共同生活家庭。前者是指为入住的老年人提供饮食以及日常生活服务，后者是指向老年人提供家庭般的居住条件、饮食和日常生活便利。领取基本生活保障费或无人赡养的65周岁及以上的老年人可以免费入住，其他老年人须获得护理等级认定并自付一定费用才可入住。（3）现金给付。现金给付包括家庭护理费、特例护理费以及护理医院护理费。家庭护理费主要是指因居住在偏远地区无法享受长期护理机构服务的老年人以及被认定为精神、性格等方面有问题，只能由家人照顾的人员给予其现金补贴。[②] 具体内容见表6—表8。

表6 韩国长期护理保险的给付内容

<table>
<tr><th colspan="2">内　容</th><th>给付形式</th></tr>
<tr><td rowspan="5">居家护理服务</td><td>访问护理服务：通过上门访问的方式提供日常活动帮助及一般家务等服务</td><td rowspan="8">服务</td></tr>
<tr><td>洗澡服务：提供洗澡用具，上门提供为老年人洗澡的服务</td></tr>
<tr><td>看护服务：在获得医师指示的条件下为老年人提供治疗服务</td></tr>
<tr><td>日间保护：一天的几个小时内为老年人提供保护服务</td></tr>
<tr><td>短期保护：短期内让老人入住机构，为老年人提供服务</td></tr>
<tr><td rowspan="3">设施护理服务</td><td>老年用品的借出和购置：借出或帮助老年人购置特制床和轮椅等老年用品</td></tr>
<tr><td>老年人护理机构：提供长期的护理服务和帮助老年人身体机能恢复</td></tr>
<tr><td>老人之家：为独身老年人提供共同生活的空间</td></tr>
<tr><td colspan="2">在未设有护理保险机关的地区（如边远山区或岛）采用给付现金的方式</td><td>现金</td></tr>
</table>

资料来源：韩国长期护理保险制度官网。

① 蔡雯文. 浅析韩国老年人护理保险法律制度［J］. 法制与社会，2015（15）：254-255.

② 蔡雯文. 浅析韩国老年人护理保险法律制度［J］. 法制与社会，2015（15）：254-255.

表 7　获得护理等级认定的老人给付月限额

单位：韩元

等级	月限额
1 级	1 520 700
2 级	1 351 700
3 级	1 295 400
4 级	1 189 800
5 级	1 021 300
认知支持等级	573 900

资料来源：韩国长期护理保险制度官网。

表 8　韩国居家与机构服务的价格一览

单位：韩元

类别	价格							
上门护理（每次访问）	30 分钟以上	60 分钟以上	90 分钟以上	120 分钟以上	150 分钟以上	180 分钟以上	210 分钟以上	240 分钟以上
	14 750	22 640	30 370	38 340	43 570	48 170	52 400	56 320
看护服务（每次访问）	不到 30 分钟			30—60 分钟			60 分钟以上	
	36 530			45 810			55 120	
上门洗浴（每次访问）	使用车辆（车辆内每次）			使用车辆（在家洗浴）			未使用车辆	
	75 450			68 030			42 480	
短期护理（每一天）	1 等级	2 等级	3 等级	4 等级	5 等级			
	58 070	53 780	49 680	48 360	47 050			
设施护理服务（1 天）	老年人护理机构	1 等级	2 等级	3—5 等级				
		71 900	66 710	61 520				
	老人之家	1 等级	2 等级	3—5 等级				
		63 050	58 510	53 930				

资料来源：韩国长期护理保险制度官网。

（五）长期护理保险制度的管理运营体系

长期护理保险制度由国家、地方自治体、国民健康保险工团、长期护理机构负责实施。第一，国家。长期护理保险制度由韩国保健部管辖，该部门负责制定有关政策及服务标准，下设长期护理委员会，负责审议和决定护理保险费率、服务标准、福利给付标准以及家庭护理费标准、特例护理费标准的制定。国家有义务负担部分该制度实施所需的资金，比例一般为20%。享受基本生活保障的老年人长期护理费由国家和地方自治体共同承担。第二，地方自治体。机构经营护理设施须得到地方政府的批准，未得到批准的护理机构无法得到护理保险给付。第三，国民健康保险工团。该工团是长期护理保险投保人，主要负责长期护理保险费的征收、申请人的调查、评级判定委员会的运作及长期护理等级的认定，以及长期护理认可书的编制和标准长期护理计划书的提供等[①]。第四，长期护理机构。长期护理机构包括提供居家护理的机构和提供设施福利服务的机构。

四、韩国长期护理保险制度对中国的启示

韩国从“老龄化社会”到“老龄社会”的过渡仅用了17年时间，而中国的老龄化形势也不容乐观。中国人口生育率、出生率以及死亡率下降，预期寿命延长，人口老龄化不断加剧。[②] 鉴于中国在人口老龄化趋势、家庭护理角色的弱化等方面与韩国表现出较为相似的特征，故在建立和完善长期护理保险制度方面，可以吸取韩国长期护理保险制度建立和改革的成功经验。韩国长期护理保险制度对中国的启示主要体现在以下几个方面。

（一）制定专门的长期护理保险法制体系

长期护理保险制度服务的内容、运营模式及其实现路径应当在立法上予以确认。老年人长期护理保险法律及制度的缺失，是中国社会养老面临重大困难的最主要因素，因此，必须高度重视老年人长期护理保险的立法问题。1996年，中国颁布了《中华人民共和国老年人权益保障法》，在第30条第1款规定了长期护理制度，却没有对其实现路径进行详细规定，仅在该条第2款规定，对生活长期不能自理、经济困难的老年人，地方各级人民政府应当根据其失能程度等情况给予护理补贴，从国家层面上提倡保障老年人合法权益，发展老龄事业，弘扬中华民族敬老、养老、助老的美德。

---

① 曹洁洁. 人口老龄化背景下我国长期护理保险制度的构建——借鉴韩国模式［J］. 武汉职业技术学院学报，2016（3）：32-35.

② 曹洁洁. 人口老龄化背景下我国长期护理保险制度的构建——借鉴韩国模式［J］. 武汉职业技术学院学报，2016（3）：32-35.

而韩国《老年人长期疗养保险法》是将老年人的基本生活、医疗、保健、长期护理等强制性纳入法律制度。中国的长期护理保险立法，短时间内很难以全国人民代表大会及其常委会制定法律的形式实施，但可以借鉴中国基本养老保险和医疗保险的立法经验，通过国务院制定行政法规的形式进行。制定针对特定群体的长期护理保险立法，提高老年人护理保险的普及度，满足城乡普通老年居民的长期护理服务需要，以构筑涵盖基本生活、基本医疗、长期护理的老年人保险法制体系。①

（二）构建统一的公共养老金制度体系

韩国从1988年开始实施国民养老金制度（即国民年金制度），于2008年建立了老年人长期护理保险制度。按照当时的规定，要求加入年限最低为20年。2008年国民年金开始支付，为2008年实施老年人长期护理保险提供了相应的配套基础。② 而中国的社会养老保障制度，长期以来采取了中央制订基本方案、地方分散决策的实践战略，导致地区间统筹层次不均衡，阻碍了社会公平的实现，因此只有加快建设城乡相互衔接的公共养老金制度体系，老年人长期护理保险制度才有可能真正提上议事日程。③ 由于历史原因，中国的社会保障制度呈现出城乡分割、区域分割等碎片化状态，地区之间、城乡之间和人群之间社会保障待遇差别过大，影响了劳动力流动以及阻碍了社会保障制度改革，导致了一系列的社会不公平问题。鉴于此，在起步阶段就应该建立全国统一的长期护理保险制度，包括全国统一的实施范围、给付内容、缴费比例、给付标准、护理评估标准和制度管理等。在制度统一和全国统筹的基础上，各地可根据自身的经济发展状况和人口老龄化特征，提供适合当地护理需求者多样化、个性化的服务，以满足他们的护理需求。

（三）发挥市场竞争机制的调节功能

长期护理保险作为一种社会保险制度，应充分体现公益性、福利性，为了保证费用的低廉性与高质量的服务，必须引进市场机制。④ 这种竞争机

---

① 卢明馨. 韩国护理保险制度对中国完善护理制度的启示［J］. 西部皮革，2017（8）：290-291.

② 游春. 长期护理保险制度建设的国际经验及启示［J］. 海南金融，2010（7）：38-42.

③ 侯圣伟. 韩国老人长期护理保险制度的决策过程及其启示［J］. 郑州轻工业学院学报（社会科学版），2020（6）：35-40.

④ 杨岚. 韩国老年护理保险制度及其对我国的启示［J］. 郑州轻工业学院学报（社会科学版），2011（3）：49-53.

制应该仅限于护理服务的提供，而非全方位地向市场开放。政府对服务价格等实行严格限制，但对护理服务的供应商是完全市场化的，只要达到了一定的准入门槛，允许各种社会力量进入护理服务供应行业，通过相互竞争来保证护理服务的质量。社会长期护理保险的筹资水平往往受到经济发展水平的制约，其保障范围或保障水平也有限，不能满足多层次的护理需求。而商业长期护理保险的保障范围和保障水平具有更大的灵活性和伸展性，能够提供多样化、特殊性的服务，满足多元化护理的需要，特别是高收入群体的投保需要，增强筹资水平。政府应当鼓励发展商业长期护理保险，将商业长期护理保险作为社会长期护理保险的重要补充，完善长期护理保险体系。

（四）强化社会保障及护理制度社会化

韩国护理保险制度允许各种营利性、非营利性组织尤其是民间资本进入，动员各种社会资源应对老年人日益增长的护理需求，最大化地提高养老资源的供给能力，以弥补当前社会保障的不足，促进老年护理事业的发展。目前，中国政府部门之间、政府与企业、民间组织之间尚缺乏协作意识，使得现有资源缺乏有效的整合与利用。[①] 单纯依靠国家主办社会福利机构难以解决老年人的护理问题，因此，必须重视各种社会力量在护理服务中的作用，实现护理制度的社会化。鼓励各种社会团体、动用各种资金为老年人提供多元护理服务，使养老保障、社会救助、社会保障有效衔接，实现资源配置效率最大化。护理保险制度是社会保障体系的必要补充，借鉴韩国护理保险制度的先进经验，中国也应加快建立覆盖全民的长期护理保险制度，将长期护理保险纳入社会保险的范畴，建立国家、机构 、个人三方共同负担保费的机制；建立完善的配套护理体系，为老年人提供优质的护理服务及护理信息；完善康复医疗服务，建立专业化的长期护理中心。[②]

---

① 林宗浩. 韩国老年人长期疗养保险立法的经验与启示［J］. 法学论坛，2013（3）：36-43.

② 戴卫东. 长期护理保险的“中国方案”［J］. 湖南师范大学社会科学学报，2017（3）：107-114.

附录

“一带一路”沿线国家的重要事件及投资指南

汤兆云　张　楠*

洲别	国家	重要事件	投资指南
非洲	苏丹	苏丹已同中国签署共建“一带一路”合作协议	
	南非	南非已和中国签订“一带一路”政府间合作备忘录	
	塞内加尔	中国与塞内加尔签署“一带一路”合作文件	
	塞拉利昂	中国与28个非洲国家签署共建“一带一路”谅解备忘录	2020 投资指南——塞拉利昂
	科特迪瓦		
	索马里		
	喀麦隆		
	南苏丹		2020 投资指南——南苏丹
	塞舌尔		2020 投资指南——塞舌尔
	几内亚		2020 投资指南——几内亚
	加纳		
	赞比亚		2020 投资指南——赞比亚
	莫桑比克		

* 汤兆云，华侨大学政治与公共管理学院教授、博士生导师，研究方向为社会保障、公共政策；张楠，华侨大学政治与公共管理学院硕士研究生。

续表

洲别	国家	重要事件	投资指南
非洲	加蓬	中国与28个非洲国家签署共建“一带一路”谅解备忘录	
	纳米比亚		
	毛里塔尼亚		2020投资指南——毛里塔尼亚
	安哥拉		
	吉布提		2020投资指南——吉布提
	埃塞俄比亚		
	肯尼亚		2020投资指南——肯尼亚
	尼日利亚		
	乍得		2020投资指南——乍得
	刚果（布）		2020投资指南——刚果（布）
	津巴布韦		2020投资指南——津巴布韦
	阿尔及利亚		2020投资指南——阿尔及利亚
	坦桑尼亚		2020投资指南——坦桑尼亚
	布隆迪		2020投资指南——布隆迪
	佛得角		2020投资指南——佛得角
	乌干达		
	冈比亚		2020投资指南——冈比亚
	多哥		2020投资指南——多哥

续表

洲别	国家	重要事件	投资指南
非洲	卢旺达	中国与卢旺达签署"一带一路"建设相关文件	2020投资指南——卢旺达
	摩洛哥	中国与摩洛哥签署共建"一带一路"谅解备忘录	2020投资指南——摩洛哥
	马达加斯加	中国与马达加斯加签署《中华人民共和国政府与马达加斯加共和国政府关于共同推进丝绸之路经济带和21世纪海上丝绸之路建设的谅解备忘录》	2020投资指南——马达加斯加
	突尼斯	中国与突尼斯签署共建"一带一路"谅解备忘录	
	利比亚	中国同利比亚签署共建"一带一路"谅解备忘录	2020投资指南——利比亚
	埃及	中国与埃及签署共建"一带一路"合作文件	
	赤道几内亚	中国与赤道几内亚签署共建"一带一路"谅解备忘录	
	利比里亚	中国与利比里亚签署共建"一带一路"谅解备忘录	
	莱索托	中莱、中科、中贝签署"一带一路"合作谅解备忘录	2020投资指南——莱索托
	科摩罗		2020投资指南——科摩罗
	贝宁		
	马里	中国和马里签署共建"一带一路"合作备忘录	
	尼日尔		

续表

<table>
<tr><th>洲别</th><th>国家</th><th>重要事件</th><th>投资指南</th></tr>
<tr><td rowspan="2">非洲</td><td>刚果（金）</td><td>刚果（金）与中国签署关于共同推进“一带一路”建设的谅解备忘录</td><td>2020 投资指南——刚果（金）</td></tr>
<tr><td>博茨瓦纳</td><td>博茨瓦纳同中国签署“一带一路”合作文件</td><td>2020 投资指南——博茨瓦纳</td></tr>
<tr><td rowspan="11">亚洲</td><td>韩国</td><td>“一带一路”倡议和韩国“欧亚倡议”对接，双方签署合作谅解备忘录</td><td></td></tr>
<tr><td>蒙古国</td><td rowspan="5">中国同蒙古国、新加坡、东帝汶、马来西亚、缅甸等国签署政府间“一带一路”合作谅解备忘录</td><td>2020 投资指南——蒙古国</td></tr>
<tr><td>新加坡</td><td>2020 投资指南——新加坡</td></tr>
<tr><td>东帝汶</td><td>2020 投资指南——东帝汶</td></tr>
<tr><td>马来西亚</td><td>2020 投资指南——马来西亚</td></tr>
<tr><td>缅甸</td><td></td></tr>
<tr><td>柬埔寨</td><td>中国与柬埔寨签署政府间共建“一带一路”合作文件</td><td></td></tr>
<tr><td>越南</td><td>中国与越南签署共建“一带一路”和“两廊一圈”合作备忘录</td><td>2020 投资指南——越南</td></tr>
<tr><td>老挝</td><td>中国与老挝签署共建“一带一路”合作文件</td><td></td></tr>
<tr><td>文莱</td><td>中国与文莱签署“一带一路”等双边合作文件</td><td>2020 投资指南——文莱</td></tr>
<tr><td>巴基斯坦</td><td>中国与巴基斯坦签署政府间“一带一路”合作谅解备忘录</td><td></td></tr>
</table>

续表

洲别	国家	重要事件	投资指南
亚洲	斯里兰卡	中国商务部和斯里兰卡财政计划部签署有关共建“21世纪海上丝绸之路”的备忘录	2020投资指南——斯里兰卡
	孟加拉国	中孟签署《关于编制共同推进“一带一路”建设合作规划纲要的谅解备忘录》	2020投资指南——孟加拉国
	尼泊尔	中国同尼泊尔签署政府间“一带一路”合作谅解备忘录	2020投资指南——尼泊尔
	马尔代夫	中国同马尔代夫签署政府间共同推进“一带一路”建设谅解备忘录	2020投资指南——马尔代夫
	阿联酋	中国与阿联酋签署共建“一带一路”谅解备忘录	2020投资指南——阿联酋
	科威特	科威特是最早同中国签署共建“一带一路”合作文件的国家	2020投资指南——科威特
	土耳其	中国与土耳其签署“一带一路”谅解备忘录	
	卡塔尔	中国同卡塔尔签署“一带一路”等领域合作文件	
	阿曼	中国与阿曼签署共建“一带一路”谅解备忘录	2020投资指南——阿曼
	黎巴嫩	中国同黎巴嫩签署共建“一带一路”合作文件	
	沙特阿拉伯	中华人民共和国和沙特阿拉伯王国关于建立全面战略伙伴关系的联合声明	2020投资指南——沙特阿拉伯
	巴林	中国与巴林签署共同推进“一带一路”建设的谅解备忘录	

续表

洲别	国家	重要事件	投资指南
亚洲	伊朗	中华人民共和国和伊朗伊斯兰共和国关于建立全面战略伙伴关系的联合声明	2020投资指南——伊朗
	伊拉克	中华人民共和国和伊拉克共和国关于建立战略伙伴关系的联合声明	2020投资指南——伊拉克
	阿富汗	中华人民共和国和阿富汗伊斯兰共和国的联合声明	2020投资指南——阿富汗
	阿塞拜疆	中阿签署《中阿关于共同推进丝绸之路经济带建设的谅解备忘录》	2018投资指南——阿塞拜疆
	格鲁吉亚	中国与格鲁吉亚启动自贸区可行性研究并签署共建“丝绸之路经济带”合作文件	2020投资指南——格鲁吉亚
	亚美尼亚	中华人民共和国和亚美尼亚共和国关于进一步发展和深化友好合作关系的联合声明	2020投资指南——亚美尼亚
	哈萨克斯坦	发改委与哈萨克斯坦共和国国民经济部签署关于共同推进丝绸之路经济带建设的谅解备忘录	2020投资指南——哈萨克斯坦
	吉尔吉斯斯坦	中华人民共和国和吉尔吉斯共和国关于建立全面战略伙伴关系的联合声明	
	塔吉克斯坦	中塔签署《关于编制中塔合作规划纲要的谅解备忘录》	2020投资指南——塔吉克斯坦
	乌兹别克斯坦	中乌签署共建“丝绸之路经济带”的合作文件	2018投资指南——乌兹别克斯坦
	泰国	中泰签署《共同推进“一带一路”建设谅解备忘录》	2020投资指南——泰国
	印度尼西亚	中印尼已签署推进“一带一路”和“全球海洋支点”建设谅解备忘录	2020投资指南——印度尼西亚

续表

洲别	国家	重要事件	投资指南
亚洲	菲律宾	中华人民共和国与菲律宾共和国联合声明	2020投资指南——菲律宾
	也门	中国政府与也门政府签署共建“一带一路”谅解备忘录	2020投资指南——也门
欧洲	塞浦路斯	中国与塞浦路斯签署共建“一带一路”合作文件	
	俄罗斯	中华人民共和国与俄罗斯联邦关于丝绸之路经济带建设和欧亚经济联盟建设对接合作的联合声明	
	奥地利	中国同奥地利签署“一带一路”合作文件	2020投资指南——奥地利
	希腊	中国与希腊签署共建“一带一路”合作谅解备忘录	
	波兰	中华人民共和国政府与波兰共和国政府关于共同推进“一带一路”建设的谅解备忘录	2020投资指南——波兰
	塞尔维亚	中国同塞尔维亚、捷克、保加利亚、斯洛伐克分别签署政府间共同推进“一带一路”建设谅解备忘录	
	捷克		2020投资指南——捷克
	保加利亚		
	斯洛伐克		
	阿尔巴尼亚	中国同阿尔巴尼亚、克罗地亚、波黑、黑山签署政府间“一带一路”合作谅解备忘录	
	克罗地亚		
	波黑		
	黑山		
	爱沙尼亚	中华人民共和国政府与爱沙尼亚共和国政府关于共同推进丝绸之路经济带与21世纪海上丝绸之路建设的谅解备忘录	
	立陶宛	中华人民共和国政府与立陶宛共和国政府关于共同推进丝绸之路经济带与21世纪海上丝绸之路建设的谅解备忘录	2020投资指南——立陶宛
	斯洛文尼亚	中华人民共和国政府与斯洛文尼亚共和国政府关于共同推进丝绸之路经济带与21世纪海上丝绸之路建设的谅解备忘录	

续表

洲别	国家	重要事件	投资指南
欧洲	匈牙利	中华人民共和国政府与匈牙利政府关于共同推进丝绸之路经济带和21世纪海上丝绸之路建设的谅解备忘录	
	北马其顿（原马其顿）	中马签署《中华人民共和国商务部和马其顿共和国经济部关于在中马经贸混委会框架下推进共建丝绸之路经济带谅解备忘录》	
	罗马尼亚	中罗已签署《关于在两国经济联委会框架下推进“一带一路”建设的谅解备忘录》	
	拉脱维亚	中拉签署共建“一带一路”政府间谅解备忘录	
	乌克兰	中乌签署“一带一路”框架下合作协议	2020投资指南——乌克兰
	白俄罗斯	中白签署共建“丝绸之路经济带”合作议定书	
	摩尔多瓦	中华人民共和国商务部与摩尔多瓦共和国经济部关于在中摩政府间经贸合作委员会框架内加强共建丝绸之路经济带合作的谅解备忘录	
	马耳他	中国与马耳他签署中马共建“一带一路”合作文件	
	葡萄牙	《中华人民共和国和葡萄牙共和国关于进一步加强全面战略伙伴关系的联合声明》	2020投资指南——葡萄牙
	意大利	中国与意大利签署“一带一路”合作文件	
	卢森堡	中国同卢森堡签署共建“一带一路”谅解备忘录	

续表

洲别	国家	重要事件	投资指南
大洋洲	新西兰	中华人民共和国政府和新西兰政府关于加强“一带一路”倡议合作的安排备忘录	2020投资指南——新西兰
	巴布亚新几内亚	中国与巴布亚新几内亚签署共建“一带一路”合作文件	2020投资指南——巴布亚新几内亚
	萨摩亚	萨摩亚与中国签署“一带一路”倡议合作谅解备忘录	
	纽埃	中国与纽埃签署“一带一路”合作谅解备忘录	
	斐济	中国与斐济签署共建“一带一路”合作谅解备忘录	
	密克罗尼西亚联邦	中国已同密克罗尼西亚联邦、库克群岛等签署共建“一带一路”合作协议	
	库克群岛		
	汤加		
	瓦努阿图	中瓦签署共同推进“一带一路”建设谅解备忘录	2020投资指南——瓦努阿图
	所罗门群岛	中国与所罗门群岛签署共建“一带一路”谅解备忘录	
	基里巴斯	中基两国政府签署共同推进“一带一路”建设合作文件	
南美洲	智利	中国与智利签署共建“一带一路”合作谅解备忘录	
	圭亚那	中国与圭亚那签署“一带一路”合作文件	
	玻利维亚	中玻签署共建“一带一路”等双边合作文件	2020投资指南——玻利维亚
	乌拉圭	中国与乌拉圭签署共建“一带一路”谅解备忘录	

续表

洲别	国家	重要事件	投资指南
南美洲	委内瑞拉	中国同委内瑞拉签署共建“一带一路”合作文件	
	苏里南	苏里南与中国签署共建“一带一路”合作文件	
	厄瓜多尔	中厄签署“一带一路”合作文件	
	秘鲁	中国与秘鲁签署共建“一带一路”谅解备忘录	
北美洲	哥斯达黎加	中国同哥斯达黎加签署共建“一带一路”谅解备忘录	
	巴拿马	中国与巴拿马签署《关于共同推进丝绸之路经济带和21世纪海上丝绸之路建设的谅解备忘录》	
	萨尔瓦多	中国与萨尔瓦多签署共建“一带一路”合作谅解备忘录	
	多米尼加	中国与多米尼加签署共建“一带一路”合作谅解备忘录	2020投资指南——多米尼加
	特立尼达和多巴哥	中国与特立尼达和多巴哥签署共建“一带一路”合作文件	
	安提瓜和巴布达	中国与安提瓜和巴布达签署《关于共同推进丝绸之路经济带与21世纪海上丝绸之路建设的谅解备忘录》	2020投资指南——安提瓜和巴布达
	多米尼克	中国与多米尼克签署《中华人民共和国政府与多米尼克政府关于共同推进丝绸之路经济带与21世纪海上丝绸之路建设的谅解备忘录》	
	格林纳达	中国与格林纳达签署共建“一带一路”谅解备忘录	2020投资指南——格林纳达

续表

洲别	国家	重要事件	投资指南
北美洲	巴巴多斯	中国与巴巴多斯签署共建"一带一路"合作谅解备忘录	
	古巴	古巴与中国签署《关于共同推进丝绸之路经济带和21世纪海上丝绸之路建设的谅解备忘录》	
	牙买加	中国与牙买加签署共建"一带一路"谅解备忘录